좋은 권사
되게 하소서

좋은 권사
되게 하소서

ⓒ 생명의말씀사 1998, 2022

1998년 5월 15일 1판 1쇄 발행
2021년 5월 28일   30쇄 발행
2022년 10월 28일 2판 1쇄 발행
2025년 6월 30일   3쇄 발행

펴낸이 | 김창영
펴낸곳 | 생명의말씀사

등록 | 1962. 1. 10. No.300-1962-1
주소 | 서울시 종로구 경희궁1길 6 (03176)
전화 | 02)738-6555(본사) · 02)3159-7979(영업)
팩스 | 02)739-3824(본사) · 080-022-8585(영업)

지은이 | 황대식

기획편집 | 태현주, 전보아, 김자윤
디자인 | 조현진
인쇄 | 예원프린팅
제본 | 보경문화사

ISBN 978-89-04-12177-9 (04230)
ISBN 978-89-04-18062-2 (전3권)

저작권자의 허락없이 이 책의 일부 또는 전체를
무단 복제, 전재, 발췌하면 저작권법에 의해 처벌을 받습니다.

좋은 권사
되게 하소서

황대식 목사

생명의말씀사

머리말

오늘날 한국교회는 풍부한 평신도 지도력을 소유하고 있다. 이것은 한국교회의 잠재력이라고 할 수 있다. 필자가 소속해 있는 기독교 대한 성결교의 경우를 보면 1997년 말 현재 교회 수 2,663처, 목회자 4,442명, 장로 3,761명, 권사 17,919명, 집사 117,666명, 총 교인 수 740,244명이다. 이 통계에 따르면 평신도 직원(장로, 권사, 집사)의 수는 전체 교인의 약 19퍼센트에 이르고, 목회자 수의 약 31배에 달한다.

이와 같이 한국교회가 소유하고 있는 평신도 지도력은 매우 풍부하다. 이 풍부한 평신도 지도력은 두 가지의 가능성을 가지고 있다. 잘 개발되고 훈련된다면 교회 성장에 큰 자원이 될 수 있고, 다른 한편 방치된다면 교회 성장에 큰 장애가 될 수도 있다. 즉 평신도 지도력은 교회 성장의 디딤돌이 되거나 아니면 거침돌이 될 수 있다.

사실 교육과 훈련이 부족한 평신도 직원은 그 수가 많으면 많을수록 도리어 교회 성장을 가로막을 수 있다. 한국교회의 문제 중 하나는 명목상의 직원은 많지만 훈련된 직원은 적다는 것이다. 직원 가운데도 교회 일에 직접 참여하지 않는 방관자가 많다. 방관자가 적을수록 건강한 교회가 된다.

그러나 평신도 직원이 잘 교육되고 훈련된다면, 그야말로 교회 성장에 다이너마이트와 같은 힘을 발휘할 것이다. 핸드릭 크래머(Handrik Kreamer)의 말대로 평신도가 전에는 주로 회수 불가능한 대금으로서 존재하였으나 현재는 회수 가능한 유통 대금으로서 존재한다. 필자는 오랫동안 어떻게 하면 교회의 평신도 직원을 잘 교육하고 훈련하여 교회 성장에 기여하게 하고, 교회의 사명을 성취하는 데 원동력이 되게 하느냐에 관심을 갖고 있었다. 이것이 본 평신도 직원 교육 교재 1, 2, 3권을 집필하게 된 동기이다.

본 교재는 1권에서 장로, 2권에서 권사, 3권에서 집사 직분을 다루고 있으며, 제1장 "교회란 무엇인가?"와 제2장 "직원은 누구인가?"는 각 권에 공통으로 실렸다. 본 교재 각권 1, 2장의 "직원"이란 말은 교회의 평신도 직원이 아닌 "장로", "권사", "집사"를 통틀어 지칭한다.

본 교재의 내용은 필자가 지난 몇 년간 서울신학대학 대학원에서 "교회 직원에 관한 목회학적 고찰"이란 제목으로 강의한 이론과 40여 년 동안 목회하면서 교파를 초월하여 전국적으로 개 교회와 지역 단위의 직원 훈련 세미나에서 강의한 경험을 토대로 하여 직원들이 쉽게 읽을 수 있도록 정리한 것임을 밝혀 둔다.

이 책이 나오기까지 수고한 모든 분들에게 지면을 빌어 감사를 드리며 특별히 새 모습으로 출판되도록 애써 주신 생명의말씀사에 감사드린다. 또한 나의 목회에서 동역자로 늘 충성하는 우리 교회 권사들에게도 감사를 표하고 싶다. 아무쪼록 이 책을 읽는 모든 분들이 좋은 권사가 되기를 기도드린다.

"하나님이여, 한국교회의 모든 권사들이 좋은 권사 되게 하소서!"

황대식

목차

머리말　05

제1부 교회란 무엇인가?

1장. 교회의 의미　　13
2장. 교회의 본질　　22
3장. 교회의 사명　　40
4장. 교회의 성장　　128

제2부 직원은 누구인가?

1장. 교회의 직원   151
2장. 청지기로서의 직원   170
3장. 행정가로서의 직원   225
4장. 목회 동역자로서의 직원   245

제3부 권사

1장. 권사직의 필요성   261
2장. 권사의 자격   264
3장. 권사의 직무와 자세   298
4장. 권사의 취임과 사임   358
5장. 권사의 상급   366

제1부
교회란 무엇인가?

1장. 교회의 의미
2장. 교회의 본질
3장. 교회의 사명
4장. 교회의 성장

1장.

교회의 의미

1. 교회와 직원

　교회의 목적은 하나님의 뜻(요 4:34, 6:40)을 이루기 위하여 하나님의 도구로서 봉사하는 데 있다. 또한 직원을 세우는 목적은 교회를 세우고 성장시키기 위하여(엡 4:12, 16) 하나님의 도구로서 봉사하는 데 있다. 곧 교회의 직원은 교회를 섬기는 일꾼들이다.

　그러므로 교회의 직원이 교회를 잘 섬기려면 무엇보다도 먼저 교회가 무엇인가를 바로 이해해야 한다. 교회의 성질에 따라 봉사의 성질이 결정되기 때문이다. 직원의 봉사는 교회의 속성과 사명으로부터 분리되거나 구별되어서는 안 된다. 만일 교회를 바로 이해하지 못하고 교회를 섬기게 되면 그의 봉사가 오히려 교회에 해를 끼칠 수도 있다. 그래서 사도 바울은 교회를 섬기는 일꾼을 경기하는 자로 비유하면서 "경기하는 자가 법대로 경기하지 아니하면 면류관을 얻지 못할"(딤후 2:5) 것이라고 경고했다. 경기하는 자로서 그 경기에서 승리하여 면류관을 얻고자 하는 사람은 반드시 그 경기의 규칙에 따라야 한다. 마찬가지로 교회의 직원도 상 얻도록 봉사하려면 교회의 본질과 사명에 적합하게 교회를 섬겨야 한다.

예수님도 어떤 일을 하든지 법대로 해야 할 것을 강조하셨다.

"그날에 많은 사람이 나더러 이르되 주여 주여 우리가 주의 이름으로 선지자 노릇 하며 주의 이름으로 귀신을 쫓아내며 주의 이름으로 많은 권능을 행하지 아니하였나이까 하리니 그때에 내가 그들에게 밝히 말하되 내가 너희를 도무지 알지 못하니 불법을 행하는 자들아 내게서 떠나가라 하리라"(마 7:22, 23).

무슨 말씀인가? 선지자로서 일하는 것, 귀신을 쫓아내는 것, 많은 권능을 행하는 것, 모두 좋은 일이다. 그러나 중요한 것은 그 모든 일을 행할 때에 법대로 해야 한다는 것이다. 불법으로 하면 아무리 좋은 일을 많이 한다 할지라도 주님을 위한 것이 되지 못한다. 사도 바울은 교회에서 은사를 행할 때에도 "모든 것을 품위 있게(적절하게) 하고 질서대로 하라"(고전 14:40)고 고린도 교회에 권면하고 있다. 실제로 바울이 디모데와 더불어 전도여행을 하면서 여러 교회의 사도와 장로들에게 작정한 규례를 주어 지키게 할 때 교회가 부흥되었던 사실을 볼 수 있다 (행 16:1-5).

오늘날도 직원은 교회의 헌법을 준수할 줄 알아야 한다. 그러므로 직원이 교회에서 "법대로" 봉사하고 "상을 얻도록" 봉사하기 위해서는 우선 "교회가 무엇인가"를 바로 이해해야 한다. 왜냐하면 교회에 대한 이해는 직원의 봉사에 있어서 열쇠가 되기 때문이다. 곧 직원의 봉사는 머리 되신 예수 그리스도에 의해 이루어진 교회의 본질과 사명에 그 뿌리를 두어야 하기 때문이다.

2. 교회의 시작

교회는 그 뿌리를 구약성경에 두고 있지만 어디까지나 신약성경적인 제도이다. 교회의 기원, 교회의 본질, 교회의 사명, 교회의 초기 역사 등을 우리는 신약성경에서 찾게 된다.

교회는 예수 그리스도로부터 시작되었다.
예수께서 가이사랴 빌립보 지방에 이르렀을 때 제자들에게 물으셨다. "사람들이 인자를 누구라 하느냐"(마 16:13) 제자들이 대답했다. "더러는 세례 요한, 더러는 엘리야, 어떤 이는 예레미야나 선지자 중의 하나라 하나이다"(14절). 예수께서 "너희는 나를 누구라 하느냐"(15절)라고 물으셨다. 이때 시몬 베드로가 "주는 그리스도시요 살아 계신 하나님의 아들이시니이다"(16절)라고 대답했다.

예수께서는 만족하셨다. "바요나 시몬아 네가 복이 있도다 이를 네게 알게 한 이는 혈육이 아니요 하늘에 계신 내 아버지시니라……너는 베드로라 내가 이 반석 위에 내 교회를 세우리니 음부의 권세가 이기지 못하리라 내가 천국 열쇠를 네게 주리니 네가 땅에서 무엇이든지 매면 하늘에서도 매일 것이요 네가 땅에서 무엇이든지 풀면 하늘에서도 풀리리라"(17-19절).

예수께서는 베드로의 신앙고백을 들으시고 그 믿음의 반석 위에 "내 교회"를 세우시겠다고 예언하셨다. 여기에서 우리는 교회 형성의 기본 요건은 예수님에 대한 신앙 고백임을 알 수 있다.

그러나 그것은 아직 생겨나지 않았다. 그것은 그 당시로서는 아직은 미래의 일이었다. 그리고 사도행전에 가서야 약속대로 교회가 실제로 탄생하는 것을 볼 수 있다.

예수께서 부활 승천하신 후 예수님의 제자들과 여자들, 그리고 예수님의 어머니 마리아와 예수님의 아우들이 예루살렘 마가 요한의 다락방에 함께 모여 기도했는데 모인 무리의 수가 약 120명이나 되었다(1:12-15). 드디어 오순절 날에 마가 요한의 다락방에 성령이 강림함으로 말미암아 교회가 탄생되었다(2:1-4). 이것이 역사적으로 그리고 실제적으로 교회의 시작이다. 처음에는 120명 정도의 제자들이 있었지만, 오순절 성령 강림 후 제자들의 능력 있는 복음 증거의 결과 제자의 수가 3천이나 더해졌다(41절). 그 후에도 계속해서 "주께서 구원받는 사람을 날마다 더하게"(47절) 하셨다.

3. "교회"란 말의 의미

1. "교회"란 말에 대한 오해

오늘날 사람들은 교회에 간다는 말을 흔히 사용한다. 이때 교회는 특정한 지역에 있는 특정한 건물을 가리킨다. 그러나 교회가 그 특정한 건물에서 모여질 수는 있어도 건물 자체가 교회는 아니다.

흔히 사람들은 교회를 구약의 성전 개념과 혼동한다. 그러나 교회가 모이는 건물을 "교회당" 또는 "예배당"이라고는 할 수 있지만 교회라고 할 수는 없다.

역사적으로 볼 때 박해 초기 시대에는 그리스도인들이 옥외에서, 지하묘지에서, 회당에서, 개인집에서 예배를 드렸다. "교회"라는 용어가 특정한 건물을 가리키게 된 것은 콘스탄티누스 황제(306-337, A.D.)가 그리스도인들이 자유롭고 공개적으로 예배하도록 허용을 하고 나서부터였다.

그가 그같이 허락한 4세기에 있어서 그리스도인들은 로마의 바실리카(법정 등으로 사용된 장방형의 회당)를 교회 건물의 모델로 사용하기 시작하였다. 그리고 그와 더불어 "교회"라는 용어를 건물을 가리키는 말로 사용하기 시작하였다. 그러나 교회 건물들은 신약에서 교회라고 언급되지 않고 있다. 다만 이 건물들은 그리스도인들이 공개적으로 모일 수 있었던 직접적인 결과로 존재하였다.

2. "교회"란 말에 대한 이해

그러면 "교회"란 말은 무슨 뜻인가? 원래 "교회"란 말은 헬라어로 에클레시아(ekklēsia)이다. 이 말은 "……으로부터"를 의미하는 전치사 에크(ek)와 "부르다"를 의미하는 동사 칼레오(kaleo)가 합쳐진 낱말이다. 곧 에클레시아란 "부름을 받아 나온 사람들"을 의미한다. 처음에 이 말은 어떠한 사람들의 모임이든지간에 "사람들의 모임"을 의미했다. 헬라인들에게 있어서 이 말은 자유민들이 공중의 일을 서로 의논하기 위해서 각 가정이나 직장에서 불리어 나가 모이는 집회를 의미했다. 심지어 에베소의 폭도들을 가리켜 사용되기도 했다(행 19:32, 39, 41).

그러나 신약에서는 일상적인 의미를 가진 이 말에 특수한 의미를 부여하여 "세상으로부터 하나님의 부르심을 받은 사람들의 모임"을 교회(에클레시아)라고 하였다. 사도 바울은 어떤 곳에 있는 그리스도인들의 모임을 나타내기 위해 이 말을 단수와 복수로 사용하였다. 그는 네 집에 있는 교회(몬 2절; 골 4:15), 겐그레아에 있는 교회(롬 16:4), 갈라디아 여러 교회(고전 16:1; 갈 1:2), 마게도냐 여러 교회(고후 8:1)에 대해 말했다. 곧 바울은 어떤 일정한 장소에 모인 지역적인 그리스도인의 무리를 교회라고 불렀다. 또한 바울은 에클레시아란 말을 전체의 교회, 모든 장소와 모든 나라에 있는 예수 그리스도를 믿는 그리스도인들의 모임을 나타내는 말로 사용하였다(빌 3:6; 엡 1:21, 22, 3:10, 5:24, 25). 즉, 바울은 교회란 말을 시대와 장소를 초월하여 예수 그리스도를 믿는 사람들 전체를 가리켜 사용하였다.

이제 우리는 교회의 기본에 대해 말할 수 있게 되었다. 그것은 신약성경 어디에도 교회는 건물을 의미하지 않는다는 것이다. 신약성경에서 교회란 말은 결코 돌이나 대리석 또는 벽돌로 구성된 건축물을 의미하지 않는다. 신약에서 교회란 말은 예수를 그리스도(구주)로 믿는 사람들의 모임을 의미했다. 그러므로 두세 사람이라도 예수 그리스도의 이름으로 모인 곳에 교회는 있다(마 18:20).

4. 교회의 정의

구체적으로 교회란 무엇인가? 사도 바울은 고린도 교회에 보낸 편지에서 교회를 정의하고 있다. 그는 "고린도에 있는 하나님의 교회 곧 그리스도 예수 안에서 거룩하여지고 성도라 부르심을 받은 자들과 또 각처에서 우리의 주 곧 그들과 우리의 주 되신 예수 그리스도의 이름을 부르는 모든 자들에게"(고전 1:2) 은혜와 평강을 기원하고 있다. 우리는 여기에서 두 가지 사실에 주목해야 한다.

하나는 교회가 "하나님의 것"이라는 사실이다. 바울은 우선 교회를 단지 하나의 인간 조직이나 기구로 보지 않고 있다. 그는 고린도 교회를 "고린도에 있는 하나님의 교회"라고 했다. 두 번이나 그는 자기가 "하나님의 교회"를 핍박하였다고 고백했다(고전 15:9; 갈 1:13). 그는 논쟁하기 좋아하는 고린도 교회를 책망하면서 "하나님의 교회"에는 그런 풍습이 없다고 말했다(고전 11:16). 그는 또 보기 흉한 행동을 하는 고린도 교회에 그런 행동은 "하나님의 교회"를 멸시하는 행동임을 깨닫게 하려고 노력하였다(22절). 교회는 인간에 의해 구성되었지만 그럼에도 불구하고 하나님의 교회이다. 고린도 교회는 고린도의 교회가 아니다. 그것은 "고린도에 있는 하나님의 교회"이다. 곧 교회는 하나님께 속한 것이다.

다른 하나는 교회를 구성하는 사람들은 누구인가라는 사실이다. 교회란 "그리스도 안에서 성도라 부르심을 받은 자들이며 각처에서 예수 그리스도의 이름을 부르는 모든 자들"이다. 여기에서 교회에는 두 종류가 있음을 알 수 있다.

첫째로 "우주적 교회"는 "그리스도 안에서 성도라 부르심을 받은 자들"을 가리키며, 이 교회는 볼 수 없기 때문에 "불가시적 교회" 또는 "무형교회"라고 부른다. 이 교회는 조직할 수도 없다.

둘째로 "지역적 교회"는 "각처에서 예수 그리스도의 이름을 부르는 자들"을 가리키며, 이 교회는 볼 수 있기 때문에 "가시적 교회" 또는 "유형교회"라고 부른다.

모든 그리스도인들은 우주적 교회에 속할 뿐 아니라 지역 교회에도 속해야 한다. 지역 교회 그리스도인들은 하나님을 예배하고, 다른 그리스도인과 사랑을 나누며, 봉사의 기회를 얻는다. 지역 교회는 많은 오류에 빠지기 쉬운 남녀 그리스도인들의 모임이 될는지 모른다. 그러나 그러한 이유로 지역 교회에 속하는 것을 피해서는 안 된다. 왜냐하면 지역 교회에 속하지 않을 때 그리스도인은 신앙을 계속 유지시키고 성숙시키기 어렵기 때문이다. 그러나 지역 교회의 모든 회원들이 다 예수 그리스도의 보이지 않는 교회의 회원인 것은 아니다. 그 이름이 교회의 명부에 기재되어 있는 사람들 중에도 "어린양의 생명책"에는 적혀 있지 않은 사람들이 있을 것이다. 그러나 이것은 사람이 판단할 것이 아니다. "주께서 자기 백성을 아신다"(딤후 2:19).

한마디로 교회란, 우주적 교회든 지역 교회든, "그리스도인의 모임"이라고 할 수 있다. 성결교 헌법에서는 "교회는 하나님께 부르심을 입어 예수를 구주로 믿는 성도의 집합체로 곧 그리스도의 몸이다. 은혜로 말미암아 구속받은 신자들이 모여 예배하며 성례전을 거행하며 복음을 전파하며 거룩한 신부의 자격으로 재림의 주를 대망하는 거룩한 공회이다"라고 했다(헌법 제1장 제2조).

2장.
교회의 본질

지금까지 우리는 교회의 직원이 왜 교회를 바로 이해해야 하는가, 교회는 언제 시작되었는가, 교회란 말은 어떻게 사용되었는가, 교회란 무엇인가를 살펴보았다.

이제 교회를 좀더 구체적으로 이해하기 위해서 "교회는 무엇과 같은가", 곧 교회에 대한 여러 가지 비유를 살펴볼 필요가 있다.

성경에는 교회에 대한 비유가 다양한데 이것을 관찰해 보면 교회의 본질과 그 특성, 교회가 지닌 사명을 충분히 그리고 입체적으로 이해할 수 있다. 여기에서는 교회의 본질을 파악할 수 있는 중요한 몇 가지 비유만 설명하려고 한다.

1. 그리스도의 몸으로서의 교회

바울은 교회를 인간의 "몸"에 비유하여 "그리스도의 몸"이라고 했다.

"우리가 한 몸에 많은 지체를 가졌으나 모든 지체가 같은 기능을 가진 것이 아니니 이와 같이 우리 많은 사람이 그리스도 안에서 한 몸이 되어 서로 지체가 되었느니라"(롬 12:4, 5).

"또 만물을 그의 발 아래에 복종하게 하시고 그를 만물 위에 교회의 머리로 삼으셨느니라 교회는 그의 몸이니 만물 안에서 만물을 충만하게 하시는 이의 충만함이니라"(엡 1:22, 23).

"오직 사랑 안에서 참된 것을 하여 범사에 그에게까지 자랄지라 그는 머리니 곧 그리스도라 그에게서 온 몸이 각 마디를 통하여 도움을 받음으로 연결되고 결합되어 각 지체의 분량대로 역사하여 그 몸을 자라게 하며 사랑 안에서 스스로 세우느니라"(4:15, 16).

"아내들이여 자기 남편에게 복종하기를 주께 하듯 하라 이는 남편이 아내의 머리 됨이 그리스도께서 교회의 머리 됨과 같음이니 그가 바로 몸의 구주시니라"(5:22, 23).

"그는 몸인 교회의 머리시라 그가 근본이시요 죽은 자들 가운데서 먼저 나신 이시니 이는 친히 만물의 으뜸이 되려 하심이요"(골 1:18).

"온몸이 머리로 말미암아 마디와 힘줄로 공급함을 받고 연합하여 하나님이 자라게 하시므로 자라느니라"(2:19).

이 모든 구절들은 머리에 대한 몸의 유기적 통일, 지체들의 상호 유기적 관계, 각 지체들의 다양한 기능이 몸의 건강과 성장에 반드시 필요하다는 사실을 강조한다. 곧 교회에 대한 그리스도의 절대적 권위, 각 그리스도인의 기능의 중요성, 교회의 다양성과 통일성을 강조한다.

1. 교회의 머리이신 그리스도

교회는 그리스도의 몸이며, 그리스도는 몸된 교회의 머리이시다. 그러므로 그리스도는 교회를 지배하고 지시하며 인도한다. 머리는 각 지체에도 직접 명령을 내린다. 머리가 손에게 해야 할 것을 명령한다. 지체는 머리가 명령을 내리는 대로 움직여야 한다(엡 1:22, 5:22). 따라서 교회는 무슨 일을 하든지 그리스도의 생각과 계획과 목적을 최우선으로 하고, 그 뜻에 순종해야 한다.

교회에서는 그 누구라도 예수 그리스도의 주권을 침범할 수 없다. 왜냐하면 예수 그리스도만이 몸의 머리이기 때문이다. 몸의 어떤 지체도 머리의 역할을 대신할 수 없다. 교회의 직원들은 흔히 몸의 기능 행사에 있어서 자기들이 "머리"의 역할을 하려고 애쓰는 잘못을 범한다. 그래서 베드로는 교회의 장로들에게 "주장하는 자세"(벧전 5:3)로 일하지 말라고 권면하고 있다. 곧 주인 노릇 하지 말라는 것이다. 교회를 자기 마음대로 움직이려고 해서는 안 된다.

2. 머리와 지체의 관계

머리와 지체, 곧 그리스도와 교회는 생명의 관계에 있다. 이 관계를 요한은 포도나무와 가지의 비유(요 15:9)로 잘 설명하고 있다. 손이나 발이 없는 몸은 생각할 수 있어도 머리가 없는 몸은 상상할 수조차 없다.

그리스도가 없는 교회란 있을 수 없다. 교회는 그리스도께 속해 있어야 한다. 머리가 없으면 그 몸은 죽는다. 예수 그리스도는 교회를 구원하시고 교회에 생명을 주셨다(엡 5:25). 지체들은 머리로부터 그 생명을 공급받을 때 연합되고 유지된다. 몸에서 떨어져 나간 지체는 곧 죽는다. 그러므로 지체인 그리스도인들은 믿음으로 머리에 꼭 붙어 있어야만 한다.

3. 몸의 지체들

그리스도인들은 몸된 교회의 지체들이다(고전 12:12-27).

1. 그리스도와 연합

"우리가 유대인이나 헬라인이나 종이나 자유인이나 다 한 성령으로 세례를 받아 한 몸이 되었고 또 다 한 성령을 마시게 하셨느니라"(고전 12:13). 그리스도께서 우리를 몸의 지체로 불러 주셨다. 각 지체는 믿음으로 머리 되신 그리스도와 생명의 관계를 가지게 된다. 그래서 바울은 각 지체인 교회의 회중을 "믿는 자"라고 부르고 있다(롬 4:11; 살전 1:7). 지체인 그리스도인은 예수 그리스도가 그의 구주(Savior)임을 확신하는 사람, 예수 그리스도를 그의 삶의 주님(Lord)으로 모신 사람이다.

2. 각 지체들의 관계

몸은 하나지만 많은 지체가 있다. 그런데 각 지체가 믿음으로 그리스도와 하나가 될 때, 결과적으로 다른 지체와도 상호의존적 관계를 가지게 된다(엡 1:15).

한 지체가 괴로움을 당하면 그 지체만 따로 괴로움을 당하는 것이 아니다. 왜냐하면 그 괴로움은 온몸에 영향을 주고 자연적으로 온몸이 괴로움에 동참하기 때문이다(고전 12:26). 각 지체는 서로의 필요성을 깊이 깨닫고, 서로 존중하고, 서로 보살피고, 서로 관심을 가져야 한다. 비록 발이 "나는 손이 아니니 몸에 속한 것이 아니다." 하고 말한다 하더라도 발이 몸에 속하지 않은 것이 아니다. 귀도 마찬가지이다(15, 16절). 각 지체는 똑같이 필요하고 똑같이 중요하다. 다른 지체를 비판하거나 차별해서는 안 된다(갈 3:28). 어느 지체의 기능을 정지해도 몸 전체의 균형은 깨지고 만다.

각 지체들은 독특한 기능을 가지고 있다. 지체들은 각각 다른 기능을 가지고 있으며 다른 지체들이 행할 수 없는 기능을 수행한다. 발은 귀가 없이는 일을 하지 못한다. 귀도 눈이 없이는 일을 하지 못한다. 만일 몸이 오직 하나의 지체로만 구성되었다면 전혀 기능을 발휘하지 못할 것이다. 온몸이 다 눈이라면 어떻게 듣겠는가! 또 온몸이 귀라면 냄새는 어떻게 맡겠는가! 그러므로 눈이 손에게 "너는 내게 소용이 없다."라고 말할 수 없으며 머리가 발에게 "너는 내게 소용이 없다."라고 말할 수 없다. 몸 가운데서 비교적 약하게 보이는 지체가 오히려 요긴하다. 하나님께서 몸 가운데서 그리 중요하다고 생각되지 않는 것들을 더욱 귀한 것으로 입히고 보기 흉한 것들을 더욱더 아름답게 꾸며 주셨다. 하나님께서는 변변치 않은 지체들을 더욱 귀하게 다루셔서 몸의 조화를 이루게 하셨다(고전 12:14-24).

말하자면 예수 그리스도는 그의 몸으로서의 교회가 필요하시다. 그런 의미에서 교회 안에서 그는 그의 일을 할 수 있는 손을, 그의 심부름을 할 발을, 그의 메시지를 전할 입을 찾으신다. 교회는 그것을 통해서 그리스도께서 활동하시는 몸이 되어야 한다. 지체의 신분에는 전혀 차별이 없다. 지체 사이에 질서는 있으며 임무와 기능은 다양하나 그리스도를 섬기는 목적은 같다.

3. 몸의 성장

몸은 많은 지체들로 구성되어 있다. 그리고 각 지체는 전체 성장에 기여한다. 머리이신 그리스도께서는 온몸을 유지하고 몸이 자라는 데 필요한 모든 것을 공급하신다. 그러나 몸이 자라기 위해서는 각 지체들이 사랑으로 하나되어 각 지체의 분량대로 역사해야 한다(엡 4:16; 골 2:19). 어떤 머리도 각 지체들이 나뉘고, 서로 연결되지 않고 가루처럼 부서진 몸으로는 일할 수 없다.

머리를 중심으로 각 지체들이 서로 연합되지 않는 한 머리의 생각이나 계획이나 목적이 모두 방해를 받고 좌절될 수밖에 없다. 머리를 중심으로 한 연합은 그리스도의 일을 위해서는 필요 불가결한 요소이다.

4. 몸의 통일성

몸에는 여러 지체가 있지만 몸은 오직 하나임을 바울은 계속 강조한다(고전 12:12). 우리는 어떤 상황에서 바울이 교회를 몸으로 비유했는지를 분명히 기억해야 한다.

고린도 교회는 분열되어 있었다. 그들은 서로 다른 이름과 연결시키는 분파와 당파들로 나뉘어 있었다. 그들은 각각 "나는 바울 편이다.", "나는 아볼로 편이다.", "나는 게바 편이다.", "나는 그리스도 편이다." 하고 말했다. 그들 가운데는 다툼이 있었다(1:10-17). 더욱이 영적인 여러 가지 은사로 분열되어 있었다. 이것은 신앙적인 것 같으면서도 경건치 못한 대립이었다. 고린도 교회의 문제는 성령의 은사가 협력을 위한 것이 되지 못하고 서로 대립하는 데 사용된 것이었다(12:14). 심지어 주의 만찬에서까지 고린도 교회는 파벌과 당파와 분파로 분열되어 있었다(11:18). 그 결과로 성례전의 전체 효과가 파괴되었다. 그들은 그들이 그리스도의 몸임을 알지 못하고 그리스도 안에서 밀접하게 하나가 되었음을 깨닫지 못한 채 함께 모였기 때문이다.

오늘날 우리는 몸(교회) 가운데서 많은 분열을 목격한다. 몸 안에서의 분열과 분쟁은 흔히 사소한 차이들을 근거로 한다. 우리는 서로 다름에도 불구하고 일치하는 것을 배워야 한다. 우리는 비록 사소한 차이를 지닐 수 있다고 할지라도 서로 사랑으로 하나 되어야 한다.

바울은 에베소서에서 이것을 강조한다. 모든 인간과 모든 만물을 그리스도 안에 하나로 모으고 화해시키려는 것이 하나님의 목적이다(엡 1:15). 예수 그리스도는 모든 싸움과 분열을 화해시키고 하나되게 하는 하나님의 도구셨다. 그리스도는 인간의 화평이시다. 그는 교회 안으로 이방인과 유대인을 함께 모으셨다. 중간에 막힌 담은 허물어졌다. 그리고 그들은 교회 안에서 한 몸으로 화해가 되었다(2:11-22).

교회는 화해를 위한 예수 그리스도의 대리자이다. 예수 그리스도 안에서 모든 인간과 만물을 하나 되게 하는 책임이 바로 교회의 책임이다(고후 5:18-21). 바울은 계속해서 교회가 다양성 중에도 통일성을 가져야 할 근거를 제시하고 있다(엡 4:4-6). 그것은 성령도 하나, 사랑도 하나, 주님도 하나, 믿음도 하나, 그리고 하나님 아버지도 오직 한 분이시기 때문이라는 것이다. 교회의 하나 됨을 파괴하는 것은 교회를 파괴하는 것이다. 교회는 하나 됨을 위한 그리스도의 기도를 기억하고(요 17:21), 하나 됨을 위하여 힘써야 한다.

2. 그리스도의 신부로서의 교회

사도 바울은 또한 교회를 "그리스도의 신부"로 비유한다(고후 11:2; 엡 5:24-32; 계 19:7-9).

"그러므로 교회가 그리스도에게 하듯 아내들도 범사에 자기 남편에게 복종할지니라 남편들아 아내 사랑하기를 그리스도께서 교회를 사랑하시고 그 교회를 위하여 자신을 주심같이 하라 이는 곧 물로 씻어 말씀으로 깨끗하게 하사 거룩하게 하시고 자기 앞에 영광스러운 교회로 세우사 티나 주름 잡힌 것이나 이런 것들이 없이 거룩하고 흠이 없게 하려

하심이라 이와 같이 남편들도 자기 아내 사랑하기를 자기 자신과 같이 할지니 자기 아내를 사랑하는 자는 자기를 사랑하는 것이라 누구든지 언제나 자기 육체를 미워하지 않고 오직 양육하여 보호하기를 그리스도께서 교회에게 함과 같이 하나니 우리는 그 몸의 지체임이라 그러므로 사람이 부모를 떠나 그의 아내와 합하여 그 둘이 한 육체가 될지니 이 비밀이 크도다 나는 그리스도와 교회에 대하여 말하노라"(엡 5:24-32).

이 비유를 통하여 바울은 그리스도와 교회의 관계를 남편과 아내의 관계로 표현했다. 신랑은 교회의 머리일 뿐만 아니라 교회의 구주시다. 그러나 신랑과 신부는 한 몸이 된다. 바울은 이것을 신비라고 했다. 남편으로서 그리스도는 아내인 교회를 사랑하신다. 그리스도께서는 교회를 사랑하시되 자신을 내어 주기까지 사랑하시며, 교회를 양육하고 보호하신다. 또한 아내로서 교회는 남편인 그리스도께 복종하며 그를 경외해야 한다. 무엇보다도 교회는 자기를 깨끗하게 하고 거룩하게 하며 그리스도 앞에 영광스러운 모습으로 세움을 받아야 한다. 바울이 교회를 그리스도의 신부로 비유한 것은 신부로서의 교회의 순결성과 영광스러움을 강조하려는 의도였다.

바울은 또한 고린도 교회에 편지하면서 "내가 하나님의 열심으로 너희를 위하여 열심 내노니 내가 너희를 정결한 처녀로 한 남편인 그리스도께 드리려고 중매함이로다"(고후 11:2)라고 했다. 유대인의 결혼에 있어서 신랑의 친구들이라고 불리는 두 사람의 중요한 인물이 있다. 한 사람은 신랑을 대리하고 한 사람은 신부를 대리한다. 그들은 중매인의 일을 보고 초청장을 보내며 모든 일을 보살폈다. 그러나 그들에게 다른 모든 일들보다 훨씬 중요한 책임이 있었다. 그것은 신부의 순결을 보증하는 것이었다. 신부의 순결을 신랑에게 보증하는 것이 그들의 책임이었다. 바울은 그리스도를 신랑으로, 자기 자신을 신랑의 친구로, 고린도 교회를 그리스도를 위해 준비된 신부로 생각하였다. 그리고 그의 책임은 고린도 교회를 순결하고 흠이 없는 신부로 예수 그리스도 앞에 데리고 가야 하는 것이라고 보았다.

이와 같은 그리스도와 그의 교회 사이의 영적 결혼은 주께서 영광 가운데 오셔서 그의 백성들을 불러 모으실 때 완성되는 것이다. 요한은 "우리가 즐거워하고 크게 기뻐하며 그에게 영광을 돌리세 어린양의 혼인 기약이 이르렀고 그의 아내가 자신을 준비하였으므로 그에게 빛나고 깨끗한 세마포 옷을 입도록 허락하셨으니 이 세마포 옷은 성도들의 옳은 행실이로다 하더라 천사가 내게 말하기를 기록하라 어린양의 혼인 잔치에 청함을 받은 자들은 복이 있도다 하고 또 내게 말하되 이것은 하나님의 참되신 말씀이라"(계 19:7-9)고 기록했다.

이러한 개념은 구약성경에서부터 뿌리 박힌 것임을 알 수 있다. 예언자들은 이스라엘을 하나님의 신부라고 보았다. "너를 지으신 이가 네 남편이시라 그의 이름은 만군의 여호와이시며"(사 54:5; 참조. 렘 3:20). 그러한 이유 때문에 구약에서는 때때로 영적인 불충실을 간음이라고 하였다(출 34:15, 16; 신 31:16; 시 73:27; 호 9:1). 그리고 예수께서도 하나님에 대한 영적인 불충에 대하여 "악하고 음란한 세대"라고 말했다(마 12:39, 16:4). 그리고 이런 이유로 구약의 하나님은 가끔 질투하시는 하나님이라고 불리고 있다(신 32:21; 출 20:5, 34:14; 슥 8:2).

우리는 여기서 그리스도와 교회와의 관계에 대한 가장 아름다운 비유를 볼 수 있다. 교회는 그리스도의 신부이다.

3. 하나님의 백성으로서의 교회

히브리어로 쓰여진 구약성경을 헬라어로 번역할 때, 모인 이스라엘 백성을 가리키는 카할(qahal)이라는 말을 에클레시아로 번역했다. 예를 들어 하나님께서 모세에게 십계명을 주시던 곳에 모인 회중에 대해서 이 말이 사용되었다(출 19:16-25). 신명기에는 "총회(에클레시아) 날에 여호와께서 산상 불 가운데서 너희에게 이르신 모든 말씀이니라"(신 9:10, 18:16). 때때로 이 말은 이스라엘의 총회를 가리키는 말로 사용되었다(신 31:30; 삿 20:2). 따라서 이 말은 유대인에게 있어서 언제나 "모인 하나님의 백성들"을 의미하였다. 이 말을 사용한 자체가 교회는 하나님의 백성임을 더 뚜렷하게 하여 주었다. 스데반은 광야에 있는 이스라엘 백성을 "광야교회"라고 불렀다(행 7:38).

이스라엘은 하나님에 의해 선택된 백성이었다. 하나님은 이스라엘 백성과 언약을 맺으셨다(출 29:44-46; 레 26:11, 12; 렘 31:33). 언약의 내용은 "나는 너희의 하나님이 되고 너희는 나의 백성이 되리라."는 것이었다. 그러나 이스라엘은 하나님의 아들이 왔을 때 깨닫지도 못했고 영접하지도 못했다. 그러므로 이스라엘은 한 국가로서의 지위도, 특권도 모두 잃어버렸다.

이제 참이스라엘, 새 이스라엘은 이스라엘 나라가 아니라 교회이다. 교회는 새로운, 그리고 참다운 백성이다. 구약에서 하나님의 백성은 이스라엘 백성이었다. 그리고 이스라엘 백성이 되려면 아브라함의 후손이어야 했다. 아브라함의 후손이 되는 것이 이스라엘의 백성이 되는 국적을 취득하는 유일한 근거였고, 이스라엘 국적을 가지는 것이 하나님의 백성이 되는 유일한 근거이고 조건이었다. 그러나 바울은 이스라엘에게서 난 그들이 다 이스라엘이 아니라고 했다(롬 9:6-9).

하나님의 백성이 되는 것은 이제 국적의 문제가 아니라 믿음의 문제이다. 예수를 그리스도로 믿는 사람은 그 믿음으로 말미암아 다 하나님의 백성이 되며 하나님 나라의 시민이 된다(빌 3:20). "너희가 그리스도의 것이면 곧 아브라함의 자손이요 약속대로 유업을 이을 자니라"(갈 3:29)고 했다. 하나님의 백성이 되는 데에는 유대인이나 헬라인이나 차별이 없다(롬 10:11-13). 베드로는 교회를 이런 생각에서 "그러나 너희는 택하신 족속이요 왕 같은 제사장들이요 거룩한 나라요 그의 소유가 된 백성"이라고 정의하고 있다(벧전 2:9; 참조. 출 19:5).

하나님의 백성으로서의 교회의 회원을 바울은 성도라고 부른다. 헬라어로 "성도"라는 말은 하기오스(hagios)이다. 여기에서 "거룩하다"는 "다르다"는 뜻이고, 특별한 목적을 위해 따로 구별하여 놓았다는 뜻이다. 그런데 바울이 교회의 회중을 성도라고 부를 때에는 두 가지 수식어가 따라 다녔다. 하나는 "어디 어디에 있는"이고, 다른 하나는 "예수 안에 있는"이라는 수식어이다. 예를 들면 바울은 "골로새에 있는 성도들 곧 그리스도 안에서 신실한 형제들"에게라고 편지의 수신인을 밝혔다(참조. 롬 1:7; 고후 1:11; 빌 1:19, 4:21).

성도들은 자기가 살고 있는 그 지역에서의 일상적인 생활 가운데 주위에 있는 사람들과는 다르게 살아야 한다. 여기에는 적극적인 의미가 있다. 은자나 수도승의 본을 받아서 세상으로부터 물러나서 거룩하게 사는 것이 아니라 죄악 세상 가운데 살면서도 세상에 속하지 않고, 세상에 물들지도 않으며, 거룩하게(다르게) 사는 것이 성도라는 것이다.

어떻게 그렇게 거룩하게 살 수 있는가? 그것은 그리스도 예수 안에 있을 때 가능하다. 성도란 그리스도 예수 안에 있는 사람이다. 성도는 끊임없이 예수 그리스도 앞에서, 끊임없이 예수 그리스도의 명령을 듣고, 끊임없이 그것을 실천하고자 애쓰는 사람이다. 성도는 세상 표준에 의해서가 아니라 그리스도의 표준에 의해서 살아가는 사람이다.

4. 하나님의 가족으로서의 교회

"그러므로 이제부터 너희는 외인도 아니요 나그네도 아니요 오직 성도들과 동일한 시민이요 하나님의 권속이라"(엡 2:19).

"만일 내가 지체하면 너로 하여금 하나님의 집에서 어떻게 행하여야 할지를 알게 하려 함이니 이 집은 살아 계신 하나님의 교회요 진리의 기둥과 터니라"(딤전 3:15).

교회는 하나님의 가족이다. 교회는 하나님을 아버지로 하고 그의 자녀들이 모여 사는 하나님의 집이다. 하나님의 가족이 되는 것은 혈통의 문제가 아니라 오직 믿음의 문제이다. "영접하는 자 곧 그 이름을 믿는 자들에게는 하나님의 자녀가 되는 권세를 주셨으니 이는 혈통으로나 육정으로나 사람의 뜻으로 나지 아니하고 오직 하나님께로부터 난 자들이니라"(요 1:12, 13).

우리가 믿음으로 예수 그리스도를 영접할 때 우리는 하나님의 자녀가 되는 동시에 다른 하나님의 자녀들과는 자동으로 형제 자매가 된다. 그래서 바울은 하나님의 가족으로서 교회의 회원을 "형제들"이라고 불렀다. 그가 로마에 있는 그리스도인에게 편지를 했을 때 사람들의 이름을 부르며 인사했고, 그러고 나서 "그들과 함께 있는 형제들에게 문안하라"(롬 16:14)고 덧붙였다. 그는 여러 교회에 편지하면서 직접 형제들에게 문안했고, 또 형제들에게 문안하라고 부탁했다(고전 16:20; 엡 6:23; 골 4:15; 살전 5:26).

여기에는 교회란 형제들의 모임이라는 위대한 진리가 있다. 그것도 사람들이 서로 형제가 되는 하나님의 가족이라는 의미가 있다. 어떤 교회가 영적으로 그리고 마음으로 분열되어 있으며, 신랄한 비판이 만연되어 있고, 용서하지 못하는 마음이 고칠 수 없는 상처를 만들어 주고 있다면 그 교회가 이미 교회일 수 없다. 왜냐하면 "형제 됨"이 없이는 교회가 이미 교회일 수 없기 때문이다. 교회는 하나님께서 보실 때 형제들의 모임이다. 그래서 바울은 교회를 섬기는 일꾼 디모데에게 자신의 가족을 대하듯 교인들을 대하라고 권면했다(딤전 5:1, 2).

5. 하나님의 양무리로서의 교회

교회는 하나님의 양무리이다. "여러분은 자기를 위하여 또는 온 양떼를 위하여 삼가라 성령이 그들 가운데 여러분을 감독자로 삼고 하나님이 자기 피로 사신 교회(양떼)를 보살피게 하셨느니라"(행 20:28). "너희 중에 있는 하나님의 양무리를 치되"(벧전 5:2). 이 비유는 하나님과 교회의 관계를 목자와 양의 관계로 표시한다. 이미 구약에서 다윗은 하나님을 목자로 고백했다(시 23:1-6). 신약에서 예수님도 자신을 선한 목자(요 10:1-18)라고 설명하셨으며 베드로에게 자기의 양을 돌보는 책임을 부여하셨다(21:15-17).

목자 되신 하나님께서는 그의 양떼인 교회를 인도하시고 보호하시며 풍성한 꼴을 먹여 주신다. 선한 목자 되신 그리스도께서는 양떼인 교회를 자신의 목숨을 버리시기까지 사랑하시며 양떼의 이름을 하나하나 부르시며 기도하신다. 양떼인 교회는 목자의 음성을 듣고 순종해야 한다. 양들은 목자 없이 한시도 살기가 어렵다. 그래서 하나님께서는 교회에 직원을 세우셔서 자신의 양떼를 돌보도록 책임을 맡기셨다. 직원은 세심한 배려로서 하나님의 양떼를 돌보아야 한다.

6. 하나님의 성전으로서의 교회

"너희는 너희가 하나님의 성전인 것과 하나님의 성령이 너희 안에 계시는 것을 알지 못하느냐"(고전 3:16).

"너희는 사도들과 선지자들의 터 위에 세우심을 입은 자라 그리스도 예수께서 친히 모퉁잇돌이 되셨느니라 그의 안에서 건물마다 서로 연결하여 주 안에서 성전이 되어 가고 너희도 성령 안에서 하나님이 거하실 처소가 되기 위하여 그리스도 예수 안에서 함께 지어져 가느니라"(엡 2:20-22).

"너희도 산 돌같이 신령한 집으로 세워지고 예수 그리스도로 말미암아 하나님이 기쁘게 받으실 신령한 제사를 드릴 거룩한 제사장이 될지니라"(벧전 2:5).

바울은 교회를 "하나님의 성전"이라고 했다. 교회는 성령이 거하시는 전이고, 성령 안에서 하나님이 거하시는 처소이며 신령한 집이라는 것이다. 이 비유는 교회가 단순히 눈에 보이는 건물이 아니라 눈에 보이지 않는 하나님이 거하시는 장소라는 사실을 강조한다.

하나님의 성전으로서 교회의 기초는 예수 그리스도이시다(고전 3:11). 하나님의 성전은 진리의 터 위에 세워진다. 또한 교회 그 자체가 진리를 위한 기둥이다(딤전 3:15). 곧 진리이신 그리스도께서 친히 성전의 모퉁잇돌이 되셔서 성전의 기초를 놓는다. 사도들과 선지자들은 이 진리를 전했다. 그러므로 또한 교회는 사도들과 선지자들의 터 위에 세워진다. 오늘날 교회는 이러한 사도들의 신앙과 사상을 이어받아야 한다.

이 비유는 또한 건물을 형성하고 있는 그리스도인 개개인이 자기를 결코 개인으로 생각해서는 안 된다는 사실을 강조한다. 그리스도인은 큰 건물을 이루는 하나의 돌이다. 그는 거기서 자기가 일부를 이루고 있는 건물을 든든하게 해야 한다. 그는 든든하게 세워진 건물의 돌들이 서로 밀접하게 연결되어 있는 것처럼 다른 그리스도인들과 연결되어 있어야 한다.

이 비유에서 가장 중요한 것은 성전을 "지어간다", "세워간다"는 말의 뜻이다. 영국의 성서학자 바클레이는 세워간다는 말은 덕성을 함양하는 것이라고 했다. 예언의 말은 교회의 덕을 세운다(고전 14:3-5). 바울은 모든 일을 그의 신자들을 세우기 위해 행한 것이었다고 했다(고후 12:19, 13:10). 그리스도인의 책임은 덕을 세우는 것이다(롬 14:19, 15:2; 살전 5:11). 교회의 모든 직분과 은사도 교회를 세우기 위해 주어진 것이다(엡 4:12, 16). 그리고 그리스도인의 생활과 행동은 교회를 세우는 데 도움이 되어야 한다(29절). 그러므로 교회 직원의 봉사는 언제나 교회를 세우는 것이어야지 무너뜨리는 것이 되어서는 안 된다.

우리는 지금까지 "교회는 무엇과 같은가"를 살펴보았다. 이것을 도표로 정리하면 다음과 같다.

	관계	몸	결혼	나라	가족	목장	건물
교회	그리스도 (하나님)	머리	신랑	왕	아버지	목자	기초석
	그리스도인들	지체들	신부	백성들	자녀들	양떼	벽돌들

교회는 그리스도께서 머리가 되시는 몸이요, 그리스도께서 신랑이 되시는 신부이며, 그리스도께서 기초가 되시는 성전이다. 그리고 교회는 하나님이 왕이 되시는 백성이요, 하나님이 목자가 되시는 양떼이며, 하나님이 아버지가 되시는 가족이다.

이러한 모든 교회의 비유가 강조하는 핵심 진리는 한 가지이다. 그것은 한편 머리로서, 신랑으로서, 왕으로서, 아버지로서, 목자로서 그리고 주인으로서 그리스도(하나님)와 교회와의 관계와 책임을 강조한다. 또 다른 한편 같은 한 몸의 지체들로서, 같은 한 신랑의 신부로서, 같은 한 왕의 백성들로서, 같은 한 목자의 양떼로서 그리고 같은 한 건물의 돌들로서 성도 상호간의 관계와 책임을 강조한다.

결국 우리는 교회의 비유들을 통해서 교회의 "하나 됨"을 명심해야 한다. 그리고 교회의 직원들은 교회의 "하나 됨" 안에서 교회를 치는 목자와 감독자로서(행 20:18; 벧전 5:1-4), 하나님 나라의 사신으로서, 하나님 집의 사환(종)으로서, 그리고 하나님의 가족의 유모로서 일하는 사람들이다. 그러므로 교회 직원이 교회 "일"에만 몰두한 나머지 교회의 아름다운 "관계"를 깨뜨려서는 안 된다. 교회의 아름다운 관계와 모습을 깨면서 하는 직원의 봉사는 그것이 무엇이든 이미 교회를 위한 봉사가 아니라는 사실을 명심해야만 한다.

3장.
교회의 사명

하나님의 교회에는 반드시 성취해야 할 사명이 있고, 해야 할 기능이 있으며, 이 세상에 존재하는 목적(이유)이 있다.

피터스(G. Peters)는 교회의 정상적인 기능을 (1) 하나님을 위해서는 예배, 경배, 찬양 및 중보를 하는 것이고 (2) 교회를 위해서는 교제, 교육, 교화 및 훈계를 하는 것이며 (3) 세상을 위해서는 전도, 봉사, 교훈 및 경책을 하는 것이라고 했다.

요약하면 교회에는 예배, 교제, 교육, 전도, 봉사의 기본 사명이 있다. 그런데 이 모든 교회의 사명은 상호 연관되고 상호 의존적이다. 교회의 사명은 따로 "떨어진 별개의 것"이 아니다. 전도와 교육과 교제와 예배와 봉사가 수반되어야 하며, 교육에는 전도와 봉사와 예배와 교제가 수반되어야 한다. 우리가 드리는 예배에도, 전도에도 교육과 교제와 봉사가 수반되어야 한다. 나머지의 경우도 마찬가지이다.

또한 이 모든 사명은 절대적이다. 교회의 사명은 해도 좋고 안해도 좋은 선택 사항이 아니다. 교회에 속한 모든 그리스도인은 반드시 교회의 이 모든 사명을 성취해야 한다. 예배만 드리고 전도는 안 한다든지, 가르치는 일은 하면서 세상을 섬기는 일은 안 한다든지, 그런 일은 있을 수 없다. 교회의 회원은 모두 교회의 모든 사명에 기본적으로 관계된다.

또한 교회의 직원은 교회의 사명을 보다 더 효율적으로 성취하기 위하여 세워졌다. 그러므로 교회 직원은 그 교회의 회원이며 동시에 그 교회의 일꾼으로서 교회의 모든 사명을 성취하는 데 최선을 다해야 한다.

1. 교회와 예배

교회는 무엇보다도 먼저 하나님을 예배하는 공동체이다. 다시 말해서 예배는 교회의 최우선적인 사명이라고 할 수 있다. 그래서 성경은 예배를 교회의 기본 사명으로 거듭 강조하고 있다. 십계명 중에서 처음 네 계명은 모두가 하나님이 기뻐하시는 예배를 명령하고 있다. 예수께서는 지금도 하나님은 신령과 진정으로 예배하는 자를 찾으신다고 하셨다(요 4:23). 이 사명은 너무나 기본적이어서 이 사명만 잘 수행한다면 교회의 다른 사명도 잘 수행될 것이다. 그리고 교회의 다른 사명은 결국 하나님을 잘 예배하려는 목적으로 수행되는 것이다.

1. 예배란 무엇인가

신구약성경에서 "예배한다"는 말은 원래 "절한다", "섬긴다", "굴복한다", "엎드린다", "경배한다", "존경한다"는 뜻을 가지고 있다(창 24:26; 출 4:31, 24:1, 33:10, 34:8; 신 4:19; 왕하 10:19, 21-23; 사 27:13; 눅 1:23; 행 13:2; 히 8:6). 곧 성경에서 하나님께 드리는 예배는 하나님을 향한 경배, 존경, 순종, 봉사를 드린다는 의미이다.

영어로 "예배"(worship)란 말은 원래 "가치를 돌린다"(to ascribe worth)는 뜻이다. 시장을 "각하"(his worship)라고 부르는 것은 특별한 존경을 받을 만한 가치를 가진 분으로 인정한다는 것을 뜻한다. 사람이 그의 아내를 숭배한다는 것은 그의 정성과 사랑을 받을 만한 가치가 있는 사람으로 인정한다는 것을 말한다.

이와 마찬가지로 하나님을 예배한다는 것은 하나님께 최상의 가치를 돌리는 것을 의미한다. 그것은 시편 기자가 말한 대로 "여호와의 이름에 합당한 영광을 돌리는"(시 29:2) 것이다. 그러므로 사람은 예배를 통해서 사람의 제일되는 목적인 하나님께 영광 돌리는 일을 성취한다.

그러면 하나님께 그분의 절대적인 가치를 인정한다는 것을 어떻게 표현할 수 있을까? 자기 아내를 "숭배하는" 사람은 가정에서 집안일을 돕거나 그녀에게 선물을 함으로써 그녀의 가치를 인정한다는 것을 표현한다. 마찬가지로 우리가 하나님께 돌리는 무한하고 절대적인 가치는 본질적으로 우리가 하나님께 "드리는 것"을 통하여 표현한다. 그러므로 시편 기자는 "여호와의 이름에 합당한 영광을 그에게 돌릴지어다"라고 말하고는 계속해서 "예물을 가지고 그의 궁정에 들어갈지어다"(시 96:8)

라고 덧붙였다. 구약 시대에 있어서 히브리인의 예배는 한마디로 "희생 제사"였다. 이스라엘 백성은 규정된 대로 예물을 지정된 장소에 가지고 갔다. 그리고 그것은 마땅히 흠 없는 예물이어야 했다.

그러나 신약 시대의 예배에는 동물의 희생 제사가 필요없게 되었다. 왜냐하면 그리스도의 십자가에 의해서 폐지되고 완성되었기 때문이다. 그리스도께서 전인류를 대신해서 "충분하고 완전하고 흠 없는 제사"를 하나님께 드리셨으므로 우리는 이제 그를 통하여 하나님께 나아가게 되는 것이다(히 9:24-26).

그리고 그리스도인들이 드리는 예물이란 "하나님을 향한 감사"라고 할 수 있다. 하나님께서 우리에게 베푸신 은혜가 너무나 크시기에 우리는 그 은혜에 감사하여 우리의 찬송과 기도와 헌금을 "드림"으로 하나님을 예배한다. 그러나 이것만으로는 하나님의 최고 가치를 표현하기에는 부족하다. 따라서 우리가 드릴 수 있는 가장 큰 것, 곧 다름 아닌 우리 자신을 드리는 것이 예배이다. 여기에 모든 참된 예배의 절정이 있다.

이와 같은 깊은 의미를 깨달은 바울은 "너희 몸을 하나님이 기뻐하시는 거룩한 산제사로 드리라"고 말하면서 바로 이것이 우리가 하나님께 드려야 할 "영적 예배"(롬 12:1)라고 말하고 있다. 이와 같이 하나님을 예배한다는 것은 "하나님으로부터 무엇을 받는" 것이 아니라, 오히려 "하나님께 무엇을 드리는 것"임을 알아야 한다.

2. 예배의 기본 원리

예배는 "나를 위한 것"이 아니라 "하나님을 위한 것"이다. 그러므로 그 실제적 표현은 확실한 기본 원리에 입각해야 한다.

1. 예배는 계시에 대한 응답이어야 한다

예배는 예수 그리스도 안에서 자신을 나타내시는 하나님으로부터 시작된다. 곧 예배는 예수 그리스도를 통해 하나님께서 우리를 위해 이미 하신 일, 이제 하시는 일, 그리고 앞으로 하실 일을 나타낸다는 사실에서부터 출발한다. 하나님은 말씀과 사역-창조와 구원과 섭리-을 통하여 자신이 누구신지를 우리에게 알리신다. 그것이 계시이다. 우리가 예배를 통하여 그에게 최상의 영광을 돌리는 것은 그가 먼저 자신을 온전한 경외와 감사를 받으실 만한 가치가 있는 분으로 나타내셨기 때문이다. 예를 들어, 바울의 기도와 찬양은(엡 1:15-22) 예수 그리스도 안에 나타난 하나님의 구원 행위(1-14절)에 대한 감사의 응답이었다.

이와 같이 예배는 하나님의 계시에 대한 응답이어야 하기 때문에 언제나 예배의 대상이신 하나님을 바로 이해해야 한다. 예배자가 예배의 대상을 얼마나 정확하게 이해하느냐에 따라 예배의 의미와 자세가 달라진다. 그리고 예배는 본질적으로 계시에 대한 응답이기 때문에 믿음이 없이는 불가능하다. 하나님의 은혜와 사랑을 깨달아 알고 믿는 사람은 감사와 찬양과 자신을 하나님 앞에 드리지 않을 수 없다. 믿음이 없는 예배는 내용이 없는 형식의 예배일 뿐이다.

사도 바울은 "알지 못하는 신에게"(행 17:23) 예배하는 아덴 사람들에게 예배의 대상을 알려 주었다. 예수님은 사마리아 여인에게 "너희는 알지 못하는 것을 예배"(요 4:22) 한다고 말씀하셨다. 예수께서는 사마리아인들도 예배를 드리고 있다는 것을 인정하셨다. 다만 그들은 그들이 예배하고 있는 대상이 무엇인지를 분명히 알지 못했다. 사마리아인들은 하나님에 대한 약간의 지식은 있었지만 구원의 계시를 전부 알만큼 충분한 지식은 없었다. 사마리아인의 예배는 적절한 지식이 없는 열광적인 예배였다. 그들이 드리는 예배는 정열적이고 흥분되어 있고 충성된 것이었지만 올바른 내용이 없었다. 다시 말해서 그들은 뜨거운 예배를 드렸지만 진리로 예배하지는 않았다. 그러나 참된 예배는 하나님의 계시와 진리(말씀)에 철저히 근거하지 않으면 안 된다. 계시(진리) 없이 우리의 예배는 불가능하다. 그러므로 예배는 반드시 진리의 계시에 대한 응답이어야 한다.

2. 예배는 성령의 인도하심에 따라 드려야 한다

하나님은 영이시기 때문에 예배하는 자가 영으로 예배해야 한다는 것이다(요 4:24). 성령의 역사가 없을 때 예배의 형식이 메마른 것이 된다. 참된 예배는 다만 성령의 활동하심으로부터 출발한다. 그리고 예배를 드리는 순간에 얻는 감동과 변화와 바른 삶으로의 인도는 모두가 성령의 역사 속에서 이루어진다.

성령의 감동하심이 모든 참된 기도와 말씀의 깨달음에 필수적임을 성경은 강조하고 있다.

사도 바울은 "우리는 마땅히 기도할 바를 알지 못하나 오직 성령이 말할 수 없는 탄식으로 우리를 위하여 친히 간구하시느니라"(롬 8:26)고 상기시켜 주고 있다. 요한은 "보혜사 곧 아버지께서 내 이름으로 보내실 성령 그가 너희에게 모든 것을 가르치고 내가 너희에게 말한 모든 것을 생각나게 하리라"(요 14:26)고 했고 이어서 "그(성령)가 와서 죄에 대하여, 의에 대하여, 심판에 대하여 세상을 책망하시리라"(16:8)고 했다.

예수께서는 "우리(유대인)는 아는 것을 예배하노니"(4:22)라고 말씀하셨다. 유대인들은 구약 39권 모두를 받아들이며 구원의 가르침에 대해 전체 지식을 가지고 있었다. 그들은 진리를 알고 있었다. 그러나 그들에게는 신령함이 없었다. 그들은 차갑고 율법적이며 위선적이었던 것 같다(마 6:1-8 참조). 그들은 예배의 모습은 있었으나 그 안에 그들의 영과 마음이 담겨 있지 않았다. 그들은 진리를 갖고 있었으나 그들의 마음은 비어 있었다.

예수께서 사마리아 여인에게 하신 말씀은 예배의 두 가지 원리를 요약하고 있다.

"하나님은 영이시니 예배하는 자가 영과 진리로 예배할지니라"(요 4:24).

영과 진리로 드리는 예배라야 하나님께 드리는 참된 예배가 된다. 예루살렘에는 진리는 있었으나 영이 없었고, 그리심산에는 영은 있었으나 진리는 없었다. 한편에는 그리심산, 영적인 이단이 자리하고, 다른 한편에는 예루살렘, 황폐하고 신령 없는 정통이 자리한다. 그러나 예수님이 말씀하시는 것은 참된 예배에는 영과 진리가 모두 있어야 한다는 것이다. 둘 중 하나의 결핍이 아니라 조화를 이루어야 한다.

진지하고 영적인 예배는 훌륭한 예배이다. 하지만 그것은 반드시 진리에 기초하고 있어야 한다. 진리에 기초한 예배는 필수적이다. 하지만 그것이 열심과 열광, 감동된 마음에서 나온 것이 아니라면 거기에는 뭔가 부족하다. 참된 예배는 이 둘 사이의 균형을 요구한다.

3. 예배는 본질적으로 공동 행위여야 한다

기독교 예배는 고립된 개개인의 예배가 아니라 교회 전체의 행위이다. 물론 개인적으로 드리는 예배가 있다. 그러나 개인의 예배는 공동의 예배에 그 근거를 둔 것이라야 한다. 예배는 하나님의 백성들이 하나님을 향하여 가는 공동적인 접근이다. 또한 예배는 하나님의 가족들이 하나님 앞에 모이는 가족적인 행동이다. 그러므로 예배에서는 "나"라는 개인보다 "우리"라는 전체가 중요하다. 예수께서 기도를 가르치실 때에도 하늘에 계신 "우리" 아버지에게 기도하라고 하셨다. 온 교회의 회중들이 하나가 되어 하나님을 아버지로 모시는 모습을 보여 주지 못한다면 예배드릴 자격을 상실하게 된다. 그래서 예수님은 "예물을 제단에 드리려다가 거기서 네 형제에게 원망 들을 만한 일이 있는 것이 생각나거든 예물을 제단 앞에 두고 먼저 가서 형제와 화목하고 그 후에 와서 예물을 드리라"(마 5:23, 24)고 말씀하셨다.

예배가 공동 행위임을 보여 주는 또 한 국면이 있다. 그것은 지상에 있는 교회뿐만 아니라 하늘에 있는 교회도 함께 드리는 전교회의 예배라는 사실이다. 제1차 세계 대전 때 교회에 대해 냉소적인 태도를 가진 한 육군 대령이 인솔하는 연대가 어느 프랑스 촌락에 진을 치고 있었다. 이 육군 대령은 나이 많은 사제를 놀려 주고 싶었다. 어느 주일 아침 이 대령이 교회 앞을 지나가는데 그때 마침 미사를 마친 소수의 무리가 교회에서 나오고 있었다. 대령은 사제에게 말을 건넸다. "오늘 미사에는 적은 무리만이 모였었군요." 그러자 사제는 대답했다. "아니네, 자네가 오해를 한 것일세. 천천만만 명이 모였었다네!"

그렇다. 우리 예배는 전교회의 예배, 곧 지역 교회의 전회중이 함께 드리는 예배일 뿐 아니라 우주적으로 드리는 예배인 것이다.

4. 예배는 생활로 연장되어야 한다

우리 예배는 예배당 안에서의 예배로 끝나서는 안 된다. 일상 생활에서 구체적으로 하나님의 뜻을 따르며 하나님이 요구하시는 삶을 살지 않으면 예배당 안에서의 경건한 예배는 헛일이 되고 만다. 생활 속에서 하나님과 세상을 섬기는 생활이 곧 하나님께 영광 돌리는 예배의 행위인 것이다. 그래서 히브리서 기자는 "오직 선을 행함과 서로 나누어 주기를 잊지 말라 하나님은 이 같은 제사를 기뻐하시느니라"(히 13:16)고 했다.

고넬료는 경건하여 온 집으로 더불어 하나님을 경외했을 뿐만 아니라 백성을 많이 구제했다(행 10:2). 영어에서는 하나님께 드리는 예배(Service)와 이웃을 섬기는 봉사(Service)가 같은 말이다. 이사야 선지자는 이스라엘 백성들이 악을 행하는 생활을 계속하면서 제사하는 것은 하나님께서 열납하실 수 없다고 강조했다(사 1:10-20). 이런 제사는 하나님이 가증히 여기시고 싫어하신다. 이런 제사에 하나님은 지치셨고 더 이상 견디지 못하겠다고 하셨다. 이사야는 그들을 향하여 먼저 스스로 깨끗하게 하며 하나님 앞에서 악업을 버리고 악행을 그치라고 했다. 선함을 배우고 공의를 구하며 학대받는 자를 도와주며 고아를 위하여 신원하며 과부를 위해 변호하라고 했다.

아모스 선지자도 의로운 생활이 없는 이스라엘 백성들의 절기, 번제, 소제를 하나님께서는 미워하여 멸시하며 받지 않으신다고 외쳤다(암 5:21-26). 미가 선지자도 하나님은 천천의 숫양이나 만만의 강물 같은 기름보다 정의와 인자를 원하신다고 했다(미 6:6-8).

미사(Mass)라고 하는 말은 예배의 최후에 하는 말 "이트 미사 에스트"(Ite, Missa Est), 곧 "여기서의 예배는 이것으로 끝난다. 하나님을 섬기기 위해 세상을 향해 나가서 행하라."는 말에서 왔다. 참된 예배는 하나님이 요구하시는 세상에서의 생활로 확대되고 확장되어야만 한다.

3. 예배의 요소

훈(P. W. Hoon)은 "예배란 하나님의 자기 계시에 대한 인간의 응답이다."라고 하면서 예배의 현장은 계시와 응답이 만나는 지점으로 경험되어야 한다고 했다. 예수 그리스도 안에서 자신을 계시하시는 하나님과 그 하나님 앞에 응답하는 우리와의 만남과 대화가 예배 가운데서 일어나야 한다는 것이다. 이와 같이 예배는 하나님과 우리의 만남 또는 대화이기 때문에 예배에는 두 가지 요소가 있다. 하나는 계시의 요소, 곧 하나님이 자신을 나타내시는 신적 요소이고, 다른 하나는 인간의 응답이라는 요소이다. 보통 우리 예배에서 하나님의 계시적인 요소에는 예배의 부름, 사죄의 선언, 성경봉독, 설교, 성례전, 축도 등이 있으며, 인간의 응답적인 요소에는 기도, 찬송, 헌금 등이 있다. 예배란 예수 그리스도 안에서 자신을 주신(Self-Giving) 하나님께 인간이 감사하여 기도와 찬송과 헌금을 통해서 자신을 드리는 것(Self-Offering)이다.

1. 예배의 계시적 요소

(1) 성경

성경은 영원한 하나님이 그때그때 그의 백성을 찾아오시고 구원하신 사건들에 대한 으뜸가는 증거이다. 따라서 예배가 계시에 의존하는 한 성경은 예배의 중심에 있어야 한다. 그리고 말씀이 응답보다 선행되어야 하기 때문에 하나님의 구원 행위가 선포되어 있는 배경이 예배의 처음 부분에서 봉독되어야 한다.

(2) 설교

설교는 예배에 있어서 말씀의 제2의 양식이다. 설교는 하나님에 관한 인간의 말이 아니라 인간을 향한 하나님의 말씀이다. 설교는 하나님의 말씀을 현재, 여기에 있는 회중에게 분명하게 해석해 주고 설명하며 적용하는 것이다.

하나님은 설교를 통해서 죄인의 마음에서 활동하시고, 회중들은 신앙에 의해서 구원받게 된다(롬 1:16, 17, 10:17). 그러므로 설교는 예배의 중심이며 절정이라고 할 수 있다. 복음의 설교는 견해에 관심을 가지는 것이 아니라 소식에 관심을 갖는 것이다. 즉 설교는 좋은 소식의 선포이지 어떤 좋은 충고를 제공하는 것이 아니다.

설교가 본질적으로 복음의 선포이며, 거룩한 역사 안에 나타난 하나님의 능력의 행위를 선언하는 것이라면 그것은 성경적이어야 할 것이다. 그리고 설교가 참으로 성경적이기 위해서는 그 형식과 강조점이 무엇이든간에 그리스도 중심적이어야만 한다.

(3) 성례전

하나님의 말씀은 "기록된 말씀"(성경), "전파된 말씀"(설교), 눈에 "보이는 말씀"(성례전)을 통하여 그의 백성 앞에 주어지며 이 말씀이 성령의 역사 속에 예배자들의 영혼을 소생케 한다. 그러기 때문에 교회에서 말씀이 바르게 선포되어야 하고 성례전이 바르게 집례되어야 한다.

성례전은 예배 가운데서 "하나님과의 만남", "주님과의 연접"(Link)이라는 가장 중요한 신앙의 표현과 경험을 수반한다(요 6:56). 곧 성례전은 하나님의 은혜의 선포와 예배자들의 진지한 응답이 나타나는 현장이다. 성례전을 통하여 예배자들은 하나님의 은혜가 죄인 된 우리 인간을 향하여 선포되는 것을 구체적으로 느낄 수 있고, 그래서 우리 인간은 무릎을 꿇고 죄인 됨을 고백하고 주님을 영접하겠다는 뚜렷한 응답을 보일 수 있게 된다. 그리고 주님의 살과 피를 나누는 예전에 참여하면서 죄인을 사랑하셔서 희생하신 주님 앞에 감사의 응답을 드리게 된다.

2. 예배의 응답적 요소

(1) 기도

공중예배에서 기도하는 사람은 회중이다. 그러나 공중기도는 개인기도의 총계도 아니고, 또한 예배 인도자의 수동적인 경청도 아니며, 공통기도, 곧 하나님의 백성의 기도이다. 곧 예배 지도자는 회중을 대신하여 전체 회중의 기도를 드리는 것이다.

공중예배에서는 명확하게 정의된 기도의 형태를 구별해야 한다. 이러한 모든 형태들은 예배의 전체 행위 가운데 각각 독특한 위치를 차지하고 있다.

찬양(Adoration)의 기도는 모든 참된 예배의 기초를 이루는 것으로서, 즉 하나님을 하나님으로서 겸손히 인식하고, 그의 이름에 합당한 영광을 주께 돌리는 것이다.

기원(Invocation)의 기도는 우리들이 드리는 예배에 있어서 하나님의 도우심을 바라는 기도이다.

고백(Confession)의 기도는 하나님의 거룩한 존전에 서 있는 죄인으로서 부끄러운 자아의 모습을 내놓고 하나님의 용서를 간구하는 기도이다. 죄의 고백과 함께 사죄의 간구와 은혜를 위한 탄원이 있어야 한다.

감사(Thanksgiving) 기도는 예수 그리스도 안에 있는 하나님의 은혜의 복음 선포에 대한 예배하는 회중의 자연적인 응답이다. 특별히 구속을 위한 감사는 항상 감사기도의 절정이며 초점이 되어야 한다.

탄원(Supplication)과 중보(Intercession)의 기도는 우리의 욕구를 하나님 앞에 알리는 간구의 기도이다. 마지막으로 봉헌(Oblation)의 기도가 있다. 이 기도는 공동기도의 절정을 이룬다. 우리의 몸과 마음과 정성을 바쳐 주님께 봉사하고 헌신하는 일을 위해 기도하는 것이다.

(2) 찬송

예배에 있어서 공동의 찬양은 시편과 찬송가라는 형식을 통하여 표현된다(엡 5:19). 기독교회는 유대교의 회당으로부터 회중의 가창을 계승받았으며, 그 최초의 찬송가는 시편이었다. 그리고 그들이 찬송을 부른

것은 하나님께서 예수 그리스도를 통해 그의 백성에게 찾아오시고 그들을 구속하셨기 때문이었다(히 13:15). 시편은 본래 노래로 불리도록 의도된 것이지만 상호 응답식으로 교독하기도 한다. 그래서 본질적으로 시편의 교독은 찬양의 공동 행위이다.

찬송가에는 세 가지 중요한 기능이 있는데, 첫째는 찬양이다. 찬양은 참으로 모든 참된 예배의 진수로서 우리는 "하나님께 가장 합당한 찬양을 하기 위하여" 함께 모이는 것이다(시 35:18, 95:2, 103:1). 둘째로 찬송가는 기도이다. 찬송가는 송영과 기원의 기도, 고백과 탄원의 기도, 그리고 감사와 중재 기도의 수단일 수 있다. 경건함과 진실된 마음으로 부르게 될 때 그러한 찬송가들은 열성 있는 공동의 기도의 채널이 된다. 셋째로 찬송가는 신앙의 고백이다. 찬송가는 우리들이 확신을 가지고 표현하는 우리의 믿음, 창조와 구원과 섭리에 있어서의 하나님의 전능하신 행위에 관한 신앙의 고백으로서 사용될 수 있다.

(3) 봉헌

봉헌은 감사와 헌신의 표시로서 예배에 있어서 중요한 의미를 갖는 부분이다. 하나님의 말씀이 선포될 때 경청한 무리들이 정성을 다하여 스스로 우러나는 감사의 응답으로 내어 놓는 모든 마음과 정성의 표현인 것이다(시 96:8).

헌금은 하나님으로부터 받은 은혜에 대하여 감사의 응답으로 드려야 한다. 돈은 자기의 시간, 노동, 땀, 기능, 노력, 생명, 생활이 내포되어 있는 것이므로 헌금을 드린다는 것은 돈과 함께 자신을 드린다는 것(롬 12:1)을 의미한다.

그러므로 헌금은 예배자들의 희생적인 신앙과 정성과 마음이 모아진 것이어야 하며, 하나님의 나라와 그의 의를 확장시키기 위하여 그 선하신 뜻대로 사용하시도록 바치는 마음과 물질의 봉헌이어야 한다. 그런 면에서 헌금에는 하나님의 청지기로서의 오늘의 삶을 감사하고 언제나 주인이신 하나님의 필요에 응답할 수 있는 감사와 순종의 신앙이 요구되는 것이다. 예배자는 예배의 순서 하나하나를 바르게 이해해야 한다. 예배의 순서에 대한 이해가 없이 감정에만 도취되면 맹목적으로 예배하는 심각한 문제가 생기게 된다(요 4:22; 행 17:23).

4. 예배의 자세

우리가 하나님을 예배할 때 취해야 할 자세와 태도가 있다. 하나는 내적 자세, 즉 마음의 태도이고 다른 하나는 외적 자세, 즉 몸의 태도이다. 사실 외적 자세는 문화에 따라 차이가 있을지 모르지만, 외적 자세가 내적 자세의 외적 표현이라는 것만은 공통적이다.

1. 예배의 내적 자세

우리는 안에서부터 밖으로 예배를 드려야 한다. 그것은 적절한 장소와 시간, 적절한 말과 몸가짐 등의 문제가 아니다. 그것은 내부, 곧 마음의 문제이다. 바울은 심령으로 하나님을 예배했다(롬 1:9). 다윗은 영혼으로부터 하나님을 송축하는 것에 대해 말하고 있다(시 103:1). 다윗은 마음이 없는 예배를 하나님께서 기뻐하시지 않는다는 사실을 알고 있었다(51:15-17). 하나님께서는 자기 백성이 마음으로는 그에게서 멀리 떠나 있으면서 외적으로 예배드리는 것에 대해 비난하신다(사 29:13; 렘 3:10; 겔 33:31).

예수께서도 그분이 살던 시대의 종교인들에게 꼭 같은 비난을 하셨다. "외식하는 자들아 이사야가 너희에 관하여 잘 예언하였도다 일렀으되 이 백성이 입술로는 나를 공경하되 마음은 내게서 멀도다……나를 헛되이 경배하는도다"(마 15:7-9).

하나님께서는 이처럼 나누어지지 않은 마음, 곧 한마음으로 예배하기를 원하신다. 그러면 우리는 어떻게 마음으로부터 하나님을 예배할 수 있겠는가? 무엇보다도 우리는 성령께 사로잡혀야 한다. 우리 안에 하나님의 영이 계셔서 우리 마음을 자극하고, 우리 마음을 움직이시며, 우리 마음을 깨끗게 하고 우리 마음을 가르치시지 않는다면 참된 예배는 이루어지지 않을 것이다.

우리는 정성을 다하여 감사하는 마음과 나누어지지 않은 마음으로 하나님을 예배해야 한다. 다윗은 하나님의 기사와 아름다운 덕을 칭송하면서 하나님께 그의 마음을 쏟아부었다(시 86:5-10). 예배에서 우리의 마음이 흐트러져서는 안 된다. 우리가 우리 마음을 예배에 집중시키려고 애쓸 때 한 가지 커다란 방해거리가 있는데 바로 자아이다. 우리는 항상 우리의 계획, 우리의 행동, 우리의 필요 등에 대해 생각하고 있기 때문이다. 자아는 항상 예배를 방해한다. 우리 자신과 우리의 필요, 이익, 축복 등을 하나님보다 더 생각하는 것이 우리의 예배를 방해한다. 우리의 마음을 하나님께로 집중하고 하나님께서 우리를 위해 하신 일을 생각할 때 하나님을 바르게 예배할 수 있다.

2. 예배의 외적 자세

마음으로부터 우러나오는 예배를 드리는 사람은 외적 태도도 경건하고 엄숙해야 한다. 즉 바른 몸가짐을 가지고 예배해야 된다. 팔짱을 끼거나 책상다리를 하고 하나님의 말씀을 들을 수 없다. 껌을 씹거나 손장난을 하면서 찬송을 부를 수 없다. 예배 중에 신발을 질질 끌거나 발소리를 내며 왔다갔다 할 수도 없다. 뿐만 아니라 예배 시간에 늦지 않아야 한다. 예배 시작 10분 전에 도착하지 못하면 늦은 것이다. 예배 좌석에도 신경을 써야 한다. 자리를 정할 때도 앞자리부터 그리고 의자의 가운데부터 앉는 것이 나중에 오는 사람을 위해서 좋다. 옷차림 또한 단정해야 한다. 예배자는 하나님 앞에서 조용하고 경건하며 엄숙한 자세를 잃지 말아야 할 뿐만 아니라 다른 예배자에게도 방해가 되는 언동을 삼가야 한다.

5. 예배를 위한 준비

우리가 하나님을 예배하러 교회당에 갈 때, 문제는 목회자나 성가대가 얼마나 준비되었나 하는 것이 아니다. 문제는 우리가 하나님을 예배하기 위해 얼마나 잘 준비했는가 하는 것이다.

히브리서 기자는 예배를 위한 마음의 준비, 곧 영적인 준비에 대해서 "우리가 마음에 뿌림을 받아 악한 양심으로부터 벗어나고 몸은 맑은 물로 씻음을 받았으니 참마음과 온전한 믿음으로 하나님께 나아가자"(히 10:22)라고 잘 설명해 주고 있다.

하나님께로 가까이 나아가 예배하기 위해서는 먼저 우리가 양심의 악을 깨달아야 한다. 우리가 하나님께 나아갈 수 있는 유일한 근거는 우리 죄를 담당하시고 우리의 악한 마음을 깨끗하게 하시기 위해 십자가 위에서 우리를 위해 흘리신 예수 그리스도의 피뿌림을 받았기 때문이라는 사실이다. 다시 말해서 그리스도의 피뿌림이 없었다면 우리는 아무런 가치가 없는 존재라는 겸손함이 없이는 하나님께로 나아갈 수 없다.

더 나아가서 예배하기 전에 우리는 고백을 통해 생활 가운데서 짓는 죄를 처리해야 한다. 비록 우리의 마음은 십자가에서 깨끗하게 되었지만 우리의 발은 여전히 이 세상의 먼지를 묻히고 있다. 그러므로 반드시 "몸을 맑은 물로 씻는 일", 곧 죄의 고백이 있어야 한다.

다음으로 참마음이 있어야 한다. 온 마음을 다해 예배하고자 하는 마음, 진지한 마음, 하나님께로 고정되어 있고 나누어지지 않은 마음을 준비해야 한다.

마지막으로 온전한 믿음의 준비가 있어야 한다. 우리는 우리의 어떤 노력에도, 우리가 갖고 있는 어떤 가치에도, 아니면 우리가 행하는 어떤 의식에도 매달려서는 안 된다. 우리는 오직 믿음을 통해서만 하나님께 갈 수 있다는 것을 확신해야 한다. 이와 같이 우리는 먼저 예배를 위해 마음을 준비시켜야 한다.

뿐만 아니라 일상생활도 미리 정리하여 예배에 방해가 되지 않도록 해야 한다. 하나님께서는 모세를 통해 안식일을 지극히 거룩히 지키기 위해 미리 준비할 것을 명령하셨다. "안식일을 기억하여 거룩하게 지키라 엿새 동안은 힘써 네 모든 일을 행할 것이나"(출 20:8, 9). 마찬가지로 엿새 동안에 우리가 해야 할 일을 힘써 행하는 것은 주일을 거룩히 지키기 위한 준비가 된다. 평상시의 일이 밀리지 않도록 그때 그때 처리하고, 가정주부라면 세탁, 집안 청소, 시장 보기를 미리 해두는 등 만반의 준비가 되어 있을 때 예배가 방해를 받지 않는다.

6. 예배와 직원

직원은 먼저 한 사람의 교인으로서 교회의 공예배를 빠짐 없이 모범적으로 참석해야 한다. 주님께서는 주일 예배 참석을 요구하신다. 히브리서 기자는 "모이기를 폐하는 어떤 사람들의 습관과 같이 하지 말고 오직 권하여 그날이 가까움을 볼수록 더욱 그리하자"(히 10:25)라고 권하고 있다. 더 나아가서 예배 봉사자가 되었을 때에는 성실하게 이행해야 한다.

(1) 예배의 인도를 맡았을 때에는 복장을 단정히 하고 적어도 예배 시작 15분 전에 교회에 도착하여 기도로 준비하고, 예배 순서를 점검하며 부를 찬송과 봉독할 성경본문을 미리 찾아 읽어 보고 표시해 둔다. 예배 시작 전에 순서에 따라 기도나 찬송을 통하여 예배 분위기를 조성할 수 있다. 그리고 순서에 따라 엄숙하게 예배를 진행시킨다. 특히 주의해야 할 것은 쓸데없이 순서마다 해설을 붙이거나 군더더기를 붙여서는 안 된다.

(2) 공중기도를 맡았을 때에는 예배 시작 전에 미리 참석하여 하나님

앞에 자신을 회개하며 기도로 준비한다. 보통 예배 중 직원의 대표 기도는 모든 회중을 대신하여 드리는 참회의 성격을 갖는다. 주의해야 할 것은 기도가 너무 길지 않도록 해야 한다. 3분 정도가 적당하며 5분을 넘으면 예배 전체의 균형을 잃게 된다. 대표기도를 길게 하는 사람은 개인기도를 짧게 하는 사람이라는 말이 있다. 보통은 즉흥기도를 하게 되는데 기도문을 미리 작성하여 기도하면 기도 내용의 중복과 편중을 막을 수 있어서 좋다.

(3) 안내위원은 친절과 정성으로 안내해야 한다. 교회의 분위기, 교회에 대한 인상은 안내위원에 의해 결정된다. 안내위원은 처음 교회에 나오는 사람일지라도 그들이 "교회는 따뜻한 곳이다, 교인들은 참 친절하다."라는 인상을 받을 수 있도록 부드럽고 친절하게 안내해야 한다.

(4) 헌금위원은 헌금 봉투와 헌금 바구니가 제자리에 있는가 미리 확인하고 없는 봉투는 보충시킨다. 헌금 순서가 되면 자신부터 먼저 헌금하고 헌금 바구니를 들고 조심히 자기가 맡은 줄 앞자리부터 시작한다. 맨 뒷자리까지 끝나면 함께 모아서 한 위원이 종류별로 분리하여 앞으로 나아가 사회자에게 전달한다. 기도가 끝나면 제자리에 가서 조용히 앉는다.

(5) 성가대원일 경우에는 먼저 몸가짐에 주의해야 한다. 보통 성가대석은 모든 회중이 볼 수 있는 위치에 있으므로 예배하는 자세를 바르게 하고, 성가대의 찬양은 하나님께 드리는 노래임을 기억해야 한다. 그

러므로 음악의 기교도 중요하지만 마음으로부터 드리는 찬송이 되도록 해야 한다.

우리는 지금까지 교회의 예배의 사명을 생각해 보았다.
도빈스(Dobins)의 말대로 교회는 예배를 위해 태어났고 교회의 사명은 살아 계신 하나님과 함께 교제를 누림으로써 지속되게 된다. 언제든지 예배의 실패는 다른 모든 교회 역할이 죽어 버리는 비극적 상황을 초래하게 된다는 사실을 기억하지 않으면 안 된다. 그러나 예배가 살면 교회의 모든 다른 기능은 활발하게 움직인다.

2. 교회와 교제

우리는 이미 교회에 대한 비유에서 그리스도와 교회와의 관계, 그리고 교인 상호간의 관계를 밝혔다. 여기에서 그리스도인 상호간의 관계를 보통 **코이노니아**(koinonia), 즉 친교 혹은 교제라고 한다. 물론 그리스도인 상호간의 교제는 그리스도와의 교제의 결과임에는 틀림없다. 사실 그리스도인의 교제는 교회의 본질적인 사명이다. 사도신경에서도 교회를 "거룩한 공회"라고 규정하고는 "성도가 서로 교통(교제)하는 것"을 믿는다고 고백하고 있다. 그리스도인은 철저히 격리된 상태가 아니다. 그래서 존 웨슬리는 "기독교를 고독한 종교로 변화시키는 것은 기독교를 파괴시키는 것이다."라고 말했다.
그러나 오늘날 교회에서 "교제"라는 말이 지나치게 격하되어 쓰이고 있다. 단순한 교우 관계, 함께 모여서 즐기는 사교 모임, 차를 들면서 담소하는 것 정도로밖에 여겨지지 않고 있다. 슬프게도 그 결과로 오늘날 교회는 성경에 묘사된 풍요롭고 깊은 교제에는 못 미치고 있는 실정이다.

1. 교제의 필요성

사람이 홀로 있는 것은 선하지 않다(창 2:18). 혼자 있는 것은 일상생활이나 그리스도인의 삶에 있어서 하나님의 뜻이 아니다. 사람은 교제를 필요로 한다. 맥도날드(M. E. Macdonald)는 "오늘날 이 세상에 가장 위협적인 것은 수소폭탄이 아니라 공동체가 없다는 사실이다."라고 했다.

라슨(Bruce Larson)도 교제에 대한 인간의 근본적인 욕구를 지적하고 있다.

"선술집은 그리스도가 교회에 주고 지시하는 친교의 가장 유사한 모조품이다. 은혜 대신 술을 분배하며 현실을 직시하기보다 도피한다는 점에서 다를 뿐이다. 그러나 그것은 관대하고 포용하며 관용하는 교제의 장소라는 점에서 모조품이다. 그것은 강제적이 아니며 민주적이다. 사람들에게 비밀을 토로하며 그것을 타인에게 발설하지도 않고 그러기를 원하지도 않는다. 선술집은 번창한다. 대부분의 사람이 알코올 중독자라는 이유 때문이 아니고 하나님이 인간의 마음속에 상대방을 알고 자신을 알리고자 하며, 사랑을 하고 사랑을 받고 싶어하는 욕망을 주었기 때문이다. 그래서 많은 사람들이 맥주값을 희생하며 모조품에 찾아드는 것이다. 그리스도는 교회가 강제가 아니며 민주적이고 관대하기 원하신다. 그래서 사람들이 들어와서 '난 빠졌어. 맞아. 난 찾은 거야.'라는 말이 저절로 나와야 한다. 선술집도 이것을 갖고 있다."

그러나 교회는 종종 이 점을 간과한다.

2. 교제의 근거

최초의 사람이 범죄한 일을 기록하고 있는 창세기 3장의 주제는 죄로 인한 교제의 단절, 곧 소외이다. 하나님과의 단절(8-10절), 사람과의 단절(12, 16절)이 그것이다. 예수께서 이 세상에 오셔서 십자가에서 하신 일은 이 교제의 회복과 새로운 교제를 창조하신 것이었다. 교회는 주님의 뒤를 따라 교제의 회복을 위해 부름받은 모임, 곧 교제의 공동체이다.

그리스도인의 교제는 우선 하나님과의 관계에서, 그리고 그것을 기반으로 한 다른 그리스도인과의 관계에서 이루어진다.

"우리가 보고 들은 바를 너희에게도 전함은 너희로 우리와 사귐이 있게 하려 함이니 우리의 사귐은 아버지와 그의 아들 예수 그리스도와 더불어 누림이라"(요일 1:3, 6, 7절 참조).

이는 우리가 예수 그리스도를 영접할 때 각자가 그리스도와 연합되는 한편(롬 6:5) 다른 그리스도인과 더불어 한 몸을 이루게 되기 때문이다.

이 교제의 두 기둥은 십자가라고 할 수 있다. 십자가가 보여 주는 수

직적 교제와 수평적 교제는 서로 배타적인 것이 아니라 같이 있어야 한다. 그러나 이 두 교제는 순서가 있다.

교제의 시작에 있어서 하나님과의 교제 회복이 앞선다. 교제의 과정에 있어서 하나님과의 교제가 잘 이루어질 때 다른 그리스도인과의 교제도 잘 이루어진다. 이렇게 볼 때 수직적 교제는 수평적 교제의 근거가 되고, 수평적 교제는 수직적 교제의 표현이라고 할 수 있다.

3. 교제의 성경적 의미

헬라어로 "교제"를 나타내는 말은 **코이노니아**이다. 이 말은 "친교", "사귐", "공유", "나눔"을 의미한다. 존 스토트는 그리스도인의 교제를 다음과 같이 설명한다.

첫째로, 그리스도인의 교제는 함께 나누어 가지는 것, 즉 그리스도인의 공동 유업이다. 성경에서 말하는 교제는 하나의 객관적인 사실이다. 코이노니아는 복음의 축복을 함께 공유하는 것을 뜻한다. 우리는 하나의 "공통된 믿음"과 하나의 "공통된 구원"을 소유하고 있는 것이며, 은혜의 "동참자"인 것이다(딛 1:4; 유 3절; 빌 1:7). 믿음, 구원, 은혜는 모든 그리스도인들이 함께 나누어 가지는 공통 유산이다.

우리를 하나 되게 하는 것은 바로 이것이다. 동일한 성부의 뜻에 따라 동일한 아들의 피로 구원을 받아 동일한 성령의 거하실 처소가 되는 것, 이것이 코이노니아며, 우리 모두가 은혜에 의해 믿음을 통하여 공유하는 구원인 것이다. 무엇보다도 그리스도인의 교제는 하나님의 "위대한 구원"을 나누는 것임을 깨달아 알아야 한다(히 2:3).

둘째로, 그리스도인의 교제는 함께 나누어 주는 것, 즉 공동 봉사이다. 교제는 우리가 나누어 갖는 것 이상으로 서로 나누어 주는 것이다. 우선 그리스도인은 복음을 나누어 주어야 한다. 바울은 디도와 빌레몬을 그의 **코이노노스**(koinonos, 동료, 동역자)라고 부르고 있다. 특별히 빌레몬이 그의 믿음을 다른 이에게 나누어 주고 있음을 언급하고 있다(고후 8:23; 몬 6, 17절). 또한 바울은 빌립보 교인들이 "복음 안에서 교제"하고 있음을 하나님께 감사하고 있다(빌 1:5). 그리고 바울은 예루살렘 사도들, 야고보, 베드로, 요한, 바울과 바나바에게 "친교의 악수"를 하였다고 말한다(갈 2:9). 그것은 세계의 복음화의 동역자라는 징표였고 "우리는 이방인에게, 그들은 유대인에게 가야 함"을 의미하였다. 그러나 복음은 그리스도인이 나누어 주어야 하는 유일한 보물은 아니다.

또 하나는 우리가 소유한 물질이다. 부한 사람은 특별히 **코이노니코스**(koinonikos, 관대)해야 한다(딤전 6:18). 모든 그리스도인은 "서로 나누어 주기를 잊지"(히 13:16) 말고, "성도들의 쓸 것을 공급(코이노네오〈koinoneo〉, 나눔)"(롬 12:13)해야 한다. **코이노니아**는 바울이 마게도냐와 아가야 교회가 예루살렘에 있는 가난한 성도들에게 구제금을 "공급"했을 때 사용한 단어이다(롬 15:26; 고후 8:4, 9:13). 초대교회는 "서로 교제하고……믿는 사람이 다 함께 있어 모든 물건을 서로 통용하고 또 재산과 소유를 팔아 각 사람의 필요를 따라 나눠"(행 2:42-45) 주었다. 또한 "믿는 무리가 한마음과 한뜻이 되어 모든 물건을 서로 통용하고 자기 재물을 조금이라도 자기 것이라 하는 이가 하나도 없더라……그중에 가난한 사람이 없으니 이는 밭과 집 있는 자는 팔아 그 판 것의 값을 가져다가 사도들의 발 앞에 두매 그들이 각 사람의 필요를 따라 나누어 줌이라"(4:32-35)고 누가는 초대교회의 아름다운 교제의 모습을 기록하여 전해 주고 있다.

셋째로, 그리스도인의 교제는 서로 나누는 것, 즉 상호간의 책임이다. 피체트(Fitchett) 박사는 그리스도인의 교제를 다음과 같이 설명하고 있다.

"신앙 생활에는 두 가지 개념이 있다. 곧 궤도차 개념과 난롯가 개념이다. 궤도차 안에서 당신은 다른 승객 옆자리에 앉는다. 당신들은 모두 같은 방향으로 가고 있다. 그러나 당신들은 전혀 교제도 없고 서로가 관심을 갖지 않는다. 반면에 난롯가에서는 가족이 모인다. 그들은 모두 집에 있고 그곳에서 그들은 공동의 목적과 흥미를 가지고 서로 대화한다. 공동관계가 사랑과 교제의 따뜻한 띠 안에서 서로를 묶는 것이다."

서로 나누는 것은 그리스도인의 교제에서 필요 불가결한 특성이다. 이것은 몽땅 주거나 몽땅 받는 교제가 아니다. 이것은 바울이 말하듯 "주고받는 일에 참여"하는 것이다(빌 4:15). 초대교회는 모든 물건을 "서로" 통용하였다(행 2:44, 4:32). 그것은 주고받는 교제였다. 바울과 빌립보 교인 사이에 있었던 교제는 바울이 그들에게 복음을 선사하고 반면에 그들은 그에게 선물을 보낸 것이었다(고전 9:11; 갈 6:6).

바울은 유대인과 이방인 사이의 상호 교제를 말하기도 했다.

"만일 이방인들이 그들의 영적인 것을 나눠 가졌으면 육적인 것으로 그들을 섬기는 것이 마땅하니라"(롬 15:27, 26절, 11:7 참조).

이와 같이 초대교회는 영적인 필요와 물질적인 필요를 서로 나누는 아름다운 교제를 하였으며 이 교제는 안에서 밖으로까지 확대되어 지역과 민족을 초월하여 일어났다(행 11:28, 29). 그리스도인의 교제를 나타내는 "서로"란 말을 깊이 생각해 보면 상호책임으로서의 교제를 더 확실하게 이해할 수 있다.

먼저 서로 사랑하라고 하였다. 주님께서는 "새 계명을 너희에게 주노니 서로 사랑하라 내가 너희를 사랑한 것같이 너희도 서로 사랑하라 너희가 서로 사랑하면 이로써 모든 사람이 너희가 내 제자인 줄 알리라"(요 13:34, 35)고 하셨다(요 15:12, 17; 롬 12:10, 13:8; 살전 3:12, 4:9; 벧전 1:22; 요일 3:11, 23, 4:7, 11, 12; 요이 5절). 우리가 서로 사랑하면 우리는 서로 비판하지 말아야 하며 물거나, 삼키거나, 비난하거나, 시기하거나, 거짓말하지 말아야 한다. 또 악하게 말하거나, 불평해서는 안 된다(롬 14:13; 갈 5:15, 26; 골 3:9; 약 4:11, 5:9). 또 우리가 서로 사랑한다면 서로를 용납하고, 친절하며 온유하고, 오래 참고 용서하며, 섬기며, 후하게 대접하며 타이르고 권면하며 서로 복종하고 위로해야 한다(롬 14:19, 15:17; 엡 4:2, 32, 5:21; 골 3:13; 살전 4:18; 벧전 4:9, 5:5).

이러한 상호 책임으로서의 교제는 우리가 서로에게 속해 있다는 근본적인 사실에 기인한다. 예수 그리스도를 믿는 사람들은 한 몸의 지체들이고(롬 12:5), 한 가족의 형제들이며(엡 2:19), 한 나라의 시민들이고(갈 3:29, 6:16), 한 목자의 양떼이며(행 20:28; 벧전 5:2), 한 포도나무의 가지들이며(요 15:5), 한 건물을 이루고 있는 산 돌들이다(벧전 2:5).

이처럼 그리스도인들은 상호의존적 관계에 있기 때문에 서로 분리될 수 없으며 서로에게서 도피할 수 없다. 이렇게 볼 때 그리스도인의 교제는 그리스도인 상호간의 책임이다.

4. 교제의 방법과 결과

지체로서 그리스도인의 교제가 잘 이루어질 때 몸된 교회가 성장함을 알 수 있다. "오직 사랑 안에서 참된 것을 하여 범사에 그에게까지 자랄지라 그는 머리니 곧 그리스도라 그에게서 온몸이 각 마디를 통하여 도움을 받음으로 연결되고 결합되어 각 지체의 분량대로 역사하여 그 몸을 자라게 하며 사랑 안에서 스스로 세우느니라"(엡 4:15, 16).

서로 주고받는 그리스도인의 교제를 통하여 서로 성장하며 교회가 성장한다고 할 수 있다. 그리스도인이 교제를 나누는 방법에는 여러 가지가 있을 수 있다. 그리스도인은 "서로 돌아보아 사랑과 선행을 격려"할 수 있다. 또한 범죄했으면 죄를 서로 고백하고 "서로를 위해 기도"할 수 있고(약 5:16), 서로 "짐을 지고 그리스도의 법을 성취"하며 "즐거워하는 자들과 함께 즐거워하고 우는 자들과 함께 울어"줄 수 있다(갈 6:2; 롬 12:15; 고전 12:26). 그리스도인은 바울의 권면대로 "게으른 자들을 권계하며 마음이 약한 자들을 격려하고 힘이 없는 자들을 붙들어"(살전 5:14) 주어야 한다.

만일 그리스도인들이 그리스도 안에서 형제 자매라면 그들은 서로를 알고 사랑하며 서로가 관심을 갖고 돌보아야 한다. 라슨이 말한 것처럼 "교회는 그리스도께 맡긴 것처럼 서로에게 맡긴 사람들의 모임이 되어야 한다." 이것은 감리교 속회의 본질적인 요소였다. 존 웨슬리는 다음과 같이 적고 있다.

"교회가 서로 맡긴 사람들의 모임이라는 이 작은 신중한 규정으로부터 얻은 유익은 상상하기도 힘들다. 지금은 수많은 사람들이 전에는 생각도 못했던 그리스도인의 교제를 즐겁게 체험하고 있다. 그들은 '서로의 짐을 져 주기' 시작했고 자연히 서로를 돌아보게 되었다. 매일 친밀한 교제를 함에 따라 그들은 보다 더 깊은 사랑을 갖게 되었다. 그리고 사랑 안에서 진리를 말하며 모든 일에 머리이신 그리스도께까지 성장해 갔다. 그리스도로부터 온몸이 각 마디를 통하여 도움을 입음으로 연락하고 상합하여 각 지체의 분량대로 역사하여 그 몸을 자라게 하며 사랑 안에서 스스로 세워 갔다."

물론 그리스도인의 교제가 연약한 죄인들의 자기 선전, 위선, 자기 연민의 위험에 빠질 수 있다. 그러나 그리스도인의 교제를 통하여 "돌봄과 나눔" 그리고 "서로의 짐을 져 줌" 이상의 것이 성취될 수 있다. 그것은 인위적으로 되는 것이 아니다. 서로간의 사랑이 그 교제 안에서 성숙해져 감에 따라 상호 돌봄과 나눔이 그것과 더불어 성숙해져 가는 것이다.

5. 교제와 직원

교회의 직원은 한 사람의 그리스도인으로서 각각 형제를 돌보는 교회의 교제에 참여할 뿐 아니라 교회 중에 외톨박이 그리스도인을 찾아내어 교제에 참여하게 하여야 한다. 히브리서 기자는 "너희는 하나님의 은혜에 이르지 못하는 자가 없도록"(히 12:15) 하라고 하였다. 특히 직원은 교인들의 애경사에 적극 참여하여 기쁨과 슬픔을 함께 나누어야 한다.

그리스도인의 교제는 주일날 교회 참석으로 완전히 이루어질 수 없다. 대중에게는 비인간적인 면이 자리잡기 쉽다. 숫자가 많을수록 상대방에 대한 이해와 관심은 적어진다. 따라서 대규모 회중은 소그룹으로 나누어질 필요가 있다. 마치 신약의 다락방 모임처럼 말이다(롬 16:3-5; 몬 1, 2절).

소그룹의 장점은 관련된 사람들의 교제 공동체가 될 수 있다는 점이다. 이 교제 그룹은 영적 성장에 있어서 필수불가결하다. 친밀한 그리스도인의 교제로부터 멀리 떨어져 있는 고독한 그리스도인은 자신의 성장에 침해를 받기 쉽다.

데일(R. W. Dale) 박사는 소그룹에 대해 이와 같이 말하고 있다. "감리교는 속회를 통해 교회제도에 놀라운 공헌을 한 셈이다. 나는 지금까지 속회와 같이 완전한 형태로 이상적인 목회 운영을 하는 교회를 보지 못했다. 그것은 하나님과의 교제뿐 아니라 그리스도인의 삶의 능력과 희락과 균형 잡힌 성장에 필수불가결한 성도들간의 교제를 제공한다."

교회의 모든 회중은 서로를 돌아보는 법을 배울 필요가 있으며 그리스도인의 교제에 적극 참여하여 서로 돌보고 나눔으로 성장을 도모할 수 있다. 어떤 그리스도인도 자기 혼자 강하게 살아갈 수 없다. 그리스도인은 서로 위로와 격려가 필요하며 마땅히 다른 그리스도인의 기쁨과 슬픔을 함께 나누어야 한다. 때로는 약한 형제를 말씀으로 가르쳐 강건하게 만들 책임까지도 있다. 그러나 오늘날 현실적으로 그리스도인의 교제에 몇 가지 주의해야 할 것이 있다.

첫째, 그리스도인의 교제에 있어서 금전 관계에 특별히 유의해야 한다. 변리로 돈을 주고 받는 일은 금해야 한다. 성경은 이자를 받고 돈을 꾸어 주는 일을 금지했다(출 22:25, 26). 교회 안에서 금전 관계가 복잡하면 시험이 온다. 돈도 잃고 교인도 잃게 된다. 이해 관계로 마음이 상하게 되고 어떤 때는 파당을 조장하게도 된다.

둘째, 이성 관계에 깨끗해야 한다. 일단 이성 관계에 의심을 받게 되거나 이성 관계에 대해 좋지 못한 소문이 퍼지게 되면 진위에 관계없이 교회에 덕이 되지 못하고 전도의 문이 닫힌다.

셋째, 편파적인 행동을 삼가야 한다. 교회 안에 있는 모든 그리스도인들은 똑같은 형제요 자매다. 지역 감정을 유발하는 행동을 조심해야 하고, 혈연, 학연 등을 지나치게 강조하면 교회 안에 끼리끼리의 분열이 조장된다.

3. 교회와 교육

교육이란 교인들이 교회의 사명들을 잘 이해할 수 있도록 훈련하는 것이며, 성숙한 그리스도인이 되도록 양육하는 일이다. 교회 교육은 가르침, 설교, 훈련, 훈계 등을 포함하며 이런 방법을 통하여 그리스도인의 특성과 기능을 발전시키는 일이다. 스마트(J. D. Smart)는 그의 책 교회의 교육적 사명에서 "교회는 선교를 하여야 하는 것처럼 교육에도 주력해야만 한다. 그렇지 않으면 교회가 교회일 수 없을 것이다. 교회에 대한 책임은 온 교회 전체에 지워진 일이다. 교육은 교회의 본질에 속한 일이다. 따라서 그 기능을 소홀히 하는 교회는 교회로서의 본질에 반드시 갖추어져 있어야 할 불가결한 한 요소를 잃어버린 교회이다."라고 교회의 교육적 사명을 강조하고 있다. 다시 말해서 교육은 교회의 기초적인 사명이며 온 교회 전체의 사명이라는 것이다.

예수님은 자신의 사역에서 교육을 제 일차적인 것으로 삼으셨다(마 4:23, 9:35). 초대교회에서도 교육은 교회 사명의 중심 요소로 간주되었으며, 교회 전체에서 수행되었던 것이 그 특징이라고 할 수 있다. 초대교회는 "사도의 가르침을 받아" 서로 교제하며 함께 떡을 떼고 기도하는 일에 힘썼다(행 2:41, 42).

1. 교회 교육의 중요성

1. 교회의 기초적 사명

하나님을 예배하고 찬양하는 교회, 가르치고 배우는 교회, 복음을 듣고 전파하는 교회, 함께 교제하면서 남을 위하여 봉사하는 교회의 예배, 교육, 선교, 교제, 봉사는 모두 그 중심을 교육에 두고 있다. 교회는 예배, 선교와 봉사, 교제로 교육 공동체가 되는 것이 아니라 언제나 이미 그 본질에 있어서 교육하는 공동체이기 때문에 예배, 선교, 봉사, 교제하는 공동체를 이루어 갈 수 있는 것이다. 물론 교회의 예배, 선교와 봉사, 교제 등 여러 분야에서 교육이 이루어지는 것도 사실이지만, 다른 모든 사명들은 교육을 바탕으로 해서 반드시 이루어져야 하기 때문에 교육은 교회의 기초적 사명이라고 할 수 있다.

교육이 교회의 기초적 사명이라는 것은 첫째는 교육이 교회의 사명이 무엇인가를 깨닫게 해주기 때문이요, 둘째는 교육이 교회의 사명을 어떻게 성취하는지 그 방법을 훈련시켜 주기 때문이다. 그러므로 교육이 없는 교회는 교회의 사명에 무지하고, 교회의 사명 성취에 미숙한 교회가 될 수밖에 없다. 교회의 사명, 그리고 모든 그리스도인의 사명은 하나님의 뜻을 중심으로 이루어져야 하는데 그 하나님의 뜻을 분명히 알려 주고 그 뜻을 효과적으로 성취할 수 있도록 훈련시키는 일은 교육을 통해서 이루어진다. 만일 교회가 가르치는 일을 하지 않는다면 기독교 신앙은 그야말로 미신, 맹신, 광신의 소용돌이에 휩싸여 하나님의 뜻을 이루지 못할 것이다.

2. 교회의 전체적 사명

교회가 세상의 조직과 구별되는 것은 생명을 지닌 유기체라는 점이다. 리처드는 그의 책 교육 신학과 실제에서 이런 교회론에 기초해서 교회의 교육적 사명을 전개하고 있다. 유기체로서 생명을 지닌 교회의 동력은 관계성에 의해 유지되고 강화된다. 따라서 몸으로서의 교회 교육은 항상 이 유기체 지체간의 상호 작용에 유의해야 하며, 사랑과 교제를 발전시키는 것이 교회의 일차적인 관심이 되어야 한다. 이를 위해서는 사람에 초점을 두면서 교회 전체의 생활과 지체 상호간의 행동 전체를 교회의 교육 과제로 보아야 한다는 것이다. 왜냐하면 교회는 잘하든 못하든 떼려야 뗄 수 없는 상호 관계를 통하여 서로 가르치고 배우기 때문이다. 즉 교회의 모든 회중은 자신이 의식하든 의식하지 못하든 다른 회중에게 배우기도 하고 가르치기도 한다.

이와 같이 교육은 교회 생활 전체를 통해서 이루어지기 때문에 교회 전체가 교사이며 동시에 학습자인 것이다. 즉 교회에서의 교육은 교회 일부의 일이 아니라 그리스도의 몸을 이루고 있는 교회 전체의 일이다. 그러므로 교회는 적극적으로 교회 전체 회중의 평생 교육을 과제로 삼아야 한다.

교육이 교회 전체의 사명이라는 것은 첫째로 교육은 교회 구성원 전체를 학습자로 삼아야 한다는 것이다. 초신자반, 제자훈련반, 교사교육반, 결혼준비반, 부모교육반, 학습세례반, 교리교육반, 각종 성경공부반, 직원교육반 등에서 모든 회중이 교육을 받을 수 있어야 한다. 교회 교육은 그리스도의 장성한 분량에 이르기까지 성장하고 성숙한 그리스도인을 목표로 하기 때문에 결코 졸업이 있을 수 없다. 어떤 교육 과정을 마치는 것으로 만족해서는 안 된다. 교회는 교육을 통하여 계속해서 그리스도를 닮아가며 그리스도를 위해서 일하는 훈련을 쌓아가고, 거룩한 삶을 추구하도록 해야 한다.

둘째로 교육은 사람의 평생에 걸친 작업이라는 점이다. 교회 교육에 있어서도 "요람에서 무덤까지"라는 표어는 적당하다고 본다. 사실은 아이를 갖기 전 예비 교육에서부터 태아 교육, 유아 교육, 유치 교육, 유년 교육, 초등 교육, 중등 교육, 고등 교육, 청년 교육, 장년 교육, 노년 교육 등 평생에 걸친 교육이 필요하다.

그러나 오늘날 한국교회는 교육이 교회 전체의 일인데도 불구하고 실제로는 교회학교에만 맡기고 있다. 그것도 어린이들과 청소년, 좀더 나아가서 청년들만을 위한 것일 뿐 장년을 위한 교육은 빈약한 것이 사실이다. 교회 교육은 평생의 과정인데도 인생의 일부 시기에만 국한시켜 온 것이다. 요즈음 교회 교육에 대한 관심이 고조되는 것은 아주 바람직한 현상이라고 본다.

이제 우리 한국교회는 교회의 기초가 되는 교육적 사명을 회복하여 가르치고 배우는 교회로서 교회 구조를 개선하고 하나님께서 교회에 맡기신 모든 사명을 충실히 감당하는 교회가 되어야 할 것이다.

2. 구약 시대의 교육

구약 시대의 교육은 하나님께서 시내산에서 이스라엘 백성들에게 십계명을 주신 사건을 그 기원으로 삼고 있다. 이스라엘 백성들은 자신들을 "교육 공동체"로 자각하였고, 그들은 종교 교육을 통해서 신적 진리를 전수받았고 이해했다.

이스라엘 백성들은 애굽을 떠나 광야에서의 유목 생활, 가나안 정착, 왕국 건설, 왕국의 분열과 패망 등 다양한 역사적 변천의 소용돌이 속에서도 하나의 민족 공동체로서 살아 왔다. 이러한 소용돌이 속에서도 민족 공동체를 지속시킬 수 있었던 것은 "출애굽"이라고 하는 사건에 대한 증언 때문이다. 이 출애굽 사건이 증언될 때마다 그 사건의 주도자였던 하나님의 약속과 뜻은 한 세대에서 다음 세대로 계속 성실하게 전수되었다. 바로 이것이 이스라엘 백성들의 자율적인 신앙 교육이었다. 이스라엘의 교육은 삶의 한복판에서 "출애굽 사건"과 그 사건에 나타난 "하나님의 뜻"을 계속 묻고 바르게 깨닫게 하는 것이었다. 그리고 그 내용은 "율법"에 기록되어 있었다.

이것이 그들의 교육의 핵심이었다. 그리고 그들로 하여금 "하나님을 경외하는 사람"이 되게 하는 것이 교육의 목적이었다. 모세는 율법을 써서 여호와의 언약궤를 메는 레위 자손 제사장들과 이스라엘 모든 장로들에게 주고 그들에게 다음과 같이 명령하였다. "온 이스라엘이 네 하나님 여호와 앞 그가 택하신 곳에 모일 때에 이 율법을 낭독하여 온 이스라엘에게 듣게 할지니 곧 백성의 남녀와 어린이와 네 성읍 안에 거류하는 타국인을 모으고 그들에게 듣고 배우고 네 하나님 여호와를 경외하며 이 율법의 모든 말씀을 지켜 행하게 하고 또 너희가 요단을 건너가서 차지할 땅에 거주할 동안에 이 말씀을 알지 못하는 그들의 자녀에게 듣고 네 하나님 여호와 경외하기를 배우게 할지니라"(신 31:11-13).

그러나 구약 시대에는 특정한 교사가 없었다. 다만 생활 속에서 늘 접촉하는 부모, 예언자, 제사장, 현자, 시인들이 교육을 담당한 교사였다. 그들은 각기 다른 기능을 통하여 "하나님의 뜻"을 해석하고 증언하여 주었다.

구약 시대의 교육에 나타난 두드러진 특징은 가정과 종교 의식과 회상을 통한 교육이었다는 점이다.

1. 가정

가정은 하나님의 뜻이 생활 속에서 구체적으로 나타나는 통로였으며 자녀들의 생활의 변화를 가져오는 교육의 현장이었다.

히브리인 가정은 생리적 관계에 의한 자연적 유대 그 이상의 신앙적 공동체라고 볼 수 있다. 하나님께서는 구약 시대 교육의 핵심이라고 할 수 있는 쉐마(shema, 신 6:4-9)를 가정에 두셨다.

"이스라엘아 들으라 우리 하나님 여호와는 오직 유일한 여호와이시니 너는 마음을 다하고 뜻을 다하고 힘을 다하여 네 하나님 여호와를 사랑하라 오늘 내가 네게 명하는 이 말씀을 너는 마음에 새기고 네 자녀에게 부지런히 가르치며 집에 앉았을 때에든지 길을 갈 때에든지 누워 있을 때에든지 일어날 때에든지 이 말씀을 강론할 것이며
너는 또 그것을 네 손목에 매어 기호를 삼으며 네 미간에 붙여 표로 삼고 또 네 집 문설주와 바깥 문에 기록할지니라"(신 6:4-9).

여기에는 구약 시대 교육의 목표와 사명, 교육 과정과 구체적인 교육 방법까지 나타나 있다. 특히 하나님께서는 자녀에 대한 부모의 교육적 사명을 강조하고 계신다.

"마땅히 행할 길을 아이에게 가르치라 그리하면 늙어도 그것을 떠나지

아니하리라"(잠 22:6).

마땅히 행할 길이란 다름이 아니라 "여호와를 경외하는 것"이었으며 여호와를 경외하는 것은 지식(지혜)의 근본이었다(1:7, 9:10). 이와 같이 가정에서 부모들은 자녀들을 하나님을 사랑하며 경외하는 사람으로 양육하였다. 이스라엘 백성에게 있어서 가정은 생동적인 신앙을 전승하는 장소였다.

하나님께서 이스라엘 백성을 사랑하여 구원해 내신 데 대한 이스라엘의 응답은 먼저 그들의 전체를 드려서 하나님을 사랑하는 일이며, 하나님에 대한 사랑의 표현은 현재 자기들이 가지고 있는 신앙을 그 자손들에게 가르치는 일이었다. 그러므로 하나님의 백성에게 있어서 하나님을 사랑하는 일과 자녀를 가르치는 일은 분리할 수 없는 일이었다. 이와 같이 가정은 하나님의 뜻을 말과 종교적 행위로 되살려 온 신앙 교육의 현장이었다.

2. 종교 의식

이스라엘 백성들이 가진 종교 의식이나 절기는 할례, 안식일, 유월절, 초막절 등인데 이런 의식을 행할 때의 교육 원칙은 자녀들의 흥미와 호기심을 환기시키는 행위와 절차를 통하여 자녀의 종교심을 촉진시키는 것이고, 종교 의식 속에 내포된 상징과 해설을 통해 자녀들의 종교심과 책임을 북돋아 주는 것이었다(출 12:1-28; 레 23:33, 34).

"모세가 이스라엘 모든 장로를 불러서 그들에게 이르되 너희는 나가서 너희의 가족대로 어린 양을 택하여 유월절 양으로 잡고 우슬초 묶음을 가져다가 그릇에 담은 피에 적셔서 그 피를 문 인방과 좌우 설주에 뿌리고 아침까지 한 사람도 자기 집 문 밖에 나가지 말라 여호와께서 애굽 사람들에게 재앙을 내리려고 지나가실 때에 문 인방과 좌우 문설주의 피를 보시면 여호와께서 그 문을 넘으시고 멸하는 자에게 너희 집에 들어가서 너희를 치지 못하게 하실 것임이니라 너희는 이 일을 규례로 삼아 너희와 너희 자손이 영원히 지킬 것이니 너희는 여호와께서 허락하신 대로 너희에게 주시는 땅에 이를 때에 이 예식을 지킬 것이라 이 후에 너희의 자녀가 묻기를 이 예식이 무슨 뜻이냐 하거든 너희는 이르기를 이는 여호와의 유월절 제사라 여호와께서 애굽 사람에게 재앙을 내리실 때에 애굽에 있는 이스라엘 자손의 집을 넘으사 우리의 집을 구원하셨느니라 하라 하매 백성이 머리 숙여 경배하니라"(출 12:21-27).

이와 같이 이스라엘 백성들이 그들의 종교적 사상이나 그들의 신앙 구조를 추상적으로 전달한 것이 아니라 가정의 엄격하면서도 부드러운 분위기를 통하여 참여, 행위, 대화를 거쳐 구체적인 경험의 차원에서 실시해 왔다는 사실은 매우 중요하다. 이스라엘 백성들은 이런 종교 의식에 참여함으로 하나님과의 관계를 모색하였고 이런 종교 의식을 통하여 하나님의 뜻을 계속 증언하고 전달하였다.

3. 회당

이스라엘 백성들이 포로로 바벨론에 잡혀 가게 되었을 때 그들은 교육 형태를 바꾸어서 신앙적 유산을 전달하지 않으면 안 되었다. 이 당시 생긴 것이 회당이었다. 원래 회당의 용도는 "가르치는 곳, 교훈의 집"이었다. 회당 안에는 회당장이 있어서 모든 종교 활동과 교육을 책임지고 있었다. 회당에서의 예배는 제사가 아니라 가르치는 일에 의하여 진행되었으며, 교육적인 목적으로 실시된 안식일의 의식은 다음과 같다.

① 쉐마로 의식 전체를 시작한다.
② 쉐마에 따르는 기도로써, 선택된 한 사람이 율법 앞에 서서 축복을 위한 기도를 하면 회중들은 아멘으로 응답한다.
③ 성경 봉독으로, 율법서 중에서 택하여 읽는다.
④ 예언서 중에서 한 구절을 택하여 읽고 해설을 듣는다.
⑤ 제사장이 있을 때는 축도로써, 없을 때는 기도로써 의식을 끝마친다.

이와 같이 회당은 포로된 유대인들에게 예배를 통한 교육을 실시함으로써 그들의 신앙과 생활을 이끌어 주는 중요한 교육 현장이었다. 신약 시대에도 회당은 교육의 중요한 장소였다.

지금까지 살펴본 대로 구약 시대의 교육은 하나님의 뜻을 깨닫게 하는 것이었으며, 하나님의 뜻은 구체적으로 성경, 곧 율법에 나타났다. 그러므로 성경, 곧 율법(토라)은 구약 시대 교육의 내용이었다.

3. 신약 시대의 교육

가르치는 일은 예수님의 생애에서 가장 두드러진 사역이었다. 사도들도 가르침에 열중하였다. 초대교회는 계속 성장하면서 기독교로 개종한 이방인과 그리스도인 2세들에게 기독교의 진리를 가르쳐야 할 상황에 직면하게 되었다. 그리하여 교회와 각 가정을 중심으로 교육 활동을 전개하였으며, 곧이어 교회 안에 교사 계층이 나타나게 되었다.

1. 예수 그리스도의 교육

복음서에 의하면 예수님은 가장 뛰어난 "선생"이었으며, 그의 사역 중 가장 특징적인 활동은 "교육"이었다. 복음서에는 교육이 예수께서 공생애 기간 동안 행하신 사역 속에서 종합적인 요소로 기록되어 있다. 물론 그의 사역에는 다른 기능들도 포함된다. 마태는 "예수께서 온 갈릴리에 두루 다니사 그들의 회당에서 가르치시며 천국 복음을 전파하시며 백성 중의 모든 병과 모든 약한 것을 고치시니"(마 4:23)라고 기록하였다.

그러나 그의 신분을 결정한 것은 그의 교육적 활동이었다. 복음서에 예수께서 설교자로 묘사된 곳은 없지만, 예수께서 천국 복음을 전파하셨을 때나 병자를 고치셨을 때에 그것을 본 사람들은 그를 선생이라고 불렀다. 사복음서에는 헬라어로 선생을 나타내는 디다스칼로스란 말이 48회 언급되어 있는데 그 중에 42회는 예수님에 대한 공식적인 칭호였다.

예수께서는 또한 열두 제자를 선택하여 가르치셨다. 그리고 그들에게 지상 명령을 내리셨다. "예수께서 나아와 말씀하여 이르시되 하늘과 땅의 모든 권세를 내게 주셨으니 그러므로 너희는 가서 모든 민족을 제자로 삼아 아버지와 아들과 성령의 이름으로 세례를 베풀고 내가 너희에게 분부한 모든 것을 가르쳐 지키게 하라 볼지어다 내가 세상 끝날까지 너희와 항상 함께 있으리라 하시니라"(28:18-20). 이 지상 명령은 선교 명령으로 이해할 수 있지만 다른 한편 교육 명령이라고 할 수 있다. 이것을 교육 명령으로 이해할 때 교육의 목적은 모든 족속으로 제자를 삼는 것이고, 그 목적을 이루기 위해서는 다음과 같이 행해야 한다.

① 영혼 구원: 너희는 가서……아버지와 아들과 성령의 이름으로 세례를 베풀고
② 주의 말씀의 교수: 내가 너희에게 분부한 모든 것을 가르쳐
③ 생활 훈련: 지키게 해야 한다.

2. 초대교회의 교육

(1) 사도들의 교육

예수께서 자신의 사역에서 교육을 제 일차적인 전략으로 삼으셨고 "가서……가르치라"고 명령하셨기 때문에 초대교회의 사도들도 가르치기를 전혀 힘썼다. 오순절 성령 강림으로 약 삼천 명이 그리스도인이 되었다. 그들은 즉시 세례를 받았고 "사도의 가르침"(행 2:42)을 받았다. 가르침은 그 당시 사도들의 전도 활동에 있어서 중심 전략이었다. 그들은 성전에 들어가 "예수 안에 죽은 자의 부활이 있다고 백성을 가르치고"(4:2) 전파하였다. 사도들의 증거로 인하여 곤경에 빠진 유대 종교 지도자들은 이들의 활동을 중지시키려고 애를 썼다. 그래서 그들은 사도들에게 "도무지 예수의 이름으로 말하지도 말고 가르치지도 말라"(4:18, 5:28)고 경고하였다. 그러나 사도들의 마음속에는 부활하신 주님의 명

령이 새겨져 있었기 때문에 가르치는 사명을 다하였다. "그들이 날마다 성전에 있든지 집에 있든지 예수는 그리스도라고 가르치기와 전도하기를 그치지 아니하니라"(5:42).

예수님의 지상 사역 기간 동안 그와 더불어 시작된 교육은 열두 제자에게 위임되었고, 이 열두 제자는 예루살렘의 회중을 가르치는 첫 번째 교사가 되었다.

그러나 곧이어 다른 많은 교회 지도자들이 교사로서 활동하였다. 이들 중에는 복음 전도자, 목사, 선지자, 감독, 장로, 집사가 포함되었을 뿐만 아니라 공적 직책을 갖지 않은 많은 그리스도인 회중 가운데서 교사로서 일하는 훌륭한 사람들이 많이 있었다.

이렇게 초대교회에서 교육은 넓게 확산되었다. 교육은 결코 부차적인 사명이 아니었다. 이것은 초대교회의 맥박이었다. 회중 가운데 어느 누구도 교육을 게을리 할 수 없었다. 또한 어떤 신자도 예수께서 분부하신 모든 것을 지키기 위한 배움의 책임에서 벗어날 수 없었다.

(2) 교육의 내용

쉐릴(Lewis J. Sherrill)은 사도들의 생애 동안 초대교회에 나타난 교육의 내용을 다섯 가지로 구분하였다.

① 성전에서, 가정에서 매일 실시된 구약성경의 기독교적 해석.
② 성만찬 예식이 있기 전에 한 예수의 죽음과 부활에 관한 해석.
③ 예수를 향하여 고백했던 베드로의 신앙고백 풀이.
④ 구전에 의한 교육으로서 특히 예수의 생애와 교훈의 가르침.

⑤ "삶의 두 길" 즉 사는 것과 죽는 것에 대한 윤리적이고도 도덕적인 행위의 가르침.

이와 같이 초대교회의 교육 내용은 예수 그리스도의 생애, 그의 죽음과 부활에서 나타난 복음이었고 이 복음은 해석, 서술, 고백, 구전, 윤리적 교훈 등의 방법으로 다음 세대에 전달되었다.

4. 현대 교회의 교육

오늘날 교회의 교육의 사명은 그 어느 시대보다도 더욱 절실히 요청되고 있다. 신약 시대에 성행했던 거짓 교사, 영적 어린아이, 그릇된 교훈 등은 오늘날 우리 시대에도 널리 퍼져 있는 상황이기 때문이다. 교회 교육이 소홀히 다루어지고 있는 곳에서 하나님의 말씀은 현재 유행하고 있는 민속 신앙, 세속 문화, 상대적 가치관, 미신, 정치 원리, 세속 철학, 개인의 편견에 의해 오염될 수밖에 없다. 오늘날 많은 사람들이 귀신론, 점성술, 고대 신화 등에 매력을 느끼고 있다. 오래 믿은 그리스도인들도 진리와 거짓을 구별할 수 있을 만큼의 충분한 지식을 가지고 있지 못하기 때문에 교묘하게 위장된 이단의 꼬임에 넘어 가고 있다.

무지로 말지암아 결과적으로 파멸되어 버린 교회에 관한 기막힌 이야기가 있다. 낙심한 한 부인이 두 시간이 넘도록 강신술과 귀신론의 야릇한 혼합에 사로잡힌 간교한 설교자에 의하여 그녀의 모교회가 희생되었음을 설명하였다. 그 설교자는 강단에서 "나는 사람의 눈만 쳐다보고서도 그 사람의 속에 얼마나 많은 귀신이 있는지 말할 수 있습니다."

라고 허세를 부렸다. 몇몇 고등 학생들은 그들의 새끼 손가락을 마귀에게 "희생 제물"로 바쳤으며, 두 여인은 정신병원에 입원했다. 그 설교자를 지지하는 무리들은 반대하는 무리들의 죽음을 위해 기도할 것을 맹세하였다. 그 부인은 "만일 우리 교인들이 하나님의 말씀에 대하여 그렇게 무지하지 않았더라면 이런 일이 결코 일어나지 않았을 것입니다."라고 결론을 내렸다.

교회 안에서 교육의 사명을 등한시할 때 결국 그 교회는 회중을 잃어버리게 될 것이다. 그러므로 현대 교회도 신약 교회의 교훈을 잊지 말아야 한다. 신약의 서신서 기자들은 그 당시 그리스도인이 예수 그리스도에 대한 지식에서 성장하여(벧전 2:2; 벧후 3:18) "그리스도의 도의 초보를 버리고" 완전한 데에 나아갈 것이며(히 6:1), 그리스도 안에서 "자라도록"(엡 4:11-13) 촉구하였다. 현대 교회도 "온갖 교훈의 풍조에 밀려 요동"(엡 4:14)하는 어린아이와 같이 되지 말고 복음의 왜곡에 대하여 파수꾼이 되도록(갈 1:6, 7) 주의를 주어야 한다.

또한 점점 더 세속화 되어가는 현대에서 그리스도인들은 과학 기술과 사회적 변화로 말미암아 초래된 많은 새로운 문제들을 다루면서 이 음란한 세대에서 경건한 삶을 살도록 기독교적 삶의 방식을 훈련받아야 한다.

5. 직원과 교육

오늘날 교회는 추크(R. B. Zuck)의 지적대로 다음과 같은 교육의 필요성에 직면하고 있다.

① 성서 교육의 질적 향상의 필요성.

② 평신도 지도자 양성의 필요성.

③ 어린이 교회 구성에 있어서의 분과 조직의 필요성.

④ 미혼자에 대한 사역의 필요성.

⑤ 특별한 사람들(천재, 지적 장애인, 신체 불구자, 시각 장애인, 사회성 장애인)에 대한 교육의 필요성.

⑥ 외부에 파급되는 생동적 필요성.

⑦ 가정 생활의 분쟁을 피하고 철저한 가정 교육을 실시할 필요성.

⑧ 새로운 교육 방안을 지향할 필요성.

⑨ 사회의 변화에 민감한 교회 봉사의 필요성.

(시시각각으로 변하는 사회 현상은 도시화와 인구 급증, 여가의 증대, 기계화, 부도덕, 세속주의와 물질주의 등이다.)

⑩ 교리와 생활, 신앙과 실제 사이를 잇는 교량의 필요성.

직원은 먼저 이런 교회 교육의 방향을 바로 인식해야 한다. 그리고 우선 직원은 한 사람의 교인으로서 배우는 데 힘써야 하며 뿐만 아니라 교회의 기초적이고 전체적인 사명에 반드시 참여해야 한다. 직원은 교회 학교의 교사와 임원, 교육부와 교육 위원회의 임원이나 책임자, 구역에서의 인도자, 가정의 부모로 가르치는 일을 통해 교회의 교육의 사명을 반드시 이루어야 한다. 물론 교회에서는 교사 교육과 부모 교육 프로그램을 제공해야 하지만 교육을 책임 맡은 직원 자신도 교육에 관한 잡지나 서적을 읽고 연구하여 더 좋은 교육자가 되도록 노력하여 교회의 교육의 사명을 보다 더 효율적으로 성취하도록 힘써야 할 것이다.

4. 교회와 전도

　전도란 인간에게 구원을 주시기 위해서 오신 예수 그리스도의 복음을 증거하는 일이다. 교회는 그 복음 전도의 기능에 대해서 보다 우선권을 두어야만 한다. 전도는 설교, 개인 간증, 성서 교육, 전도지 등을 통해서 이루어진다. 이와 같은 복음 전도를 교회의 선포적 기능이라고 한다. 이것은 교회가 세워지지 않은 지역에서 복음을 선포하고 전도하여 교회를 세우는 것과 문화가 다른 나라와 민족에게 복음을 전하는 선교까지 포함한다. 교회의 전도의 사명을 강조하여 템플(William Temple)은 "교회는 아직 교인이 되지 않은 사람들을 위해 존재한다."라고 했고, 딕 힐리스는 "그리스도를 영접하지 않은 모든 마음은 곧 선교지이며 그리스도를 모신 모든 마음은 곧 선교사이다."라고 했다.

1. 복음 전도의 의미

　복음 전도란 복음을 "전한다", "퍼뜨린다", "전파한다", "선포한다", "선전한다"는 말이다. 스위스 로잔에서 모인 세계 복음 전도에 대한 국제 대회에서는 "전도한다는 것은 기쁜 소식을 널리 퍼뜨리는 것인데 '기쁜 소식'이라 함은 예수 그리스도께서 성경대로 우리 죄를 위하여 죽으시고 죽은 자로부터 다시 살아나시어 통치하는 주가 되시며 지금도 회개하고 믿는 자들의 죄를 사하시고 성령으로써 죄에서 자유케 하시는 은사를 공급하신다는 것이다."라고 정의했다. 간단히 말해서 전도란 복음을 전하는 것인데, 복음이란 예수께서 우리를 죄에서 구원하시는 분,

곧 구주(그리스도)라는 사실이다. 그리스도는 "죄인을 구원하시려고 세상에 임하셨다"(딤전 1:15).

그리스도는 "죄를 위하여 죽으사……우리를 하나님 앞으로 인도"(벧전 3:18)하실 수 있는 "하나님과 사람 사이에 중보자"(딤전 2:5)이시다. 그리스도는 아버지께로 갈 수 있는 오직 하나의 "길이요 진리요 생명"(요 14:6)이시다. 그리스도는 "우리를 위하여 저주를 받은 바 되사 율법의 저주에서 우리를 속량"(갈 3:13)하셨다. 또한 그리스도는 "장래의 노하심에서 우리를 건지시는"(살전 1:10) 분이고, "죽은 자와 산 자의 주가 되려" 죽었다가 다시 살아나신 분이다(롬 14:9).

그러므로 복음 전도란 복음, 곧 예수 그리스도께서 우리를 죄에서 구원하시기 위해서 하신 일을 선전하는 것이다. 우리는 여기에서 복음 전도의 내용을 알 수 있다. 복음 전도란 무엇인지를 나타내는 여러 가지 비유가 성경에 나온다. 이것들을 살펴보면 복음 전도가 무엇을 의미하는지를 보다 쉽고 입체적으로 이해할 수 있다. 우선 구약에서 복음 전도란 의를 향하여 돌아서게 하는 것(단 12:3), 악한 자를 경고하는 것(겔 3:17-19, 33:7-9), 좋은 소식을 전파하는 것(사 61:1), 영혼들을 획득하는 것(잠 11:30)과 같다.

그리고 신약에서 복음 전도란 모든 민족을 제자 삼는 것(마 28:19; 행 14:21), 전령이 왕의 메시지를 전하는 것처럼 복음을 전하는 것, 증인이 되는 것(행 1:8), 그리스도의 대사가 되는 것(고후 5:20; 엡 6:20), 영혼을 얻는 것(고전 9:22), 사람을 낚는 어부가 되는 것(마 4:19; 막 1:17; 눅 5:10), 불에서 끌어내는 것(유 22, 23절)과 같다.

2. 복음 전도의 동기

복음 전도할 때에 여러 가지 어려움이 따름에도 불구하고 우리는 왜 계속해서 복음을 전해야만 하는가? 그 동기는 성경이 가르치는 것을 기초로 해야 한다.

1. 그리스도와 복음 전도

첫째, 복음 전도는 그리스도의 명령이기 때문이다. 부활하신 그리스도께서는 교회에 복음 전도의 명령을 내리셨다. 마태는 이 명령을 "예수께서 나아와 말씀하여 이르시되 하늘과 땅의 모든 권세를 내게 주셨으니 그러므로 너희는 가서 모든 민족을 제자로 삼아 아버지와 아들과 성령의 이름으로 세례를 베풀고 내가 너희에게 분부한 모든 것을 가르쳐 지키게 하라 볼지어다 내가 세상 끝날까지 너희와 항상 함께 있으리라 하시니라"(마 28:18-20)고 기록했다.

마가는 "또 이르시되 너희는 온 천하에 다니며 만민에게 복음을 전파하라"(마 16:15)고 썼다. 누가는 이 명령을 "또 이르시되 내가 너희와 함께 있을 때에 너희에게 말한 바 곧 모세의 율법과 선지자의 글과 시편에 나를 가리켜 기록된 모든 것이 이루어져야 하리라 한 말이 이것이라 하시고 이에 그들의 마음을 열어 성경을 깨닫게 하시고 또 이르시되 이같이 그리스도가 고난을 받고 제삼일에 죽은 자 가운데서 살아날 것과 또 그의 이름으로 죄 사함을 받게 하는 회개가 예루살렘에서 시작하여 모든 족속에게 전파될 것이 기록되었으니 너희는 이 모든 일의 증인이라 볼지어다 내가 내 아버지께서 약속하신 것을 너희에게 보내리니 너희는 위로부터 능력으로 입혀질 때까지 이 성에 머물라 하시니라"(눅 24:44-49)고 전했다.

요한은 이 명령을 "이날 곧 안식 후 첫날 저녁 때에 제자들이 유대인들을 두려워하여 모인 곳의 문들을 닫았더니 예수께서 오사 가운데 서서 이르시되 너희에게 평강이 있을지어다 이 말씀을 하시고 손과 옆구리를 보이시니 제자들이 주를 보고 기뻐하더라 예수께서 또 이르시되 너희에게 평강이 있을지어다 아버지께서 나를 보내신 것같이 나도 너희를 보내노라 이 말씀을 하시고 그들을 향하사 숨을 내쉬며 이르시되 성령을 받으라 너희가 누구의 죄든지 사하면 사하여질 것이요 누구의 죄든지 그대로 두면 그대로 있으리라 하시니라"(요 20:19-23)고 진술했다.

또한 누가는 사도행전에서 "오직 성령이 너희에게 임하시면 너희가 권능을 받고 예루살렘과 온 유대와 사마리아와 땅 끝까지 이르러 내 증인이 되리라"(행 1:8)고 하였다.

우리가 복음 전도를 해야 하는 동기는 무엇보다도 그것이 우리를 구원하신 주님의 명령이라는 사실이다. 그리스도께서는 복음 전도의 명령에서 복음 전도의 영역을 분명히 제시하였다. 우리는 "땅끝까지" 가서 "모든 민족"의 "만민"에게 복음을 전해야 한다.

둘째, 그리스도의 사랑 때문이다. 복음 전도는 그의 명령뿐만 아니라 그의 사랑 때문에 또한 하지 않으면 안 된다. 사도 바울은 "그리스도의 사랑이 우리를 강권하시는도다 우리가 생각하건대……"(고후 5:14, 15)라고 했다. 예수께서는 만일 우리가 그를 사랑한다면 우리가 그의 명령을 지켜야 한다고 말씀하셨다(요 14:15). 우리에게 복음을 전하도록 강요하는 것은 그리스도의 사랑이다. 그 사랑이 우리로 그의 증인이 되도록 동기를 부여해 주고 또 그렇게 내몰아 세운다.

2. 불신자와 복음 전도

첫째, 불신자들의 상태가 우리로 하여금 복음을 전하지 않을 수 없도록 만든다. 사도 바울은 우리가 왜 가급적이면 속히 복음을 전해야만 하는가를 불신자의 상태를 들어 제시하고 있다. "만일 우리의 복음이 가리었으면 망하는 자들에게 가리어진 것이라 그중에 이 세상의 신이 믿지 아니하는 자들의 마음을 혼미하게 하여 그리스도의 영광의 복음의 광채가 비치지 못하게 함이니 그리스도는 하나님의 형상이니라"(고후 4:3, 4).

믿지 않는 자들은 망하는 자, 곧 잃어버린 자들이다. 이들은 또한 마음이 혼미케 된 자들, 곧 눈이 먼 자들이다. 만일 우리가 복음을 전하지 않으면 그것을 필요로 하는 사람들에게 그 복음은 "감추어진다"는 비극적 사실을 기억해야 한다. 진실로 많은 사람들이 그리스도 없이 "잃어버려진" 상태에 있으면서 절실하게 구원의 복음을 듣기를 원하고 있다. 그렇다면 우리가 그들에게 "잃어버린 자를 찾아 구원"(눅 19:10)하러 오신 예수님, 곧 구원의 복음을 감추어 둘 권리가 있겠는가? 그들의 눈을 멀게 하는 사탄의 목적은 그리스도의 복음의 빛이 그들에게 비춰지 못하게 하는 것이다.

그러나 우리는 베드로가 "이는 너희를 어두운 데서 불러내어 그의 기이한 빛에 들어가게 하신 이의 아름다운 덕을 선포하게 하려 하심이라"(벧전 2:9)고 표현한 대로 불신자들에게 복음의 빛을 비추도록 부름을 받았다.

둘째, 불신앙이 초래하는 결과들이 우리로 하여금 불신자에게 전도하지 않을 수 없도록 만든다. 예수께서는 오직 두 길, 두 문이 있다고 말씀하셨다(마 7:13, 14). 하나는 생명으로 인도하는 문이다. 이 문은 좁고 길은 협착하다. 그래서 찾는 이가 적다. 다른 하나는 멸망으로 인도하는 문이다. 이 문은 크고 길은 넓다. 그래서 그리로 들어가는 자가 많다. 양자택일만이 있다. 오직 두 길뿐이다. 세상의 많은 사람들이 넓은 문으로 들어가서 멸망으로 인도하는 길을 따라가고 있는데 어찌 보고만 있을 수 있겠는가!

사도 바울은 "우리는 주의 두려우심을 알므로 사람들을 권면하거니와"(고후 5:11)라고 말했다. 요한은 밧모섬에서 환상 중에 크고 흰 보좌에 앉으셔서 심판하시는 하나님의 모습을 보았다(계 20:11-15).

모든 사람들이 하나님의 심판대에 서게 될 것이다. 그리고 어린양의 생명책에 기록되어 있지 않은 사람들은 누구나 불못, 곧 영원한 지옥불에 던져지게 될 것이다. 지옥은 정말 실제로 있는 장소이다! 예수께서는 자주 그곳에 대해 말씀하셨고 그곳의 고통에 대하여 사람들에게 경고하셨다. 예수님은 하나님의 진노를 피해야 한다는 것을 말씀하셨다. 불신앙이 초래하는 결과들은 영원하다.

그 결과는 영원한 괴로움과 고통이다. 이 진실을 가볍게 생각하지 말라. 그리고 그것을 바라보는 일을 피하지 말라. 만일 불신자들이 예수 그리스도를 믿지 않는다면 그들은 한 사람도 예외 없이 영원한 지옥의 형벌을 받게 된다. 이 사실이 우리로 하여금 온갖 방법을 동원하여 사랑으로 찾아가 오고 있는 심판에 대하여 경고하도록 하는 동기가 된다.

오늘날 교회는 사람들을 지옥에 들어가지 않도록 하기 위해 무엇을 하고 있는가? 우리는 세계가 멸망해 가고 있는데 사소한 문제들에만 매달려 있지는 않는가? 우리는 불신앙이 초래하는 무서운 결과를 이해하고, 불신자의 영혼을 불쌍히 여기는 마음으로 충만한가?

3. 신자와 복음 전도

만일 우리가 신자로서 성령 충만하고 또 하나님의 말씀에 복종한다면 복음을 전하지 않을 수 없다.

첫째, 우리가 전하는 복음의 능력이 우리로 하여금 전도하게 만든다. 우리가 전하는 복음은 진리이다. 우리는 사람들의 영혼을 구원할 유일한 복음을 가지고 있다. 우리는 사도행전에서 "다른 이로써는 구원을 받을 수 없나니 천하 사람 중에 구원을 받을 만한 다른 이름을 우리에게 주신 일이 없음이라 하였더라"(행 4:12)는 사실을 배우게 된다. 바울은 로마에서 "내가 복음을 부끄러워하지 아니하노니 이 복음은 모든 믿는 자에게 구원을 주시는 하나님의 능력이 됨이라 먼저는 유대인에게요 그리고 헬라인에게로다"(롬 1:16)라고 하였다.

또 그는 고린도전서에서 "십자가의 도가 멸망하는 자들에게는 미련한 것이요 구원을 받는 우리에게는 하나님의 능력이라"(고전 1:18)고 하였다. 우리의 메시지는 능력이 있다. 믿는 자는 누구든지 구원하는 능력이 있다. 구원하는 능력은 우리의 설득력이나 말재주에 있는 것이 아니라 복음 그 자체에 있다.

둘째, 우리에게 복음이 맡겨졌다는 사실이 우리로 하여금 전도하게 만든다. 이 문제에 관하여는 의문의 여지가 없다. 예수께서는 이 세대에 그의 복음을 전하기 위하여 천사들을 활용하실 수 있었다. 하나님께서 예수님의 탄생 소식을 천사들을 통하여 목자들에게 전해 주셨던 것처럼 말이다. 그러나 예수님은 지금 이 세대에 복음을 전하기 위해서 현재 믿음으로 구원받은 우리를 사용하시는 방법을 선택하셨다.

바울은 우리 신자들에게 화해의 말씀이 주어진 사실에 대하여 말한다. "곧 하나님께서 그리스도 안에 계시사 세상을 자기와 화목하게 하시며 그들의 죄를 그들에게 돌리지 아니하시고 화목하게 하는 말씀을 우리에게 부탁하셨느니라"(고후 5:19). 하나님께서는 한 사람도 멸망하지 않고 모든 사람들이 회개하게 되기를 바라시기 때문에 신자들을 향하여 오래 참으신다고 베드로는 주장한다(벧후 3:9). 하나님께서는 그의 말씀을 위탁하신 신자들에게 오래 참으신다. 태만한 것은 하나님이 아니라 우리들이다. 바울은 우리 신자들의 복음 전도의 절대적 필요성을 강조한다. "그런즉 그들이 믿지 아니하는 이를 어찌 부르리요 듣지도 못한 이를 어찌 믿으리요 전파하는 자가 없이 어찌 들으리요 보내심을 받지 아니하였으면 어찌 전파하리요 기록된 바 아름답도다 좋은 소식을 전하는 자들의 발이여 함과 같으니라"(롬 10:14, 15).

우리는 이 사실에 대하여 무엇이라고 핑계하겠는가! 주님께서는 이 복음을 우리에게 맡겨 주셨다. 이 사실만으로도 우리가 복음을 전해야 하지 않겠는가?

예레미야 선지자는 "내가 다시는 여호와를 선포하지 아니하며 그의 이름으로 말하지 아니하리라 하면 나의 마음이 불붙는 것 같아서 골수에 사무치니 답답하여 견딜 수 없나이다"(렘 20:9)라고 하나님의 말씀을 맡은 자로서 전하지 않을 수 없는 뜨거운 사명감을 토로했다. 사도 바울도 "내가 복음을 전할지라도 자랑할 것이 없음은 내가 부득불 할 일임이라 만일 복음을 전하지 아니하면 내게 화가 있을 것이로다"(고전 9:16)라고 복음 전도에 대한 불타는 사명감을 말했다. 또 그는 "내가 달려갈 길과 주 예수께 받은 사명 곧 하나님의 은혜의 복음을 증언하는 일을 마치려 함에는 나의 생명조차 조금도 귀한 것으로 여기지 아니하노라"(행 20:24)고 복음 전도에 대한 자신의 각오를 피력했다.

그러므로 우리는 바울이 디모데에게 권고한 것처럼 때를 얻든지 못 얻든지 항상 말씀 전파하기를 힘써야 하겠다(딤후 4:2).

3. 복음 전도를 위한 무장

복음 전도는 영적인 일이다. 그러기에 인간의 수단이나 방법, 경험이나 말재주만 가지고는 안 된다. 복음 전도에 나서기 전에 영적으로 철저하게 무장하지 않으면 안 된다.

예수님은 열두 제자들에게 "더러운 귀신을 쫓아내며 모든 병과 모든 약한 것을 고치는 권능"을 주시고 전도하도록 내보내셨다(마 10장). 그러면서 전도자로서 갖추어야 할 무장에 대해서 말씀하셨다. 예수께서는 제자들에게 현재의 일을 염려하지 말고(9, 10절), 미래의 일은 두려워하지 말라고 하셨다(26, 28, 31절). 그리고 험한 세상 가운데서 전도하는 사람은 뱀같이 지혜로워서 상황에 잘 대처하고, 비둘기같이 순결하여서 전하는 복음을 뒷받침해야 한다고 하셨다(16, 21, 34-36절). 복음을 전하는 전도자의 생활이 그가 전하는 복음과 일치되지 않을 때 복음을 듣는 사람들은 "당신이나 믿고 천당 가시오."라고 말하게 된다. 예수님은 전도를 위한 무장을 말씀하실 때 외적으로 나타나는 것보다 오히려 내적인 자세를 말씀하셨다.

그렇다면 우리가 오늘날 복음을 효율적으로 전하려면 구체적으로 어떤 무장이 필요한가?

1. 성령으로 충만해야 한다

초대교회에서 사도들은 전도하라고 한 번도 명령하지 않았다. 이것은 놀라운 일이다. 그러나 그들은 "보고 들은 것을 말하지 아니할 수 없다"(행 4:20)는 내적 충동에서 열심히 전도하였다. 그리스도의 부활 사건이 제자들을 증인으로 만들었다면, 오순절 성령 강림의 사건은 효과적으로 증거할 수 있는 능력을 부여했다.

누가는 "오직 성령이 너희에게 임하시면 너희가 권능을 받고 예루살렘과 온 유대와 사마리아와 땅 끝까지 이르러 내 증인이 되리라 하시니라"(1:8)고 기록하고 있다. "증인"이란 말은 "순교자"란 말과 어원이 같다. 곧 그리스도의 증인이 되기 위해서는 순교까지도 각오해야 한다는 말이다. 또한 이 구절은 증거의 핵심 주제는 그리스도, 증거의 유일한 매개체는 교회, 증거의 궁극적인 범위는 땅 끝, 증거의 성공 비결은 성령이라는 사실을 보여 주고 있다.

사도들이 큰 권능으로 주 예수의 부활을 증언할 때 무리가 큰 은혜를 받았다(4:33). 사도 바울은 "내 말과 내 전도함이 설득력 있는 지혜의 말로 하지 아니하고 다만 성령의 나타나심과 능력으로 하여 너희 믿음이 사람의 지혜에 있지 아니하고 다만 하나님의 능력에 있게 하려 하였노라"(고전 2:4, 5)고 강조했고, 또 데살로니가 교회에 복음이 전해진 것도 말로만이 아니라 오직 능력과 성령과 큰 확신으로 된 것이었다고 주장했다(살전 1:5). 이와 같이 복음 전도의 열매는 사람의 말에 있는 것이 아니라 성령의 능력에 있으므로 우선 복음을 전하려는 사람은 성령으로 무장해야 한다.

2. 말씀으로 무장해야 한다

복음을 전할 때 성령의 인도로 잘 선택하여 인용한 하나님의 말씀보다 더 사람의 가슴을 찌르는 말이 없고 그보다 더 권위 있는 증거는 없다. 하나님의 말씀은 예레미야가 말한 것처럼 불과 같고, 바위를 쳐서 부스러뜨리는 방망이와 같다(렘 23:29). 하나님의 말씀은 세상의 어떤 완악한 마음이라도 녹일 수 있고 부스러뜨릴 수 있다. 또한 "하나님의 말씀은 살아 있고 활력이 있어 좌우에 날선 어떤 검보다도 예리하여 혼과 영과 및 관절과 골수를 찔러 쪼개기까지 하며 또 마음의 생각과 뜻을 판단하나니"(히 4:12)라고 히브리서 기자는 말했다.

그러므로 복음 전도자는 항상 상대방에 따라서 적절하게 증거할 하나님의 말씀으로 무장되어 있어야 한다. 그래서 베드로는 "너희 마음에 그리스도를 주로 삼아 거룩하게 하고 너희 속에 있는 소망에 관한 이유를 묻는 자에게는 대답할 것을 항상 준비"(벧전 3:15)하라고 했다.

복음을 전하기 위해서는 성경을 간단하고 체계적으로 전할 메시지를 정리해 두어야 한다. 이런 준비는 복음을 명확하고 조리 있게 전하는 데 있어서 몇 가지 유익을 준다고 코스그로브는 지적했다.

(1) 언제라도 복음을 전할 수 있게 해준다. 복음의 내용을 그 핵심 성경 구절과 함께 정리해 두면 모든 사람에게 언제든지 복음을 전할 수 있다.

(2) 복음의 요점을 빠뜨리지 않고 차례로 전할 수 있게 해준다. 상대방이 예수 그리스도께 나아오는 데 필요한 중요한 내용들을 다 언급할 수 있게 된다.

(3) 전도의 방향을 잡아 주는 역할을 해준다. 복음을 듣고 있는 상대방이 갑자기 곁길로 벗어나더라도, 체계화된 복음의 메시지를 가지고 있으면 그 문제를 다룬 후 본래의 위치로 되돌아올 수 있다.

(4) 다른 사람들이 복음을 전하도록 그들을 가르칠 수 있게 해준다.

3. 기도로 무장해야 한다

복음을 전하는 일은 영적인 일이기 때문에 기도로 무장하지 않으면 전도의 열매를 맺기 어렵다. 전도는 전적으로 하나님을 의지하는 기도가 있을 때에만 그들의 영혼을 얻을 수 있다. 그래서 사도들은 이렇게 기도했다. "주여 이제도 그들의 위협함을 굽어보시옵고 또 종들로 하여금 담대히 하나님의 말씀을 전하게 하여 주시오며 손을 내밀어 병을 낫게 하시옵고 표적과 기사가 거룩한 종 예수의 이름으로 이루어지게 하옵소서 하더라 빌기를 다하매 모인 곳이 진동하더니 무리가 다 성령이 충만하여 담대히 하나님의 말씀을 전하니라"(행 4:29-31).

사도 바울은 복음 전도에 있어서 기도의 중요성을 체험하였기 때문에 교회에 편지할 때마다 자신의 복음 전도 사업을 위해서 기도해 줄 것을 부탁했다. 바울은 에베소 교회에 "또 나를 위하여 구할 것은 내게 말씀을 주사 나로 입을 열어 복음의 비밀을 담대히 알리게 하옵소서"(엡 6:19)라고 기도하도록 간청했다. 또 데살로니가 교회에도 "끝으로 형제들아 너희는 우리를 위하여 기도하기를 주의 말씀이 너희 가운데서와 같이 퍼져 나가 영광스럽게 되고 또한 우리를 부당하고 악한 사람들에게서 건지시옵소서"(살후 3:1, 2)라고 기도하도록 했다.

4. 복음 전도의 방법

전도에서 가장 중요한 문제 중 하나는 복음을 듣지 못한 사람들에게 어떻게 복음을 전하느냐 하는 방법의 문제이다. 하나님께서는 여러 가지 방법을 통해 그의 구원을 이루시며, 자신의 신비스러운 사역에 우리를 도구로 사용하신다. 바울은 "하나님의 지혜에 있어서는 이 세상이 자기 지혜로 하나님을 알지 못하므로 하나님께서 전도의 미련한 것으로 믿는 자들을 구원하시기를 기뻐하셨도다"(고전 1:21)라고 말했다.

우선 복음은 말로 증거할 수 있다. 성경에서 전도의 사명이 주어질 때 "말하다", "알리다", "전하다", "전파하다", "외치다"라고 했다. 아무것도 말의 증거를 우선하거나 대치할 수는 없다. 그러나 구원하시는 것은 하나님의 역사이고(눅 24:15; 행 16:14), 우리는 다만 그의 입술에 불과하다(롬 10:13-15; 행 18:4, 25).

간증은 또한 전도의 좋은 방법이 될 수 있다. 주의해야 할 것은 간증을 통해서 드러나야 할 분은 예수 그리스도, 곧 복음이어야 한다는 사실이다. 바울도 복음을 전할 때 때로는 간증을 사용했다. 바울의 간증은 믿기 전의 자신의 생활(행 22:3-5, 26:4-11), 믿게 된 경위(22:7-16, 26:12

-18), 믿고 난 이후의 변화된 생활(9:19-22, 22:21, 26:19-20)로 되어 있다.

우리도 이와 같이 간증할 수 있다. 복음을 믿고 구원받은 사람들의 변화된 삶은 강력한 복음 증거가 될 수 있다. 이것은 말의 증거를 뒷받침하며, 가까운 사람들에게 효과적인 방법이다.

더 나아가서 일을 통해 복음을 전할 수 있다. 초대교회의 전도는 들을 수 있고 볼 수도 있었다. 사도들은 말씀 전파와 더불어 기적을 행함으로써 그리스도의 치유와 구원의 능력을 볼 수 있도록 했다. 빌립 집사가 사마리아에서 전도할 때에도 말을 통한 증거와 볼 수 있는 표적을 통한 증거가 종합되었다. "무리가 빌립의 말도 듣고 행하는 표적도 보고 한마음으로 그가 하는 말을 따르더라"(행 8:6).

그러면 구체적으로 우리의 삶의 현장에서 어떻게 복음을 제시할 수 있겠는가? 이미 말한 바와 같이 복음 전도의 방법은 여러 가지가 있을 수 있으며, 어떤 하나의 방법이 모든 상황에서 가장 효과적이라고 할 수는 없다. 전도 대상과 주어진 상황에 따라 기본 메시지를 융통성 있게 전해야 한다. 여기에서는 그 중 두 가지만 제시해 보기로 하겠다. 하나는 "여섯 가지 사실"이고 다른 하나는 "다리 예화"이다. 전자는 코스그로브가 제시한 방법이고, 후자는 네비게이토 선교회가 사용하는 방법이다.

1. 여섯 가지 사실(6D)

이것은 복음의 6가지 주요 내용 및 해당 성경 구절로 되어 있으며, 아주 간단한 방법이다.

(1) 병(Disease) : 우리는 모두 죄라는 병에 걸려 있다. 이것은 세상에 있는 모든 인간들에게 있어서 엄연하고도 논박할 수 없는 사실이다(롬 3:10-18, 23).

(2) 사망(Death) : 죄는 사망으로 인도한다. 사망은 죄에 대한 형벌이다 (5:12, 6:23).

(3) 심판(Doom): 하나님은 의롭고 거룩하시기 때문에 우리의 죄를 묵과할 수 없다. 누군가가 이 죄의 형벌을 받아야만 한다(히 9:27; 출 34:6, 7).

(4) 구원자(Deliverer): 누군가가 우리가 받아야 할 죄의 형벌을 대신 받았으며, 죄와 죄의 형벌로부터 우리를 구원해 내셨다(롬 5:8; 사 53:6; 벧전 2:24).

(5) 선언(Declaration): 그러나 성경은 우리의 노력으로는 이 구원을 얻을 수 없다고 선언한다. 구원은 그것을 믿음으로 받아들이는 자들에게 주시는 하나님의 은혜의 선물이기 때문이다. 구원은 전적으로 값없이 주어진 은혜이다(엡 2:8, 9; 딛 3:5; 롬 3:24).

(6) 구원(Deliverance): 우리가 자신을 그리스도께 내맡기는 기도를 함으로써 예수 그리스도를 우리 삶 속에 영접할 때 우리는 구원을 받는다(계 3:20; 요 1:12; 롬 10:9, 10).

성경이 가르치는 내용을 이해하고 믿음으로 그리스도를 영접했으면, 하나님께서 진실로 자신을 구원해 주셨다는 사실을 믿어야 한다. 그러므로 성공적인 복음 전도는 예수님을 영접한 사람에게 구원의 확신에 관한 성경 구절을 몇 구절 전해 줌으로써 끝맺는 것이 좋다(요 5:24, 10:28; 딤후 1:12; 히 7:25; 요일 5:11-13).

2. 다리 예화

이 예화는 현재 네비게이토 선교회에서 사용하고 있는 "영생에 이르는 다리"이다. 먼저 그림 1을 그린 다음 거기에다 단계적으로 복음의 요절과 해당 성경 구절을 기록해 나간다. 그림 2는 완성된 것이다. 이 방법을 철저히 익혀 두면 이는 아주 훌륭한 전도 도구가 될 것이다(그림 p. 102 참조).

(1) 맨 먼저 그림 1처럼 우측 상단에 하나님, 좌측 상단에 사람이라고 쓴다. 그 다음 하나님과 사람 사이에 간격이 있도록 두 낭떠러지를 그린다. 왼편에 사람의 모습을 조그맣게 그릴 수도 있다.

(2) "하나님은 어떤 분이십니까?" 하고 물으면서 동시에 이 질문을 기록하라. 그리고 그 밑에 대답을 적으라(그림 2 참조). 상대방에 따라 필요하다면 다음과 같이 질문을 하라.

"하나님은 거룩하시다고 생각합니까? 아니면 거룩하시지 않다고 생각합니까?", "하나님은 죄가 있습니까, 없습니까?", "하나님은 사랑이 많은 분입니까? 아니면 미움이 가득 차 있는 분입니까?"

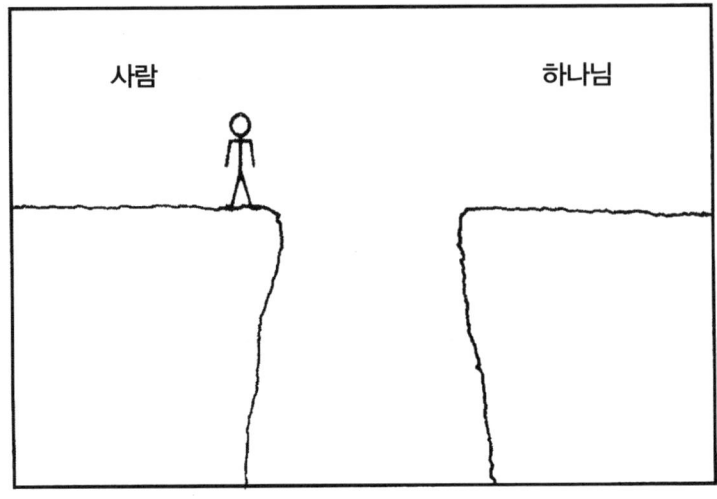

그림 1. 다리 예화

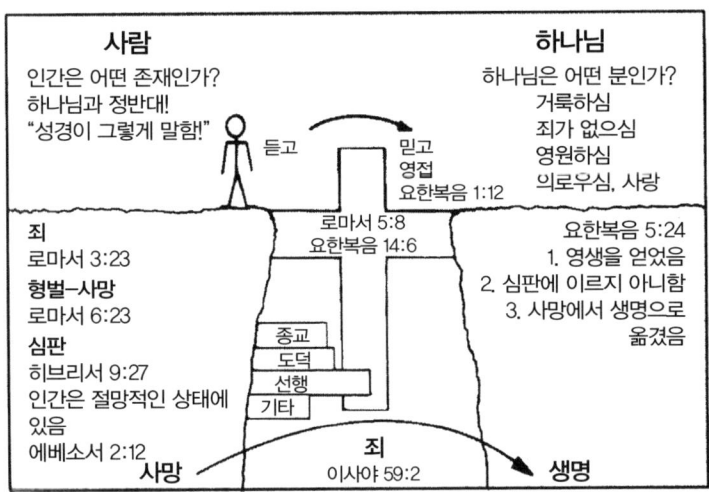

그림 2. 다리 예화

(3) 그다음, "사람은 어떤 존재입니까?" 하고 물으면서 이 질문을 적으라. 정직한 사람이라면 하나님과 정반대임을 인정할 것이다. 사람은 거룩하지 않으며, 죄인이며, 일시적이며, 미움으로 가득 차 있다는 것을 보여 준다. 여기까지는 성경을 사용하지 않는다.

(4) 이제, 성경에 나타나 있는 인간에 관한 4가지 사실을 이야기하라. 그림의 사람 쪽에다 그 요점을 성경 구절과 함께 간단히 적으라(그림 2 참조). 상대방에게 로마서 3장 23절("모든 사람이 죄를 범하였으매 하나님의 영광에 이르지 못하더니")을 읽게 한 후, 이 죄에 대한 형벌로 사람에게는 사망이 있다고 말해 주라. 로마서 6장 23절("죄의 삯은 사망이요")을 읽게 하라. 이 사망이란 하나님으로부터의 영원한 분리이다.

성경은 또한 죄에 대한 심판이 있다고 한다. 히브리서 9장 27절("한번 죽는 것은 사람에게 정해진 것이요 그 후에는 심판이 있으리니")을 읽게 하라. 그다음 에베소서 2장 12절("그때에 너희는 그리스도 밖에 있었고 이스라엘 나라 밖의 사람이라 약속의 언약들에 대하여는 외인이요 세상에서 소망이 없고 하나님도 없는 자이더니")로 결론을 맺으라.

그 결과, 인간은 자신의 죄가 자신을 하나님으로부터 분리시켰기 때문에 사망 가운데서 살고 있다. "오직 너희 죄악이 너희와 너희 하나님 사이를 갈라 놓았고 너희 죄가 그의 얼굴을 가리어서 너희에게서 듣지 않으시게 함이니라"(사 59:2).

(5) 인간이 자기의 죄를 건너 하나님께로 가기 위해 다리를 놓으려고 노력하는 것으로는 어떤 것이 있는지 물어보라. 선행, 도덕("난 도덕적인 삶

을 살리고 열심히 노력하고 있습니다."), **종교**("나는 교회에 나가고 있습니다."), 자선, 기타 등등이 나올 수 있을 것이다. 상대방이 대답하지 않는 경우, 당신이 위의 내용들을 제시할 수도 있다. 요점을 사람과 하나님 사이의 빈틈에 적으라(그림 2 참조). 그리고 이 노력이 모두 하나님과 사람 사이에 다리를 놓기에는 부족하다는 것을 지적하라. 에베소서 2장 8, 9절("너희는 그 은혜에 의하여 믿음으로 말미암아 구원을 받았으니 이것은 너희에게서 난 것이 아니요 하나님의 선물이라 행위에서 난 것이 아니니 이는 누구든지 자랑하지 못하게 함이라")을 읽게 하라. 이렇게 하는 목적은 인간은 자기의 노력을 통해서는 하나님께 이를 수 없다는 것을 보여 주기 위한 것이다.

(6) 하나님께서 자신과 인간 사이의 분리의 간격에 다리를 놓기 위해 하신 일에 대한 상징으로서 십자가를 그리라. 로마서 5장 8절("우리가 아직 죄인 되었을 때에 그리스도께서 우리를 위하여 죽으심으로 하나님께서 우리에 대한 자기의 사랑을 확증하셨느니라")을 읽으라. 십자가만이 우리가 하나님께로 건너갈 수 있는 유일한 수단임을 강조하라. 그다음, 요한복음 14장 6절("예수께서 이르시되 내가 곧 길이요 진리요 생명이니 나로 말미암지 않고는 아버지께로 올 자가 없느니라")을 보여 주라.

(7) 분리의 간격을 실제로 건너는 데 필요한 두 가지 요소를 지적하라. 하나님의 구원의 말씀을 듣고, 그것을 개인적으로 믿어야, 곧 예수님을 영접해야 한다. 요한복음 1장 12절("영접하는 자 곧 그 이름을 믿는 자들에게는 하나님의 자녀가 되는 권세를 주셨으니")을 읽으라. 이것은 매우 중요하다. 사람이 하나님 쪽으로 건너가기 위해서는, 즉 구원을 얻기 위해서는 구

원의 메시지를 듣고, 그것을 믿어 예수 그리스도를 자신의 구주와 주님으로 영접해야 한다.

(8) 요한복음 5장 24절("내가 진실로 진실로 너희에게 이르노니 내 말을 듣고 또 나 보내신 이를 믿는 자는 영생을 얻었고 심판에 이르지 아니하나니 사망에서 생명으로 옮겼느니라")을 읽으라. 세 가지의 엄청난 결과를 여기에서 보여 주고 있다. 복음을 듣고 믿어서 예수님을 자신의 삶에 영접한 사람은 영생을 얻었고(현재 소유하고 있음), 심판에 이르지 아니하며(이젠 더 이상 정죄의 두려움이 없음), 사망에서 생명으로 옮겼다. 그는 자신의 죄를 위해 십자가에 달리신 예수 그리스도의 죽음 덕분에 이러한 것들을 소유하게 된 것이다.

이제 복음 소개의 결론 부분에 이르렀다. 상대방에게 "당신은 지금 어디에 있습니까?" 하고 물어보라. 이 질문은 상대방에게 자신이 지금 어디-하나님 쪽 아니면 사람 쪽-에 있다고 느끼는지 판단할 기회를 준다. 그는 아직 인간 쪽에 있어서, 여전히 절망적인 상태에 있을 수도 있다. 그는 스스로의 노력으로 그 간격을 건너려고 노력해 왔을지도 모른다. 또는 자기가 이제 복음을 들었으니 다리를 반쯤 건너왔다고 느낄지도 모른다. 아무튼 그는 어디엔가 있을 것이다.

3. 전도의 마지막 단계

어떤 전도 방법을 사용하든지 복음을 듣는 상대방이 단지 복음의 내용이나 또는 자신이 지금 하나님과의 관계에 있어서 어디에 있는지만 알라고 하고 끝나서는 안 된다. 그때 결단을 내리도록 유도해야 한다.

곧 예수 그리스도를 믿고 영접하도록 해야 한다. 이렇게 할 수 있다. "지금까지 말씀드린 것이 이해가 됩니까?" 하고 물어본다. 상대방이 이해가 된다고 대답하면, 이제 이 사실에 대해 어떻게 할 생각인지 물어보라. "당신은 (상대방에 따라 호칭에 주의하라.) 이 영생의 선물을 받고 싶습니까?" 상대방이 "네."라고 대답하면 죄를 자백하고 예수 그리스도를 믿고 영접하여 영생을 얻는 기도를 하도록 이끈다. "예수님, 저의 죄를 용서해 주시고 제 마음에 들어와 주십시오. 저의 구주가 되시며 저에게 영생을 주십시오. 예수님의 이름으로 기도합니다. 아멘." 이때 위의 기도를 한 줄씩 따라하게 할 수 있다.

반면 "아니요."라고 대답하면, 복음의 요점을 다시 복습하든지 아니면 인생의 무상함과 예수 그리스도를 모를 때 일어나는 일 등을 함께 생각해 볼 수 있고, 다시 결단으로 이끌 수 있다.

결신한 사람은 교회로 인도하여 교회의 지도를 받으며 그가 믿음으로 자라도록 돌보아야 한다. "아니요."라고 반응할 때도 절대로 화를 내거나 저주하는 식으로 끝을 맺어서는 안 된다. 다음에 다시 전도할 기회를 만들도록 노력하라.

5. 전도와 직원

교회의 직원은 반드시 전도를 해야 한다. 전도를 하지 않으면 직원이 아니다. 다른 사람에게 개인적으로 직접 전하고, 교회의 모든 전도 활동에 직·간접으로 적극 참여해야 한다. 교회의 직원은 축호 전도, 노방 전도, 문서 전도, 방송 전도, 특수 전도(농어촌, 군대, 공장, 학원, 병원 등)에 직접 참여할 수 있고, 간접적으로 그들을 위해 헌금하고 기도할 수 있다. 교회의 직원은 "네 집 근처 다니면서 건질 죄인 많도다"(새찬송가 511장 "예수 말씀하시기를") 하는 찬송가처럼 가까운 데서부터, 존 웨슬리가 "세계는 나의 교구다."라고 말한 것처럼 세계 선교에까지 함께 부름을 받았다. 구세군의 창립자인 윌리엄 부스는 1885년 런던의 구세군 집회에서 연설하면서 끝 무렵에 이렇게 소리쳤다. "세계의 둘레는 얼마나 되는가?" 그러자 군중 가운데 일부가 이렇게 대답했다. "25,000마일!" 그러자 부스는 그의 팔을 활짝 펼치면서 다음과 같이 소리질렀다. "그렇다면 우리는 팔로 지구를 감싸 안을 수 있을 때까지 자라야 한다!"

직원은 전도에 있어서 초대교회 신자들의 모범을 따르는 것이 좋을 것이다.

첫째, 초대교회 신자들은 예수 그리스도의 죽음과 부활, 주의 재림을 중점적으로 전했다(행 2:22-36, 3:12-26, 5:29-32등). 둘째, 모든 신자들은 그리스도의 복음을 선포하는 것을 그들의 책임으로 생각하였다(6:5, 8:5, 26, 35, 21:8). 셋째, 모든 신자들은 여러 가지 서로 다른 상황들과 장소들에서 복음을 전했다(5:42). 넷째, 모든 신자들은 복음 전도를 매일의 책임으로 생각하였다(2:47, 5:42, 16:5). 초대교회 신자들은 "날마다 성전에 있든지 집에 있든지 예수는 그리스도라고 가르치기와 전도하기를 그치지"(5:42) 않았다. 다섯째, 초대교회는 예루살렘과 온 유대와 사마리아와 그 당시 끝인 로마에까지 복음을 전했다.

5. 교회와 봉사

　교회에는 세상을 섬기는 봉사의 사명이 있다. 원래 봉사를 의미하는 헬라어 **디아코니아**(*diakonia*)는 식사 시중을 드는 종의 행동을 의미한다. 곧 봉사란 섬긴다는 뜻이다. 예수께서는 세상에 오신 목적이 세상을 섬기는 것이라고 하셨다. 그리고 세상을 섬기는 구체적인 표현은 세상을 위해서 자기 목숨을 주는 것이라고 하셨다. "인자가 온 것은 섬김을 받으려 함이 아니라 도리어 섬기려 하고 자기 목숨을 많은 사람의 대속물로 주려 함이니라"(마 20:28; 막 10:45). 예수님은 그의 교회가 세상에서 구체적으로 해야 할 봉사를 몸소 보여 주셨다.

　교회는 그리스도의 몸이다. 그리스도께서는 세상에서 이 몸을 통하여 그의 일을 하신다. 교회는 바로 이 세상을 섬기는 그리스도의 손과 발인 것이다. 그리스도께서는 그리스도인과 교회가 갖고 있는 세상(사회)에 대한 책임을 말씀하셨다(마 5:13-16). 교회는 세상의 소금이며 빛이다. 이 비유는 공통점을 가지고 있다. 그것은 소금과 빛은 각각의 용도에 사용되지 못하면 무가치하다는 것이다. 여기에서 우리는 교회의 사회적 사명을 보게 된다. 교회는 세상을 위해 존재한다. 그러므로 교회가 세상을 향한 사명을 다하지 못할 때는 맛을 잃은 소금과 같이 "아무 쓸데없어 다만 밖에 버려져 사람에게 밟힐 뿐"(13절)이다.

　교회는 그리스도처럼 세상을 위하여 자신을 주어야 한다. 밖으로 관심을 돌리는 것이 교회의 본래 모습이다. 교회가 진정으로 봉사하는 교회가 될 때 그 교회는 살아 있는 교회가 될 수 있다. 세상을 섬기는 교회만이 하나님께 영광을 돌리는 것이다(16절).

1. 교회의 봉사의 사명

1. 봉사의 영역

교회의 봉사의 사명은 하나님과 이웃을 사랑으로 섬기는 것을 말한다. 이와 같이 봉사에는 두 영역이 있다. 하나는 하나님에 대한 봉사로, 이것은 예배로 표현된다. 다른 하나는 사람에 대한 봉사인데, 이것은 하나님에 대한 봉사(예배)의 연장이며, 그 구체적 표현이다. 여기에서 예배와 봉사가 만난다. 결국 하나님에 대한 봉사는 이웃에 대한 실제적이고 구체적인 사랑으로 나타나야 하며, 사람을 섬기는 것은 곧 하나님과 주님을 섬기는 것과 같다. 그러나 주의할 것은 사람에 대한 봉사는 어디까지나 하나님에 대한 봉사의 자연스런 결과라는 사실이다. 기독교적 봉사는 단순한 자선 행위가 아니며 박애주의나 인도주의 정도의 것도 아니다. 그것은 하나님에 대한 사랑의 표현이다. 성경은 이 사실을 계속 강조하고 있다.

> "예수께서 대답하시되 첫째는 이것이니 이스라엘아 들으라 주 곧 우리 하나님은 유일한 주시라 네 마음을 다하고 목숨을 다하고 뜻을 다하고 힘을 다하여 주 너의 하나님을 사랑하라 하신 것이요 둘째는 이것이니 네 이웃을 네 자신과 같이 사랑하라 하신 것이라"(막 12:29-31).

예수님은 하나님과 이웃에 대한 사랑의 봉사로 계명을 요약하셨다. 또한 예수님은 하나님과 이웃에 대한 사랑의 봉사가 심판의 기준이 된다고 가르치셨다.

"또 왼편에 있는 자들에게 이르시되 저주를 받은 자들아 나를 떠나 마귀와 그 사자들을 위하여 예비된 영원한 불에 들어가라 내가 주릴 때에 너희가 먹을 것을 주지 아니하였고 목마를 때에 마시게 하지 아니하였고 나그네 되었을 때에 영접하지 아니하였고 헐벗었을 때에 옷 입히지 아니하였고 병들었을 때와 옥에 갇혔을 때에 돌보지 아니하였느니라 하시니 그들도 대답하여 이르되 주여 우리가 어느 때에 주께서 주리신 것이나 목마르신 것이나 나그네 되신 것이나 헐벗으신 것이나 병드신 것이나 옥에 갇히신 것을 보고 공양하지 아니하더이까 이에 임금이 대답하여 이르시되 내가 진실로 너희에게 이르노니 이 지극히 작은 자 하나에게 하지 아니한 것이 곧 내게 하지 아니한 것이니라 하시리니 그들은 영벌에, 의인들은 영생에 들어가리라 하시니라"(마 25:41-46).

요한도 이렇게 가르쳤다.

"누구든지 하나님을 사랑하노라 하고 그 형제를 미워하면 이는 거짓말 하는 자니 보는 바 그 형제를 사랑하지 아니하는 자는 보지 못하는 바 하나님을 사랑할 수 없느니라 우리가 이 계명을 주께 받았나니 하나님을 사랑하는 자는 또한 그 형제를 사랑할지니라"(요일 4:20, 21).

구약의 이사야도 분명히 이웃에 대한 사랑과 봉사의 의무를 외면하는 기도와 예배는 쓸데없는 것임을 가르친다(사 1:11-17, 58:6, 7). 하나님께 헌신된 삶(롬 12:1, 2)은 구체적으로 "이웃에 대해 섬기는 일", "구제하는 일", "긍휼을 베푸는 일", "쓸 것을 공급하는 일"로 나타나야 한다(3-21절).

하나님에 대한 봉사로서 예배는 이미 "교회와 예배"에서 다루었고 하나님의 교회에 대한 봉사는 "청지기로서의 직원"에서 다루게 되므로 여기서는 "교회의 사회 봉사"를 다루도록 하겠다.

2. 교회의 사회 봉사

교회의 사회 봉사는 이웃과 사회를 섬기는 일이다. 곧 이웃의 육체적, 물질적 필요를 채워 주는 일이다. 이 봉사는 세상에 있는 육체적, 정신적으로 도움을 필요로 하는 사람들에게 친절하게 사랑을 베푸는 일이며 더 나아가서 사회를 개혁하는 활동까지 포함한다.

사회가 잘못되어 간다면 누구의 책임인가? 교회가 자기 의를 자랑하며 세상을 혐오하고만 있어서는 안 된다. 사회의 부정과 부패, 폭력과 불의, 증오와 불화는 사회만의 책임이 아니다. 고기가 썩어 갈 경우 고기를 탓하는 것은 아무 의미가 없다. 문제는 소금이 어디에 있느냐 하는 것이다. 박테리아가 번식하도록 내버려 두면 저절로 그렇게 되는 것이다. 집이 어두울 경우 밤을 탓하는 것은 아무 의미가 없다. 사회를 그대로 방임하면 사회는 저절로 그렇게 된다. 문제는 "교회가 어디에 있느냐, 교회가 무엇을 하느냐" 하는 것이다. 사회가 부패해 간다면 그것은 교회의 책임이다.

또한 교회의 사회 봉사는 교회가 위치하고 있는 지역 사회뿐만 아니라 온 세계와 인류에 대한 책임이기도 하다. 세상에는 도움을 필요로 하는 이웃들이 얼마든지 있다. 먹을 것이 없는 사람들, 살 집이 없는 사람들, 입을 옷이 부족한 사람들, 버림받은 고아들, 의지할 데 없는 노인들, 지체가 부자유한 사람들, 전쟁으로 절망 속에 있는 사람들, 각종 질병으로 괴로워하는 사람들 등 교회가 사랑으로 돌보아야 할 사람들은 얼마든지 있다. 이웃의 궁핍을 악의 세력에 맡겨 놓지 말고 교회가 돌보아야 한다.

3. 교회 역사에 나타난 봉사

교회는 그 시작에서부터 봉사와 구제에 힘썼다. 예루살렘 교회는 사랑으로 세상을 섬기며 구제하는 교회였다. 자기의 것을 자기의 것이라 주장하지 않고 가난한 사람들과 함께 나누어 가졌다. 안디옥 교회는 흉년으로 예루살렘 교회가 어렵다는 소식을 듣고 그들을 위해서 힘을 다하여 도와주었다. 고린도 교회는 후한 연보로 성도들을 넘치도록 섬겼다. 초대교회 때는 예배와 선행을 구분하지 않고 함께 열심히 행했다. 초대교회 때부터 근세에 이르기까지 나그네를 대접하고, 가난한 자를 돌보며 고아와 과부를 보살피라는 설교가 많았다.

4세기 경에 안디옥 교회는 최초로 병든 자들을 위한 병원과 나환자나 빈민을 구제하는 기관을 세웠다. 이후에는 수도원을 중심으로 여러 가지 구체적인 사회 봉사 사업이 전개되었다. 수도사들은 가난한 자를 돌보는 선행을 수도로 생각했다. 교회가 세력을 얻고 국가가 확립된 다음에는 교회에서 행했던 모든 사회 봉사 사업을 국가에 일임했다. 교회가 나누어 주며 봉사하는 사명을 잃고 자기를 치장하기 시작했을 때 중세 교회는 암흑기를 맞이하게 되었다.

사회 봉사와 구제가 다시 살아난 것은 종교개혁 이후의 일이다. 루터에 의하여 가난한 자를 돕기 위한 집사직이 회복되면서 교회 재정은 가난한 자를 돕는 것이 원칙이 되었다. 교회는 이웃들의 가난함과 고통을 돌보는 일을 구체적으로 가르쳤다. 칼빈은 진정한 구제는 바로 하나님께 예배하는 것이라고 했고 청교도들도 절제와 구제를 힘써 실천했다. 웨슬리의 부흥 운동은 구체적으로 자신의 소유를 나누어 주면서 그리스도의 삶을 실천하는 경건 운동이었다. 웨슬리로 말미암아 영국의 가난한 사람들이 배부르게 되었고 헐벗음에서 벗어났다. 교회의 역사에서 경건한 그리스도인들은 사회 봉사는 물론 사회의 구조적 악을 개혁하는 일에까지 헌신하였다.

한국교회도 처음부터 사회에서 소외되는 사람들을 위한 사업, 곧 아동 사업, 양로 사업, 빈민 구제 사업, 맹아 사업, 농아 의료 사업, 사회악 쇄신 운동 등에 열심이었다. 그러나 해방 후 교회가 점점 성장하면서 오히려 사회 봉사에 있어서의 중추적 역할이 약화되었다. 오늘날 한국교회는 사회 봉사를 위한 인적, 물적 자원을 풍부하게 소유하고 있다. 고인 물은 썩기 마련이다. 그러므로 이제 우리 한국교회는 적극적이고 구체적으로 사회를 섬기는 사업에 앞장서야 할 것이다.

2. 사회 봉사에 대한 성경적 근거

1. 구약에 나타난 봉사

구약에서 우리는 하나님이 온 인류를 돌보시며, 온 인류의 삶에 관심을 가지고 계시다는 사실을 볼 수 있다. 특별히 하나님은 불쌍한 사람들을 위하신다. 하나님은 한 사람의 필요와 복지를 위해 모든 사람이 관심을 기울이는 사회를 세우고자 하셨다. 시편 기자는 "그의 거룩한 처소에 계신 하나님은 고아의 아버지시며 과부의 재판장이시라"(시

68:5)고 하였다. 하나님께서는 고아나 과부를 해롭게 하지 말라고 하시며(출 22:22) 추수할 때에 가난한 사람들이나 이방인들이 주울 수 있도록 곡식과 과일의 일부를 밭에 남겨 두도록 하셨고(레 19:9, 10), 일꾼들에게 정당한 품삯을 주어야 하며, 장애인들은 특별히 보호되어야 한다고 하셨다. 또 재판관들은 공정해야 하며, 공의를 떠나서는 안 된다고 하셨다 (13-15절).

하나님께서는 가난한 형제를 도와주라고 명령하시면서 또한 그렇게 할 때 복을 주시겠다고 약속하셨다.

"네 하나님 여호와께서 네게 주신 땅 어느 성읍에서든지 가난한 형제가 너와 함께 거주하거든 그 가난한 형제에게 네 마음을 완악하게 하지 말며 네 손을 움켜 쥐지 말고 반드시 네 손을 그에게 펴서 그에게 필요한 대로 쓸 것을 넉넉히 꾸어주라 삼가 너는 마음에 악한 생각을 품지 말라 곧 이르기를 일곱째 해 면제년이 가까이 왔다 하고 네 궁핍한 형제를 악한 눈으로 바라보며 아무것도 주지 아니하면 그가 너를 여호와께 호소하리니 그것이 네게 죄가 되리라 너는 반드시 그에게 줄 것이요, 줄 때에는 아끼는 마음을 품지 말 것이니라 이로 말미암아 네 하나님 여호와께서 네가 하는 모든 일과 네 손이 닿는 모든 일에 네게 복을 주시리라 땅에는 언제든지 가난한 자가 그치지 아니하겠으므로 내가 네게 명령하여 이르노니 너는 반드시 네 땅 안에 네 형제 중 곤란한 자와 궁핍한 자에게 네 손을 펼지니라"(신 15:7-11).

하나님은 특별히 가난하고 어려운 처지에 있는 사람들에게 자상한 배려를 하신다. 십일조를 예비해서 레위인이나 고아나 과부를 위해 주라고 하셨고(신 14:28, 29), 3년 째마다 십일조를 두 번 내어 그것으로 가난한 자를 구제하였다. 매 7년마다 오는 안식년에는 자연적으로 나는 밭의 소산을 거두어들이지 말고 가난한 자, 의지할 곳 없는 자들로 하여금 먹도록 하셨다.

그리고 안식년에는 면제의 규례를 두어서(신 15:1-6) 누구에게 진 빚이든 탕감하여 주어서 가난한 자들에게 혜택을 주셨다. 잠언은 수많은 구절에서 가난한 사람을 도우라고 명령한다.

"가난한 자를 불쌍히 여기는 것은 여호와께 꾸어 드리는 것이니 그의 선행을 그에게 갚아 주시리라"(잠 19:17).

"흩어 구제하여도 더욱 부하게 되는 일이 있나니 과도히 아껴도 가난하게 될 뿐이니라 구제를 좋아하는 자는 풍족하여질 것이요 남을 윤택하게 하는 자는 자기도 윤택하여지리라"(잠 11:24, 25).

또한 하나님은 선지자들을 통해 이스라엘의 타락을 경고하셨는데, 그들은 고아와 과부, 가난한 자들을 돕기는커녕 악을 행하였다.

"여호와께서 변론하러 일어나시며 백성들을 심판하려고 서시도다 여호와께서 자기 백성의 장로들과 고관들을 심문하러 오시니 포도원을 삼킨 자는 너희이며 가난한 자에게서 탈취한 물건이 너희의 집에 있도다 어찌하여 너희가 내 백성을 짓밟으며 가난한 자의 얼굴에 맷돌질하느냐

주 만군의 여호와 내가 말하였느니라 하시도다"(사 3:13-15).

"가난한 자를 불공평하게 판결하여 가난한 내 백성의 권리를 박탈하며 과부에게 토색하고 고아의 것을 약탈하는 자는 화 있을진저"(사 10:2).

아모스에 의하면 이스라엘의 법과 질서는 뇌물과 부자들의 권력 행사로 완전히 무너졌다.

가난한 사람들은 돈에 밀려 억울함을 당하기 일쑤였고 방백들은 신발 한 짝에 가난한 사람들을 팔았다. 의와 공의는 헌신짝처럼 버려졌고 돈이 가장 먼저였고 전부였다. 이스라엘 백성들은 가난한 사람들을 책임지기는커녕 그들을 억눌렀다(암 4:1, 5:11, 6:4-6).

그리고 가난한 자들에게 몹시 잔인했다. 지도자들은 스스로를 지킬 수 없는 가난하고 불쌍한 자들을 이용할 뿐이었다. 자신들의 욕망을 채우기 위해 압박과 강탈을 일삼고 빼앗은 것들로 향락에 빠졌다.

부자들은 가난한 자들의 눈물로 향락을 즐겼다. 가난한 자들의 삶은 더욱더 비참해졌으나 부자들은 한층 더 사치했다. 부자들은 "상아 상에 누우며 침상에서 기지개 켜며 양떼에서 어린 양과 우리에서 송아지를 잡아서 먹고"(암 6:4) 만족했다.

부자들은 자신과 이웃 사람들의 영혼의 평안함에는 전혀 마음을 두지 않았다. 오로지 자신의 쾌락이 목적이었다. 이스라엘의 타락은 무엇보다도 가난한 자와 억눌린 자의 고통에 관한 무관심이었다.

이와 같이 구약에는 고아와 과부, 이방인, 가난한 자들을 구제하고,

선을 베푸는 사회 봉사가 많이 나타나 있다. 뿐만 아니라 이런 자들에게 무관심하고 악을 행하는 큰 사회 불의가 가장 큰 죄악으로 경고를 받았다. 그리고 구제와 돌봄의 대상은 자기 민족만이 아니라 이방인도 포함되어 있었음을 볼 수 있다.

2. 신약에 나타난 봉사

예수님은 친히 병든 자를 고치시고 굶주린 자에게 먹을 것을 주시며 곤경에 처한 자를 사랑으로 도우셨다. 또한 우리에게 이웃을 사랑하고 어려운 사람을 동정하고 돕는 구제를 명령하셨다.

"너는 구제할 때에 오른손이 하는 것을 왼손이 모르게 하여 네 구제함을 은밀하게 하라 은밀한 중에 보시는 너의 아버지께서 갚으시리라"(마 6:3, 4).

예수께서는 구제를 의로운 행위로 규정하셨다(마 6:1). 또한 예수께서는 이 구제가 하나님 앞에 자기 보물을 쌓는 중요한 수단이라고 말씀하셨다.

"너희 소유를 팔아 구제하여 낡아지지 아니하는 배낭을 만들라 곧 하늘에 둔 바 다함이 없는 보물이니 거기는 도둑도 가까이 하는 일이 없고 좀도 먹는 일이 없느니라"(눅 12:33).

초대교회는 열심히 봉사하고 구제하는 교회였다. 곧 "각 사람의 필요를 따라 나눠"(행 2:45)주는 교회였다. 사도들은 처음에 설교와 기도하는 것 못지않게 봉사와 구제에도 힘을 기울였다(4:37). 후에 봉사와 구제의 분량과 범위가 너무 커져서 사도들이 그 일을 수행하기 어려워짐에 따라 집사를 세워서 봉사와 구제의 일을 하게 했다(6:1-6).

욥바에 다비다라 하는 여제자가 있었는데 그녀는 속옷과 겉옷을 지어 입을 것이 부족한 사람에게 주는 등 선행과 구제하는 일이 심히 많았다(9:36-43). 가이사랴에 주둔하고 있었던 백부장 고넬료도 백성을 많이 구제한 사람이었다(10:1, 2).

누가는 기도와 함께 동반되는 구제와 봉사는 하나님께 상달되고 하나님의 기억하신 바가 된다고 했다(4, 31절).

사도 바울은 전도하면서도 손으로 수고하여 약한 사람들을 도왔다.

"내가 아무의 은이나 금이나 의복을 탐하지 아니하였고 여러분이 아는 바와 같이 이 손으로 나와 내 동행들이 쓰는 것을 충당하여 범사에 여러분에게 모본을 보여준 바와 같이 수고하여 약한 사람들을 돕고 또 주 예수께서 친히 말씀하신 바 주는 것이 받는 것보다 복이 있다 하심을 기억하여야 할지니라"(행 20:33-35).

그리고 에베소 교회에 편지하면서 "돌이켜 가난한 자에게 구제할 수 있도록 자기 손으로 수고하여 선한 일을 하라"(엡 4:28)고 권면했다. 우리가 먹고 살기 위해서만 일할 것이 아니라 빈궁한 자에게 도움을 줄 수 있도록 자기 손으로 수고하라는 것이다. 이것이 우리가 노동하는 목적 중 하나이다.

히브리서 기자는 봉사와 구제를 하나님께서 기뻐하시는 제사로 간주했다.

"오직 선을 행함과 서로 나누어 주기를 잊지 말라 하나님은 이 같은 제사를 기뻐하시느니라"(히 13:16).

야고보도 고아와 과부를 그 환난 중에 돌아보는 봉사와 구제가 하나님께서 인정하시는 경건이라고 하였다(약 1:27). 그리고 헐벗고 일용할 양식이 없는 형제와 자매를 돕는 일이야말로 살아 있는 믿음이라고 말한다.

"내 형제들아 만일 사람이 믿음이 있노라 하고 행함이 없으면 무슨 유익이 있으리요 그 믿음이 능히 자기를 구원하겠느냐 만일 형제나 자매가 헐벗고 일용할 양식이 없는데 너희 중에 누구든지 그에게 이르되 평안히 가라, 덥게 하라, 배부르게 하라 하며 그 몸에 쓸 것을 주지 아니하면 무슨 유익이 있으리요 이와 같이 행함이 없는 믿음은 그 자체가 죽은 것이라"(약 2:14-17).

사랑의 사도인 요한도 형제의 궁핍함을 보고도 도와줄 마음을 닫으면, 즉 구제와 봉사의 기회가 생기는데도 그 기회를 저버리면 하나님의 사랑이 그 속에 거하지 않는다고 단정했다(요일 3:17).

이와 같이 신약에서도 이웃의 육체나 물질적 필요를 채워 주는 구제와 봉사의 모습을 많이 볼 수 있다. 신약성경은 구제와 봉사를 의로운 행위, 하나님께서 기뻐 받으시는 제사(예배), 하나님께서 인정하시는 경건, 노동의 목적, 살아 있는 믿음, 하나님의 사랑이 그 속에 있다는 증거라고 말하고 있다.

3. 사회 봉사를 위한 전제 조건

우리는 "선한 사마리아인의 비유"(눅 10:25-37)에서 교회가 어떻게 이웃(사회)을 구체적으로 섬길 수 있는가를 배우게 된다.

이 비유는 이렇게 시작된다. 한 율법사가 묻기를 "선생님 내가 무엇을 하여야 영생을 얻으리이까"(25절) 하였다. 예수께서는 "율법에 무엇이라 기록되었으며 네가 어떻게 읽느냐"(26절)라고 반문하셨다. 율법을 조목조목 암송하고 그 해석을 전문으로 하는 율법사는 서슴없이 대답하였다. "네 마음을 다하며 목숨을 다하며 힘을 다하며 뜻을 다하여 주 너의 하나님을 사랑하고 또한 네 이웃을 네 자신같이 사랑하라 하였나이다"(27절). 예수께서는 짧막하게 다시 말씀하셨다. "네 대답이 옳도다 이를 행하라 그러면 살리라"(28절). 율법사는 다시 질문을 던졌다. "내 이웃이 누구니이까"(29절). 율법사의 구체적인 이 질문에 대하여 예수님은 선한 사마리아인의 비유로 대답하셨다.

어떤 사람이 예루살렘에서 여리고로 내려가다가 강도를 만나 거의 죽게 될 지경까지 이르렀다. 그때 마침 그곳을 지나가던 제사장이 그를 보고 피하여 지나갔다. 조금 후에 레위인이 그곳을 지나가다가 그를 보자 그 역시 피하여 갔다. 그런데 어떤 사마리아인은 그곳을 지나가다가 강도 만난 자를 보고 불쌍히 여겨 가까이 가서 기름과 포도주를 그 상처에 붓고 싸매어 주고 자기 짐승에 태워 주막으로 데리고 가서 돌보아 주고 이튿날 주막 주인에게 두 데나리온을 주면서 그를 보살펴 달라고 부탁하였다.

"네 생각에는 이 세 사람 중에 누가 강도 만난 자의 이웃이 되겠느냐"(36절). "자비를 베푼 자니이다"(37절). 이때 예수님은 핵심을 찔렀다. "가서 너도 이와 같이 하라"(37절).

이와 같이 교회와 그리스도인이 이웃에게 자비를 베푸는 봉사를 하기 위해서 반드시 필요한 것이 있다. 그것은 보는 눈과 불쌍히 여기는 마음과 돕는 손이다. 이 세 가지는 한마디로 사랑이며, 사랑의 구체적인 표현이다.

첫째로, 보는 눈이 있어야 한다. 이웃을 볼 수 있는 눈이 있어야 진정한 봉사는 시작된다. 이웃이 무엇을 필요로 하는지를 보지 못하기 때문에 교회가 봉사의 손을 뻗치지 못한다. 어쩌면 우리는 이웃의 불행이나 억울함을 애써 보려고 하지 않는지도 모른다. 강도 만나 피투성이가 된 채 신음하며 죽어 가는 이웃을 보고 그냥 지나갈 수 있는 사람은 이웃을 보는 눈을 감고 살아가는 사람이다. 선한 사마리아 사람은 강도 만난 사람을 보았다.

둘째로, 불쌍히 여기는 마음이 있어야 한다. 눈으로 보기는 하면서도 아무런 느낌이 없고 전혀 무관심한 사람들이 있다. 이것이 선한 사마리아 사람의 비유에서 제사장과 레위인이 비난받는 이유이다. 제사장과 레위인도 강도 만난 사람을 분명 보았다. 그러나 자기들과는 아무 관계가 없다고 생각하였다. 그래서 그대로 지나갔다. 부자와 나사로의 비유(눅 16:19-31)에서 부자가 비난받는 이유도 여기에 있다. 부자는 매우 훌륭한 옷을 입고 날마다 연회를 베풀며 지냈다. 나사로는 병들고 약한 데다가 굶주려서 이 부자 집 문밖에서 얻어먹으려 했다. 부자도 나사로의 그 비참한 꼴을 보기는 했다. 그러나 부자는 나사로가 자기와 아무 상관이 없다고 생각했다. 그래서 나사로에게 무관심했다. 이것이 또한 최후 심판에서 저주받은 사람들의 이유였다. 저주받은 사람들도 주린 사람들, 목마른 사람들, 헐벗은 사람들, 병든 사람들, 옥에 갇힌 사람들을 보기는 했다. 다만 그들을 "바로 내가 돌보아야 할 사람들"로 보지 않았을 뿐이다.

이웃에게 자비를 베풀려면 이웃의 불행과 궁핍을 보고 불쌍히 여기는 마음이 있어야 한다. 불쌍히 여기는 마음은 단순한 동정이나 값싼 동정을 의미하지 않는다. 불쌍히 여기는 마음이란 사람의 밑바닥에서 우러나오는 순수한 관심, 진실한 사랑에서 나오는 마음이다. 다른 사람의 아픔과 궁핍을 보고 가만히 있지 못하는 마음이다. 다른 사람의 딱한 사정을 보고 모른 체할 수 없는 마음이다.

셋째로, 돕는 손이 있어야 한다. 많은 사람들이 강도 만난 이웃의 곤경을 보고, 듣고, 불쌍히 여긴다. 그러나 거기서 끝나는 경우가 대부분이다. 돕는 손이 없으면 보고 동정한다는 것은 그다지 가치가 없을 것이다. 시간이 지나다 보면 마음이 무디어지고 본 것을 다 잊어버리고 만다. 그러나 사마리아 사람은 강도 만난 사람을 보고 불쌍히 여겼을 뿐만 아니라 가까이 가서 기름과 포도주를 그 상처에 붓고 싸매고 자기 짐승에 태워 주막으로 데리고 가서 돌보아 주었다. 그는 이 모든 행동을 하는 동안 한마디 말도 하지 않았다.

이웃에게 자비를 베풀며 사회를 섬기는 봉사는 화려한 말에 있는 것이 아니라 구체적인 행동에 있다. 구체적으로 돕는 손이 없는 말만의 봉사를 야고보는 아무런 가치가 없는 것이라고 강조했다(약 2:14-17). 또한 돕는 손을 뻗치려면 희생적인 대가를 지불해야 한다. 때로는 경제적인 희생이 따라야 하며, 때로는 시간적인 희생이 따라야 한다. 오늘날 우리 교회와 그리스도인의 사회 봉사 활동을 보면 너무나 값싼 위문 활동을 하는 경우가 많다. 선한 사마리아 사람과 같이 보는 눈, 불쌍히 여기는 마음, 돕는 손을 가지고 이웃과 사회, 국가와 인류를 사랑으로 섬기는 봉사자가 되어야 하겠다. 교회는 섬김과 봉사의 손을 가진 그리스도의 몸이다. 이를 명심하여 우리 교회는 사랑의 봉사자로서 예수님의 발자취를 따라가야 한다.

4. 봉사와 직원

여전히 이 땅에는 교회와 그리스도인들이 섬겨야 할 이웃들이 많이 있다. 예수께서 말씀하신 대로 가난한 자들은 항상 우리와 함께 있다(요 12:8). 굶주린 사람들, 목마른 사람들, 나그네들, 헐벗은 사람들, 병든 사람들, 옥에 갇힌 사람들, 고아와 과부들, 강도 만난 사람들, 장애인들 등등 육체적, 물질적 도움을 필요로 하는 사람들이 바로 우리 가까이에 있다. 직원은 교회의 사회 봉사에 적극 참여할 뿐 아니라 이런 모든 사람들을 도와줄 마음을 막아서는 안 될 것이다. 그러면 직원이 사회 봉사와 구제에 참여할 때 가져야 할 바람직한 자세는 무엇인가?

첫째, 은밀하게 해야 한다. 예수님은 심지어 오른손이 하는 것을 왼손이 모르게 은밀히 하라고 하셨다. 외식하는 자들처럼 사람에게 보이려고 나팔을 불지 말라고 하셨다.

둘째, 성실함으로 해야 한다. 바울은 구제하는 자는 성실함으로 하라고 했다(롬 12:8). 곧 아무 조건 없이 결과도 생각하지 말고 단순하게 하라는 것이다. 지금 곤경에 처한 그 자체 때문에 도와주어야 한다.

셋째, 지혜롭게 도와야 한다. 도움받기를 당연시하는 사람은 아무리 많이 받아도 만족이 없다. 결국에는 자립심이 없는 거지가 되어 버린다. 진정으로 대상을 위해서만 구제해야 한다.

넷째, 바로 그 즉시 해야 한다. 만일 우리가 누군가를 도와주고, 어떤 좋은 사업을 도와야 한다면 바로 그 즉시 실행해야 한다. 그것을 연기하다가는 아무런 선행도 베풀지 못한다.

다섯째, 있는 것으로 해야 한다. 베드로와 요한은 은과 금은 없었지만 그들이 소유한 나사렛 예수의 이름으로 앉은뱅이를 걷게 했다. 예수께서는 "냉수 한 그릇"을 가지고도 이웃을 섬길 수 있다고 하셨다. 우리의 작은 정성, 우리의 작은 관심이라도 그것을 필요로 하는 사람들은 얼마든지 우리 주변에 있다.

여섯째, 사랑으로 해야 한다. 우리의 봉사와 구제의 뿌리는 사랑이어야 하며, 그 열매도 역시 사랑이어야 한다. 사랑에 근거하지 않고 사랑을 목표로 하지 않으면 그 어떤 선행도 진정한 선행이라고 할 수 없다. 봉사는 직원이 마땅히 해야 할 일이기 때문에 그것이 자랑이 되거나 공로가 될 수 없는 것이다.

마지막으로, 겸손해야 한다. 예수님은 제자들의 발을 손수 씻어 주셨으며 그들의 발을 씻어 주시기 위해 자신을 스스로 낮추셨다. 마음을 한없이 낮추고, 자세를 낮추며, 무릎을 꿇지 않으면 봉사할 수 없다.

오늘날 교회와 그리스도인이 섬김과 봉사를 실천하려면 예수님의 모범을 따라 자세를 낮추고 허리를 굽혀야 한다. 교회의 문턱을 높이지 말고 오히려 낮추어야 한다.

6. 교회의 사명과 구조

사도행전에 기록된 초대교회를 보면, 오늘 우리가 성취해야 할 사명이 무엇이고, 그 사명을 효율적으로 성취하기 위해서 어떤 교회 구조가 필요한가를 알 수 있다. 우리 교회가 초대교회의 모범을 따른다면 사명 성취에 실패하지 않을 것이다. 초대교회는 성령의 인도에 따라 예수님의 목적을 실현시키기 위한 기능(사명)과 구조가 있었다(행 2:37-47, 4:32-37, 5:42, 6:1, 2).

초대교회	하나님을 위하여	예배	떡을 떼며 기도하고 하나님을 찬미하며	모이는 교회
	교회 자체를 위하여	교제	서로 교제하며	
		교육	사도의 가르침을 받아	
	세상을 위하여	전도	3,000명 구원	백성들
		봉사	각 사람의 필요에 따라 나눠 줌	

초대교회는 이 모든 기능을 수행했으며 모든 기능이 모여 한 덩어리를 이루고 있었다. 더욱이, 그들은 서로가 연합하여 이를 행했으며 실제에 있어서 결코 분열이 없었다. 오늘날 실패하는 교회들은 이들 기능 중 일부만을 강조하는 교회이다. 이 모든 기능들은 모든 교회에 적용되어야 한다. 각 교회가 이런 관점에서 사명을 성취해 간다면 교회는 분명히 영적이고 포괄적이며 균형 있고 결실 있는 교회가 될 것이다.

하나님께서는 우리 교회가 이 모든 사명을 성취하기를 원하신다. 교회가 이 모든 사명을 효과적으로 성취하려면 모이는 교회와 흩어지는 교회로서의 구조를 가져야 한다. 모이는 교회는 교회로 "오라"는 구조이고, 흩어지는 교회는 세상으로 "가라"는 구조이다. 교회는 이 두 가지 구조를 동시에 강조해야 한다. 사람들을 "오라"고 초대하여 하나님을 예배하고, 하나님의 자녀로서 형제와 사랑을 나누는 교제를 하며, 하나님의 말씀을 배우게 해야 한다. 또한 신자들을 "가라"고 파송하여 세상 안에서 복음을 증거하고 세상 사람을 섬기도록 해야 한다. 이것은 마치 군대의 전후방과 같다. 모이는 교회는 후방이고 흩어지는 교회는 전방과 같다. 전방에서 전투를 잘 하려면 후방에서 잘 후원해야 한다. 그러나 후방에서 아무리 잘 후원한다 할지라도 전방이 잘 무장되어 있지 못하면 그 군대는 전투에서 패할 수밖에 없다.

교회도 마찬가지다. 아무리 교회가 잘 모인다고 해도 나가서 일하지 않으면 그 교회는 약화될 수밖에 없다. 또 나가서 힘있게 일하려면 우선 모여서 잘 무장해야 한다. 예수님도 먼저 우리를 부르시고 다음에는 우리를 보내셨다. 예수님은 먼저 우리를 "오라"고 초대하신다. "수고하고 무거운 짐 진 자들아 다 내게로 오라 내가 너희를 쉬게 하리라"(마 11:28). 예수님은 "나를 따라오라"(4:19) 하고 제자들을 부르셨다. 그리고 그들을 자기와 함께 있게 하시면서(막 3:14) 가르치셨다. 뿐만 아니라 아버지의 약속하신 것(성령)을 기다리라고 하셨다(행 1:4). 그리고 예수님은 제자들을 무장시키셔서 세상 속으로 가라고 내보내셨다(마 10:5).

이제 예수님은 "가라"고 우리를 보내신다. 예수님은 "너희는 가서 모든 민족을 제자로"(28:19) 삼으라고 하신다. 예수님은 또 "아버지께서 나를 보내신 것같이 나도 너희를 보내노라"(요 20:21)고 하셨다. 이와 같이 교회가 예수님의 말씀을 따라 모이고(오라) 흩어지는(가라) 구조를 동시에 가질 때 교회의 내적, 외적 사명을 가장 효율적으로 성취할 수 있다.

4장.

교회의 성장

교회 성장은 하나님의 뜻이요 요구이다. 성경은 그리스도인 개개인 속의 새생명의 성장에 대해서(히 5:11-6:3)뿐만 아니라 그리스도의 몸된 교회의 성장에 대해서도(엡 4:11-13) 말하고 있다. 그런데 그리스도인 개개인(지체)의 성장은 교회(몸) 전체의 성장과 밀접하게 관련되어 있다. 사도 바울은 에베소 교회에 편지하면서 이 사실을 분명히 밝히고 있다.

"우리가 다 하나님의 아들을 믿는 것과 아는 일에 하나가 되어 온전한 사람을 이루어 그리스도의 장성한 분량이 충만한 데까지 이르리니 이는 우리가 이제부터 어린아이가 되지 아니하여 사람의 속임수와 간사한 유혹에 빠져 온갖 교훈의 풍조에 밀려 요동하지 않게 하려 함이라 오직 사랑 안에서 참된 것을 하여 범사에 그에게까지 자랄지라 그는 머리니 곧 그리스도라 그에게서 온몸이 각 마디를 통하여 도움을 받음으로 연결되고 결합되어 각 지체의 분량대로 역사하여 그 몸을 자라게 하며 사랑 안에서 스스로 세우느니라"(엡 4:13-16).

1. 초대교회의 성장

초대교회의 성장 과정을 기록한 사도행전은 교회 성장의 교과서라고 할 수 있다. 우리는 초대교회에서 교회 성장의 본보기를 발견하게 된다.

1. 내적이고 질적인 성장

초대교회는 내적으로 성숙해져 가는 교회였다. 초대교회 교인들은 믿음 안에서 성숙하여 더 좋은 교인들이 되었다. 새로 믿은 자들이 교회에 참여하기까지는 그리스도인으로서의 생활 훈련을 받았다. 사도행전을 기록한 누가는 이 훈련 과정을 다음과 같이 기록하고 있다.

① 사도들의 가르침을 받았다.
② 성도의 교제에 참여했다.
③ 기도하는 법을 배워 열심히 기도했다.
④ 사도들이 설교를 하거나 기적을 행하는 것을 지켜 보았다.
⑤ 물질 면에서 서로 책임을 느끼고 모든 것을 공동으로 소유했다.
⑥ 예배를 목적으로 매일 성전에 모였다.
⑦ 집에 모여서 함께 음식을 먹었다.
⑧ 하나님께서 자기들을 위해 하신 일에 대해 하나님을 찬미했다.

⑨ 예루살렘에 있는 사람들에게 선한 간증을 보여 칭송을 받았다(행 2:42-47 참조).

초대교회는 이런 훈련 과정을 통해 질적으로 성숙한 교회였다. 사도행전에는 그 증거가 여러 곳에 나타난다. 초대교회는 고난과 핍박에도 불구하고 하나님께 순종하며 복음을 전했으며(행 4:13-21) 교회 안에 불의를 용납하지 않았다(5:1-11). 뿐만 아니라 초대교회는 굳은 마음으로 주님께 붙어 있었으며 믿음이 더 굳어졌다(11:23, 16:5). 이와 같이 초대교회는 내적으로, 질적으로 성장하는 교회였다.

2. 외적이고 양적인 성장

초대교회는 또한 더욱 수적으로 성장하는 교회였다. 그러나 초대교회에서 늘어난 교인의 수는 단순히 교회라는 울타리 안에 들어온 사람을 의미하지 않았다. 그들은 세례를 받은 사람들이며 구원받은 사람들이었다. 곧 그들은 그리스도의 제자들이었다. 그러므로 초대교회에서 양적인 성장을 말할 때에는 꼭 제자의 수가 많아졌다고 했다(행 6:1).

초대교회는 다락방에 모인 120명으로 시작해서(1:15) 오순절에 원래의 모임에 3천 명이 더하여졌다(2:41). 주님께서는 날마다 구원받은 사람들의 수효를 더하셨다(47절). 사도들의 설교를 들은 많은 사람들이 믿었으며 남자들의 수효가 5천 가량 되었다(4:4). 만일 여자들과 아이들의 수까지 합한다면 이제 초대교회는 엄청난 성장을 한 셈이다. 또 예루살렘의 초대교회에는 "남녀의 무리들"이라고 기록된 더 많은 신자들이 계속해서 더하여졌다(5:14).

하나님의 말씀은 계속해서 전파되었고 제자들의 수효는 계속해서 "더 심히 많아지고 허다한 제사장의 무리도 이 도에 복종"하였다(6:1, 7). 이와 같이 초대교회는 수적으로도 날마다 성장하는 교회였음을 알 수 있다.

3. 확장 성장

초대교회는 지리적으로도 널리 확장되어 그 결과로 여러 지역에 교회가 세워지게 되었다. "성령이 너희에게 임하시면 너희가 권능을 받고 예루살렘과 온 유대와 사마리아와 땅 끝까지 이르러 내 증인이 되리라 하시니라"(행 1:8)는 주님의 약속은 성취되었다.

사도행전 8장에 가면 예루살렘에 있는 교회에 큰 핍박이 나서 사도 외에는 다 유대와 사마리아 모든 땅으로 흩어졌다는 사실을 보게 된다. 그 흩어진 사람들이 두루 다니며 복음을 전하였다(1, 4절). 빌립은 사마리아로 가서 그리스도를 전하였고 그로 인하여 많은 사람들이 믿었고 남녀가 다 세례를 받았다(12절). 그는 또한 에티오피아 내시에게 복음을 전했다(26-39절). 이것은 복음이 아프리카에서도 전파되게 된 계기가 되었을 것이다. 사도 바울은 다메섹에서 복음을 전했다(9:19, 20). 사도행전 9장에서 우리는 유대와 갈릴리와 사마리아 전역에 걸쳐서 교회가 세워지고 교회가 계속해서 증가하였다는 말씀을 대하게 된다.

"그리하여 온 유대와 갈릴리와 사마리아 교회가 평안하여 든든히 서 가고 주를 경외함과 성령의 위로로 진행하여 수가 더 많아지니라"(행 9:31).

계속해서 복음은 베니게, 구브로, 안디옥에 전파되었다(11:19-26). 안디옥 교회는 바나바와 바울을 구브로에 보내어 복음을 전파하게 하였다. 또 복음은 이고니온의 도시 지역, 비시디아, 안디옥, 루스드라, 더베로 퍼져나갔고, 그곳에 교회가 세워졌다(14:21-23). "이에 여러 교회가 믿음이 더 굳건해지고 수가 날마다 늘어"(16:5)갔다.

이와 같이 초대교회는 교인들의 수만 날마다 증가한 것이 아니라 교회의 수효도 증가하였다. 계속해서 빌립보(16:33, 34), 베뢰아(17:12), 아덴(17:34), 고린도(18:8), 에베소(19:9), 로마(28:30, 31)에까지 복음은 전해졌고 교회는 세워졌다.

초대교회는 질적으로, 양적으로, 지리적으로 계속 성숙되고 성장되며 확장되어 나갔다. 이 모든 면의 성장은 동시에 함께 이루어졌다. 사실 이 세 측면의 성장은 나눌 수 없는 것이다. 초대교회의 성장은 계속적인 과정이었다는 점과 모든 신자들이 복음을 전파하는 일에 참여하였다는 점을 우리는 주목해야 한다.

초대교회의 성장 모습은 오늘 우리 교회의 성장에 있어서 귀감이 된다. 교회 성장에 관한 권위자인 버질 거버는 초대교회의 성장 과정을 다음 그림과 같이 정리했다.

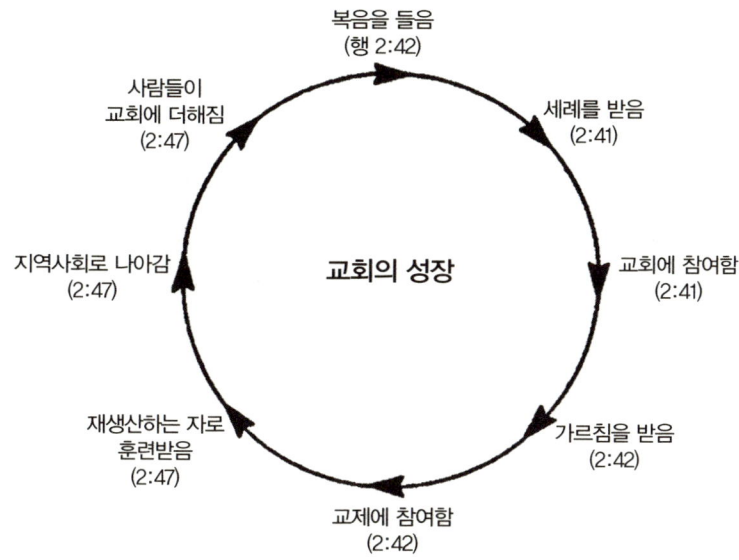

2. 성장하는 교회들

　신약성경에는 초대교회의 완전한 역사가 기록되어 있지 않고 그 중 몇 개의 교회만 그 이름이 나타나 있을 뿐이다. 몇몇 대표되는 교회들을 볼 때, 그들은 아주 불완전하고 잘못이 많았다는 사실을 알게 된다. 그러나 역사상 앞선 교회들의 장·단점을 살펴보는 것은 오늘날의 우리 교회에 유익이 될 것이다. 즉 장점을 본받고, 단점의 원인을 미리 알고 극복한다면 우리 교회가 보다 더 바람직한 교회의 모습을 갖출 수 있을 것이다. 여기서는 초대교회 중 우리 교회가 본받아야 할 몇몇 교회의 장점을 살펴보려고 한다. 이들은 모두 성장하는 교회였다.

1. 예루살렘 교회

예루살렘 교회는 가장 먼저 세워진 교회였을 뿐만 아니라, 유일한 교회로 나중에 세워지는 교회들은 예루살렘 교회를 본땄다. 예루살렘 교회는 모교회로 다른 교회를 지도했고(행 8:14, 11:22) 사도들의 지도 아래 성장이 매우 빨랐다. 마가의 다락방에 모였던 120명은 오순절 날에 3,000명이 넘는 숫자로 자랐다. 그 뒤에 교인의 수는 5,000명 이상으로 늘었고(4:4) 그 후에도 계속 성장하였다(5:14).

예루살렘 교회가 성장하게 된 요인을 우리는 사도행전에서 읽을 수 있다. 그것은 다음과 같다.

① 성령 충만(1:8).
② 마음을 같이함(1:14, 2:46).
③ 전혀 기도에 힘씀(1:14, 2:42).
④ 사도의 가르침을 받음(2:42).
⑤ 서로 교제함(2:42).
⑥ 떡을 뗌(2:42, 46).
⑦ 기사와 표적이 많이 나타남(2:43, 3:1-10).
⑧ 믿는 사람들이 유무 상통함(2:44, 45, 4:32-37).
⑨ 모이기를 힘씀(2:46).
⑩ 하나님을 찬미함(2:47).
⑪ 온 백성에게 칭송 받음(2:47).
⑫ 날마다 교육과 전도를 쉬지 않음(5:42).
⑬ 사람들의 전도 활동(8:4).

예루살렘 교회의 조직은 간단하여 초기에는 베드로를 중심으로 사도들의 직접 지도하에 있었다. 그러나 베드로가 전도여행을 떠난 뒤에는 교회의 지도권이 예수님의 형제인 야고보에게 인계되었으며, 교회가 성장함에 따라 집사직이 생기게 되었다(6:1).

2. 안디옥 교회

예루살렘 교회에 일어난 핍박으로 흩어진 사람들 중에 구레네와 구브로에 있던 사람들이 안디옥에 이르러 헬라인들에게 복음을 전하니 많은 사람들이 믿고 주께 돌아왔다. 여기에 안디옥 교회가 세워졌다. 예루살렘 교회는 바나바를 보내어 이 일을 조사하게 하였다. 바나바는 하나님의 은혜로 큰 일이 이루어졌음을 알고, 힘을 다하여 형제들을 권면하였다(행 11:23). 교회가 성장하자 바나바는 다소에 가서 사울(바울)을 데리고 왔다. 바나바와 사울의 협력으로 교회는 더욱 성장하였고 안디옥에서는 제자들이 처음으로 "그리스도인"(26절)이라 칭함을 받게 되었다. 안디옥 교회는 곧 예루살렘 교회를 능가할 만큼 성장하였다. 무엇이 안디옥 교회를 그렇게 만들었을까?

첫째, 안디옥 교회는 열심히 복음을 전하는 교회였다(11:19-21). 복음을 전하지 않는 교회가 어떻게 성장할 수 있겠는가? 활발한 복음 전도 운동으로 말미암아 수많은 사람이 믿고 주님께 나아왔으며 나중에는 선교사를 배출하는 교회가 되었다. 안디옥 교회의 지도자들에게 성령께서 말씀하셨다. "내가 불러 시키는 일을 위하여 바나바와 사울을 따로 세우라"(13:2). 그들은 곧 이 말씀에 순종하였다. "이에 금식하며 기도하고 두 사람에게 안수하여 보내니라"(3절). 그리하여 온 로마 제국에 복음을 전파하는 선교 사업이 시작되었다.

둘째, 안디옥 교회는 가르치는 교회였다(11:25, 26). 바나바와 사울은 많은 사람들을 가르쳤는데 이것은 예루살렘 교회에서도 마찬가지였다(2:42). 드디어 그들은 참된 "그리스도인"이 되었다(11:26).

셋째, 안디옥 교회는 자선을 베푼 교회였다. 예루살렘 형제들 가운데 어려움을 당하는 사람들이 있다는 소식을 듣고, 그들은 곧 도움을 보냈다. "제자들이 각각 그 힘대로 유대에 사는 형제들에게 부조를 보내기로 작정하고 이를 실행하여 바나바와 사울의 손으로 장로들에게 보내니라"(11:29, 30).

넷째, 안디옥 교회는 훌륭한 지도자를 가지고 있었다. 안디옥 교회의 지도자는 바나바였는데, 그는 착한 사람이며 성령과 믿음이 충만한 사람이었다. 그는 또한 관대하여 사울과 잘 협력하였다(11:24-26).

이와 같은 특징 때문에 안디옥 교회는 계속 성장하여 이방 선교의 중심지가 되었다.

3. 데살로니가 교회

데살로니가 교회는 바울의 두 번째 전도여행 중 세워진 교회였다. 이 교회 안에는 "경건한 헬라인의 큰 무리와 적지 않은 귀부인"(17:4)도 있었다. 바울은 데살로니가 교회가 믿음, 소망, 사랑이 충만한 교회라고 칭찬하였다. "너희의 믿음의 역사와 사랑의 수고와 우리 주 예수 그리스도에 대한 소망의 인내를 우리 하나님 아버지 앞에서 끊임없이 기억함이니"(살전 1:3; 살후 1:3, 4 참조).

첫째, 데살로니가 교회에는 믿음의 역사가 있었다. 그들은 믿음으로 일했다. 채찍이 무서워 일하는 사람이 있다. 보수를 목적으로 일하는 사람도 있다. 엄격한 의무감에서 일하는 사람도 있다. 그러나 믿음으로 고취되어 일하는 사람이 있다. 참된 헌신의 표식은 힘든 일을 영광으로 생각하고 하나님을 위하여 믿음으로 일하는 것이다.

둘째, 데살로니가 교회에는 사랑의 수고가 있었다. 그들은 사랑하기 때문에 온 힘을 다해 수고했다. 사랑은 희생을 마다하지 않고 수고하게 한다. 한 소녀가 드레스에 수를 놓고 있었다. 어떤 이가 그녀에게 물었다. "너는 끝없이 계속되는 그 일이 싫증나고 피곤하지 않느냐?", "아니요. 이것은 저의 웨딩 드레스예요." 하고 그 소녀는 대답했다. 사랑의 수고는 언제나 영광을 포함하고 있다.

셋째, 데살로니가 교회에는 소망의 인내가 있었다. 그들은 소망 가운데서 오래 참았다. 사람은 소망을 가지고 있는 한 모든 것을 인내할 수 있다. 왜냐하면 그때 사람은 밤이 아니고 새벽을 향하여 걷고 있기 때문이다. 데살로니가 교회는 주님의 재림을 대망하고 있었다. 이런 소망 가운데서 그들은 견딜 수 없는 일까지도 참고 인내했다. 특히 여기에서 인내란 마지못해 견뎌 내는 것이 아니라 적극적으로 어려움과 싸워 이겨 내는 것을 말한다. 데살로니가 교회는 믿음의 역사, 사랑의 수고, 소망의 인내가 있었다. 그 결과로 모든 자들의 본이 되었으며, 복음이 데살로니가에서 마게도냐와 각 처에 퍼지게 되었다(살전 1:7, 8)

4. 로마 교회

로마 교회는 언제 누구에 의해 세워졌는지 확실히 알 수가 없다. 아무튼 그 당시 세계의 수도라고 할 수 있는 로마에 위치한 교회는 모든 교회들 가운데 월등한 위치를 차지하고 있었다. 로마는 바울이 방문하기 훨씬 이전에 교회가 세워져 있었다. 바울은 로마 교회의 성장에 크게 기여했다. 그는 기독교 교리를 잘 정리하여 로마 교회에 보냈으며 로마 옥중에 있을 때 로마 교회와 밀접한 연락을 취하여 많은 심령들을 주 앞으로 이끌었다.

로마 교회는 여러 가지 면에서 위대한 교회였다. 바울은 이 로마 교회를 크게 칭찬하였다.

"먼저 내가 예수 그리스도로 말미암아 너희 모든 사람에 관하여 내 하나님께 감사함은 너희 믿음이 온 세상에 전파됨이로다"(롬 1:8).

"내 형제들아 너희가 스스로 선함이 가득하고 모든 지식이 차서 능히 서로 권하는 자임을 나도 확신하노라"(15:14).

이와 같이 초대교회들은 성장하는 교회였다. 그런데 여기서 한 가지 반드시 짚고 넘어가야 할 사실이 있다. 그것은 초대교회에는 끊임없이 수많은 핍박이 있었다는 사실이다. 초대교회는 유대인과 이방인 양쪽으로부터 핍박을 받았다. 유대인들이 그리스도인들을 미워한 것은 그리스도인들이 조상 때의 신앙을 버리고 변절했다고 생각했기 때문이다. 유대인들의 핍박은 베드로와 요한을 매질하여 옥에 가둠으로써 시작되어 이어 스데반을 돌로 쳐 순교하게 하였다. 사울이 지휘를 하게 되자 핍박은 온 천하에 퍼지게 되었다. 사울이 그리스도인이 되고 예수 그리스도의 사도가 되었을 때는 그가 유대인으로부터 많은 핍박을 받았다(고후 11:24-27).

또한 로마 제국은 교회를 불법 단체로 간주하였으며, 로마 제국의 종교를 받아들이지 않고 가이사(로마 황제)를 숭배하지 않는다고 그리스도인들을 핍박하였다. 그리스도인들은 매를 맞고, 옥에 갇히고, 돌에 맞았으며, 화형을 당하기도 하고, 사나운 짐승들 앞에 내던짐을 당하기도 했으며, 십자가에 달리기도 했다. 그러나 그러한 핍박에도 불구하고 복음은 자꾸 퍼져만 갔고, 교회는 계속 성장하였다. 초대교회는 같은 믿음으로 한 덩어리가 되어 있었으며, 그 믿음을 위해서라면 언제라도 기꺼이 죽을 수 있었다.

순교자의 피가 교회의 씨앗이란 말이 있다. 참으로 초대교회는 순교자들의 피 위에 세워졌고 성장하였다. 오늘날 우리 교회도 성장하려면 반드시 온 교회의 피와 땀과 눈물이 그 어떤 것보다 먼저 필요함을 알 수 있다. 초대교회를 대표하는 성장한 교회들의 여러 가지 특징을 배울 뿐 아니라 교회 성장을 위해 희생하겠다는 각오가 교회의 모든 직원들에게 절실히 요구된다.

3. 성장하는 교회의 특징

하나님은 개개인으로서의 우리가 교회 성장을 원하는 것 이상으로 교회가 성장하기를 원하신다. 그리고 결국 교회를 성장하게 하시는 이는 하나님이시다. 사도 바울은 "나는 심었고 아볼로는 물을 주었으되 오직 하나님께서 자라나게 하셨나니"(고전 3:6)라고 했다. 바울은 심었다. 아볼로는 물을 주었다. 하나님은 자라게 하셨다. 교회는 하나님이 자라게 하시고 우리는 다만 하나님의 동역자로서 일하는 것이다(9절).

그런데 성장하는 교회에는 공통적으로 몇 가지 특징들이 있다. 이러한 특징은 성장하기를 원하는 교회가 주의 깊게 평가하고 적용해 볼 수 있다. 각 교회가 하나님의 말씀과 그 원리들을 신뢰하고 또 그 원리들을 적용하기만 하면 어떤 교회라도 성장할 수 있다.

하나님께서는 그의 말씀 가운데서 성장의 열쇠가 되는 것으로 여겨지는 많은 사실들을 이미 제시하셨다. 그러나 주의할 것은 모든 교회에 맞는 만병 통치약과 같은 성장 비결은 없다는 것이다. 각 교회는 자기 교회에 알맞은 성장 방안을 찾아야 할 것이다.

호킹(D. C. Hocking)은 교회 성장의 공통되는 특징들을 다음과 같이 제시하고 있다.

1. 올바른 목표와 목적

성장하는 교회들은 분명한 목표를 가지고 있다. 만일 교회가 아무것도 목표로 삼지 않는다면 그 교회는 성장할 수 없다. 우리는 "우리가 무엇을 하고자 시도해야 하는가?"라는 물음을 던져야 한다. 그리고 "왜 우리가 그것을 행해야 하는지", "우리가 그것을 어떻게 해야 하는지" 생각해 보아야 한다.

2. 경건한 지도력

양과 질 모든 면에서 성경적인 성장이 되려면 경건한 지도력이 있어야 한다. 하나님께서는 거듭하여 사람의 재능보다는 그 사람의 삶의 질을 강조하신다. 모든 방면에서 성장하는 교회들은 경건한 지도력을 강조하는 교회들이다. 지도자가 주님과 동행하지 않을 때 교회 성장은 방해를 받을 것이다. 진정한 지도자는 따를 만한 모범이 되어야 한다(히 13:7, 17).

3. 제자 됨과 훈련

성장하는 모든 교회들은 교인들이 사역을 할 수 있도록 훈련시켜야 한다는 것을 인식하고 있다. 교인들은 개발되고 훈련되어야만 한다. 교회가 성장하려면 교인들도 생산 능력을 갖게 하는 가르침과 훈련의 프로그램이 있어야만 한다.

4. 성경적 가르침과 설교

교회 성장의 참된 중심에는 성경적 가르침과 설교가 있어야 한다. 수적으로뿐만 아니라 영적으로도 성장하고 또한 성경적으로 성장하기를 원하는 교회들은 성경적 설교와 가르침이라는 기본 요소를 결코 소홀히 해서는 안 된다.

5. 사역하는 교인

성장하는 교회는 단지 목회자만이 아니라 교인들도 일하는 교회이다. 모든 신자가 사역자가 되도록 해야 한다. 몸된 교회의 모든 지체는 각기 해야 할 일이 있다.

6. 성장하려는 욕망

목회자와 교인들은 질과 양 모두 성장하려는 강한 욕망이 있어야만 한다. 자기 교회가 처한 특별한 상황에서도 성장은 이루어질 수 있다는 믿음을 하나님께 두어야만 한다. 만일 교인들이 비전을 갖지 않고 교회가 성장할 수 있다는 믿음을 갖지 않는다면 성장은 좀처럼 어려울 것이다.

7. 사랑의 정신

성장하는 대부분의 교회들은 교인들 가운데 강력한 돌보는 정신과 현저한 사랑의 증거가 있다. 사람들이 성장하는 교회에 들어오게 되면 그들은 그 교회 구성원 가운데 교류되는 따뜻함과 사랑을 느낀다. 분열과 시기만 있고 사랑의 증거가 별로 없는 교회는 성장하기 어렵다.

8. 가족에 대한 강력한 지원

성장하는 교회들은 가족 성원들을 서로 갈라놓는 프로그램과 사역들을 강조하지 않는다. 성장하는 교회들은 가족에 대한 사역을 한다. 교회는 가정생활에 대해 끊임없이 가르쳐야 한다. 교회가 크게 성장하려면 강한 유대가 이루어진 가정을 세우는 데 전념해야 한다.

9. 변화에 대한 수용 자세

성장하는 교회에서는 변화가 일상적인 것이어야 한다. 우리는 변화하는 것을 배워야만 한다. 형식들은 거룩하지 않다. 방법들은 항구적일 수 없다. 우리는 흔히 진정한 것이 아닌 것들을 합리화하려고 애쓴다. 흔히 전통이 진리를 대신한다. 만일 교회가 크게 성장하려면 교인들의 변화를 요구하기 위하여 변화해야만 할 것이다.

10. 신앙과 비전

비전은 성장을 위해 필요하다. 목회자들과 교회의 지도자들은 계속해서 앞을 내다보아야 한다. 그들은 자신들이 현재 있는 지점에서 5년 내지 10년을 내다 보고 계획을 세워야만 한다. 또한 하나님에 대한 완전한 신앙을 소유해야 한다. 오직 하나님만이 그 일을 행하실 수 있다는 신앙이 필요하다. 신앙과 비전이 적용될 때는 언제나 모험의 요소가 있다. 우리는 "환상적", "비현실적"이 되어서는 안 되지만 또한 "해오던 식"으로 해서도 안 된다.

11. 기쁘게 주는 정신

성장하는 교회의 교인들은 주는 일과 하나님의 사업을 지원하는 일에 주저하지 않는다. 그들은 주님의 사업을 지원하는 데에서 큰 기쁨을 느낀다. 사람들은 적절한 동기가 있다면 주는 일을 좋아한다.

12. 하나님 찬양에 대한 강조

성장하는 교회에서는 하나님을 찬양하고 그에게 영광을 돌리는 일이 끊임없이 강조된다. 이러한 교회 가운데는 기도, 간증, 설교, 가르침, 찬양을 통한 기쁨이 있다. 이런 교회에는 하나님이 누구시며, 또 그가 무슨 일을 행하셨는가에 대한 계속적인 찬양이 있다. 반대로 성장하지 않는 교회에는 부정적인 정신이 만연되어 있다.

13. 사람들과 접촉하려는 강렬한 욕망

성장하는 교회들은 가능한 한 예수 그리스도의 복음을 가지고 많은 사람들과 접촉하려는 욕망으로 가득 차 있다. 그런 교회들은 주님의 재림의 임박성을 느끼며 주님이 친히 다시 오시기 전에 할 수 있는 대로 많은 사람들에게 예수 그리스도를 전하기를 열망한다. 성장하지 않는 교회들은 우리가 돌보기에 적당한 교인들을 확보하고 있다고 생각한다. 그들은 하나님을 제한하고 자신들을 제한한다. 그들은 원하기만 한다면 접근할 수 있는 사람들에게 그들의 문을 닫아 놓는다.

14. 하나님에 대한 계속적인 의존

성장하는 교회들은 말씀 연구와 기도를 통해서 하나님께 전적으로 의존할 것을 강조한다. 성장하는 교회들은 하나님과 그 능력을 전적으로 의지한다. 그들은 "하나님 없이는 아무것도 할 수 없다."라고 고백한다.

15. 교회의 일체성에 대한 강력한 강조

성장하는 교회들은 그리스도의 몸으로서의 연합에 힘써 그들의 몸의 일치와 친교를 강조한다. 사람들은 사랑으로 하나 되고 친교하는 모습을 보기 때문에 그 교회에 계속 출석하기를 원한다.

16. 조직의 단순성

성장하는 교회들은 그 기구와 조직이 더욱 단순해야만 한다. 성장하는 교회들은 수많은 조직 도표들, 더 많은 위원회와 부서들로 그들의 성장을 저해시키지 않는다. 성장하는 교회들 대부분은 간단한 조직을 가지고 있다. 성장하는 교회가 되려면 결단을 내리는 사람의 수효가 될 수 있는 대로 적어야만 하고, 결정을 내리는 과정에는 보다 적은 위원들이 결부되어야만 한다. 많은 사람들이 이런 말은 좋아하지 않을 수도 있다. 그러나 이것이 성장하는 교회들의 공통 요소이다.

17. 성장을 제약하는 장애들을 극복하는 능력

성장하는 교회들은 그 교회의 성장을 방해하고 제한하는 장애들을 조정하고 극복하는 능력을 가지고 있다. 이같이 할 수 있다는 것은 건강하고 힘찬 교회의 특징 가운데 하나이다.

18. 계속적인 배움의 정신

성장하는 교회들은 계속해서 배우고자 하는 열망을 가진 교회이다. 이런 교회 지도자들은 교회 성장에 대한 새로운 통일을 처리하는 새로운 방법들을 배우려고 애쓴다. 이들은 계속해서 연구하고 다른 모든 교회들로부터 배운다. 성장하지 않는 교회들은 자신들은 올 만큼 왔다고 느끼고 자기들은 다른 아무것도 배울 것이 없다고 느낀다.

19. 죄에 대한 저항

성장하는 교회들은 교회 안의 죄를 용납하지 않는다. 영적으로 성장하는 교회들은 죄와 세속적인 관습들과 타협하지 않는다. 교회가 크게 성장할수록 지도자가 경건한 생활을 영위하고 모든 사람들이 따를 만한 본을 보인다는 것이 더욱 중요하게 된다.

20. 필요에 대응하려는 욕망

성장하는 교회들은 필요 지향적이다. 그 교회 지도자들은 필요를 발견할 때 즉각적으로 그것에 대처하는 방법을 찾아낸다. 이런 교회 지도자들은 교인들의 필요가 모든 영역에 있어서 충족되도록 연구하고 계획하고 프로그램을 세운다. 그들은 지역 교회에 있어서 성장이 계속될 수 있도록 온갖 종류의 교인들의 필요를 충족시킬 수 있는 다양한 프로그램들이 있어야만 한다는 사실을 안다.

우리는 지금까지 성장하는 교회들의 공통되는 특징들을 찾아보았다. 그러나 중요한 것은 우리의 믿음과 마음이 교회 성장을 향하여 도전적이어야 한다는 사실이다. 모든 지역 교회가 성경적 성장을 본으로 따른다면 그 교회는 성장할 것이다.

제2부
직원은 누구인가?

1장. 교회의 직원
2장. 청지기로서의 직원
3장. 행정가로서의 직원
4장. 목회 동역자로서의 직원

1장.

교회의 직원

1. 교회 직분에 대한 성경적 배경

1. 직분의 필요성

오늘날 교회 안에는 여러 가지 직분들이 있다. 우리는 성경 속에서 직분들이 어떻게 출발되었는가 그 원리적 측면을 검토해 봄으로써 오늘날 교회의 직분을 바로 이해할 수 있다. 출애굽기 18장에서 우리는 광야교회(스데반은 광야 생활하는 이스라엘 백성을 가리켜 광야교회라고 했다〈행 7:38〉)에 최초로 생긴 직분을 보게 된다. 그 당시 이스라엘 백성들은 애굽에서 나와 광야에서 방황하고 있었다. 지도자인 모세는 혼자서 백성들의 재판을 해야 했다. 또 백성들은 재판을 받기 위해 아침부터 저녁까지 온 종일 줄을 서고 기다려야만 했다(14절). 백성을 재판하는 일이 너무 과중하여 모세와 백성들은 모두 기진맥진했다(18절). 뿐만 아니라 모세는 하나님 앞에서 백성의 대변자로서 그들의 문제를 하나님께 말씀드리고(19절) 백성들에게 율례와 법도를 가르쳐서 그들이 마땅히 갈 길과 할 일을 보여 주어야만 했다(20절). 이것이 지도자의 본연의 업무였다. 그러나 재판하는 일이 너무 과중하다 보니, 모세는 지도자로서 먼저 해야 할 일을 제대로 할 수가 없었다.

여기에 문제가 있었다. 장인 이드로가 와서 모세에게 이 문제 해결의 실마리를 조언해 주었다. 이드로는 "네가 하는 것이 옳지 못하도다"(17절)라고 말하고 모세에게 일의 우선순위를 정해 주었다(19, 20절). 모세에게는 재판하는 일보다 더 중요한 일이 있었다. 이드로는 모세에게 재판하는 일을 천부장, 백부장, 오십부장, 십부장의 직분을 세워 그들에게 위임하라고 했다. 큰 사건은 물론 모세가 직접 해야 하겠지만 작은 사건은 그들로 하여금 재판하게 하라는 것이었다. 이와 같이 일을 분담함으로 모세의 일은 가벼워지고 백성들도 평안하였다(출 18:22-23; 참조. 신 1:9-18).

또한 사도행전 6장에서 우리는 초대교회에 문제가 생겼을 때 그 문제 해결의 방법으로 직분이 생긴 경우를 보게 된다. 초대교회는 처음에 사도들이 교회의 모든 일을 도맡아 했다. 사도들이 말씀도 가르치고 구제도 했다. 그런데 교회가 점점 성장하면서 사도들의 업무량이 많아졌다. 이렇게 되니 사도들은 말씀을 전하는 일은 제쳐놓고 공궤를 일삼게 되었다. 게다가 헬라파 유대인들이 자기의 과부들이 매일 구제에 빠지므로 히브리파 사람들을 원망하는 문제가 발생했다. 사도들은 "우리가 하나님의 말씀을 제쳐 놓고 접대를 일삼는 것이 마땅하지 아니하니"(행 6:2)라고 했다. 그래서 교회에서 집사를 선택해 교회의 일을 분담하게 되었다. 사도들은 기도하는 것과 말씀 전하는 것에 전무하였고 공궤하는 일은 집사들이 맡게 되었다. 그 결과로 문제는 해결되고, 교회는 놀랍게 성장하였다.

2. 직분을 세우는 원리

신구약성경에서 직분의 성립 과정을 보면, 중요한 네 가지 원리가 있다.

첫째, 하나님께서는 사람을 통하여 일하신다는 원리이다. 물론 하나님은 우리의 도움 없이도 자신의 일을 하실 수 있다. 그러나 하나님은 성경의 역사나 기독교의 역사를 볼 때 그때그때 필요한 사람을 찾아 그를 통하여 일하셨음을 볼 수 있다. 하나님은 모세를 통하여 이스라엘 백성을 애굽에서 구원하셨고, 루터를 통하여 부패한 중세교회를 개혁하셨으며, 존 웨슬리를 통하여 타락한 영국 사회를 구원하셨다. 이와 같이 하나님은 자신의 동역자로 사람을 사용하신다(고전 3:9). 우리는 하나님께 의존한다. 그러나 하나님 또한 우리에게 의존하신다. 루터는 이것을 아름답게 표현했다. "하나님께서는 당신을 통하여 소의 젖을 짜게 하신다. 소에게는 많은 양의 젖이 있지만 누군가가 그것을 짜지 않으면 그것은 우리에게 아무런 도움도 되지 못한다."

예수님은 "내 아버지께서 이제까지 일하시니 나도 일한다"(요 5:17)라고 하셨다. 또 "때가 아직 낮이매 나를 보내신 이의 일을 우리가 하여야 하리라 밤이 오리니 그때는 아무도 일할 수 없느니라"(9:4)고 하셨다. 그러고는 무리들이 목자 없는 양과 같이 고생하며 유리방황하는 것을 보시고 불쌍히 여기셔서, 모든 성과 촌에 두루 다니시며 회당에서 가르치시고 천국 복음을 전파하시며 모든 병과 약한 것을 고치시는 일을 하셨다(마 9:35, 36).

곧 예수님은 다른 사람의 영혼과 육체를 구원하고 행복하게 하는 일을 하시고 이 일을 제자들에게 위임하셨다. 그리고 약속하시기를 "나를 믿는 자는 내가 하는 일을 그도 할 것이요 또한 그보다 큰 일도 하리니 이는 내가 아버지께로 감이라"(요 14:12)고 하셨다.

하나님은 지금도 동역자를 찾고 계신다. 이사야는 하나님께서 "내가 누구를 보내며 누가 우리를 위하여 갈꼬" 하실 때 "내가 여기 있나이다 나를 보내소서"(사 6:8)라고 응답했다.

예수님은 지금도 자신의 일을 계승할 일꾼을 찾고 계신다. 갈릴리 해변에서 베드로와 그 형제 안드레에게 "나를 따라오라 내가 너희를 사람을 낚는 어부가 되게 하리라"고 부르실 때 "그들이 곧 그물을 버려 두고 예수를" 따랐다(마 4:18-20).

지금 교회에는 그리고 이 세상에는 해야 할 일이 태산같이 많이 쌓여 있다. 그러기에 예수님은 "추수할 일꾼들을 보내 주소서"라고 기도하도록 하셨다(9:37, 38). 바로 하나님께서는 교회의 직원인 나를 통하여 지금 일하기를 원하신다.

둘째, 사람됨이 일보다 우선이라는 원리이다.

모세의 장인 이드로는 모세에게 천부장, 백부장, 오십부장, 십부장을 선택할 때 그들이 갖추어야 할 자격을 분명히 제시하였다. 이드로는 모세에게 "너는 또 온 백성 가운데서 능력 있는 사람들 곧 하나님을 두려워하며 진실하며 불의한 이익을 미워하는 자"(출 18:21; 참조. 신 1:13)를 빼서 백성 위에 세워 그들로 하여금 백성들을 재판하게 하라고 했다. 그들은 덕 있는 사람, 신앙 있는 사람, 진실한 사람, 청렴한 사람들이어야 했다.

또한 초대교회에서 사도들을 도와 구제하는 일을 맡길 집사를 선택할 때에도 그 자격이 명백히 제시되어 있다. 집사는 성령과 지혜와 믿음이 충만하고 칭찬 듣는 사람이어야 했다(행 6:3-5). 그들은 성령이 충만하여 하나님의 뜻대로 사는 사람, 믿음이 충만하여 모든 일을 하나님께 맡기는 사람, 지혜가 충만하여 일의 우선순위를 판단할 수 있는 사람, 그리고 칭찬 듣는 사람이어서 권위를 가지고 일을 추진할 수 있는 사람이어야 했다.

아무튼 하나님은 사람을 통하여 일하시되 영적으로 준비된 사람을 통하여 일하신다는 사실이 중요하다. 지금도 사람들은 그 사람이 가지고 있는 외적 조건을 보고 일을 맡기지만, 하나님은 그 중심이 하나님을 향하여 있는 사람에게 일을 맡기신다. 사무엘은 엘리압의 용모와 신장을 보고 기름을 부어 왕을 세우려고 하였다. 그러나 하나님께서는 "내가 보는 것은 사람과 같지 아니하니 사람은 외모를 보거니와 나 여호와는 중심을 보느니라"(삼상 16:7)고 단호하게 거절하셨다. 그러고는 사울의 뒤를 이을 왕으로서 다윗을 선택하셨다. 하나님은 "내가 이새의 아들 다윗을 만나니 내 마음에 맞는 사람이라 내 뜻을 다 이루리라"(행 13:22)고 흐뭇해하셨다.

사람됨이 좋을수록 하나님의 일은 더욱더 효과적으로 이루어지기 마련이다. 구원받고 나면 무엇을 하려고 생각한다. 또한 직원이 되고 나면 어떻게 하면 자기가 맡은 일을 보다 효과적으로 할 수 있을지 일의 방법을 생각한다. 우리는 보통 어떤 사람이 되어야 하는가를 묻기보다는 우리가 어떤 일을 해야 하는가를 묻는다. 그러나 하나님의 관심은 우리가 무엇을 하느냐보다 우선 어떤 사람이 되느냐에 집중되어 있다. 그렇지 않으면 모든 일이 빗나가고 만다. 일의 방법은 부차적인 것으로서 인격에서 흘러나오는 것이다.

예수님은 먼저 좋은 나무가 되어야 좋은 열매를 맺을 수 있다고 말씀하셨다(마 7:15-20). 열매를 많이 맺자는 이야기가 아니다. 먼저 좋은 나무가 되라는 것이다. 바울도 교회에서 권면, 위로, 교제, 긍휼, 자비를 베푸는 일 다 좋지만(빌 2:1-4) 먼저 겸손해야 한다고 했다(5-11절). 겸손하지 못한 사람이 이런 일을 하면 다툼이나 허영으로 하게 된다. 만일 교회에서 일을 강조하면 두 가지 위험에 직면하는데, 하나는 무엇을 해야 한다는 외적 공로나 업적을 내세우는 성취 중심으로 흐를 위험이고, 다른 하나는 눈에 보이는 표준을 향하여 일하게 되는 외형 중심으로 흐를 위험이다.

하나님은 지금도 하나님 앞에서 철저히 깨진 사람을 찾아 일을 맡기신다. 자아(Ego)와 계란(Egg), 이 둘은 쓰임을 받으려면 깨어져야 한다.

교회와 부엌에서는 그렇다. 겸손해야 하나님 앞에 쓰임받을 수 있다. 뿐만 아니라 하나님은 깨끗하지 않은 사람은 사용하실 수 없다. 교회에는 금그릇, 은그릇뿐 아니라 나무그릇, 질그릇도 필요하다. 그러나 깨끗하지 아니하면 사용될 수 없다. 그래서 바울은 디모데에게 "그러므로 누구든지 이런 것에서 자기를 깨끗하게 하면 귀히 쓰는 그릇이 되어 거룩하고 주인의 쓰심에 합당하며 모든 선한 일에 준비함이 되리라"(딤후 2:21)고 했다.

그러므로 교회 직원이 먼저 가져야 할 관심은 "내가 교회를 위하여 무엇을 어떻게 하느냐"가 아니라 "내가 어떻게 하나님 앞에서 겸손하고 거룩한 사람이 되느냐" 하는 것이어야 한다.

셋째, 일의 분담 원리, 곧 동역의 원리이다. 모세에게 편중된 업무를 천부장, 백부장, 오십부장, 십부장이 나누어 감당했다. 그들은 동역자로서 일했다. 혼자서 모든 일을 다하려고 해서는 안 된다. 그것은 결코 잘하는 일이 아니다. 초대교회에서는 사도들의 과중한 업무를 집사를 세워 분담했다. 아무리 능력 있는 사람이라도 혼자서는 모든 일을 잘할 수 없다. 함께해야 한다.

무디는 "한 사람이 열 사람의 일을 하는 것보다 열 사람으로 하여금 일하도록 하는 편이 낫다."라고 했다. 몸의 지체들은 각각 자기 고유의 기능이 있다. 그러나 연합하여 일함으로써 몸을 자라게 하는 것처럼, 교회에도 여러 가지 직분이 있지만 서로 연합하여 교회를 자라게 하는 것이다. 사도 바울은 이 아름다운 모습을 다음과 같이 표현했다.

"그(그리스도)에게서 온몸이 각 마디를 통하여 도움을 받음으로 연결되고 결합되어 각 지체의 분량대로 역사하여 그 몸(교회)을 자라게 하며 사랑 안에서 스스로 세우느니라"(엡 4:16).

교회의 일은 한 사람에게 너무 여러 가지 책임을 맡겨서도 안 된다. 또 한 사람에게 같은 직책을 너무 오래 맡겨서도 안 된다. 물론 규모가 작은 교회에서는 어쩔 수 없는 일인지 모르지만 규모가 큰 교회에서는 될 수 있는 대로 일꾼을 발굴하고 훈련해서 책임을 분담하는 것이 현명하다. 한 사람에게 너무 여러 가지 직책을 맡겨 놓으면 그 사람의 비중과 발언권이 너무 강력해지고 그 밖의 다른 사람은 너무 약화될 위험이 있다. 그리고 한 사람이 같은 직책을 너무 오래 맡으면 그 사람은 그 일에 익숙해지겠지만, 그 밖의 다른 사람은 그 일을 잘 모를 수밖에 없다. 두 가지 다 위험하다.

교회가 계속 이런 상태에 있으면 일의 편중으로 말미암아 한쪽에 불만이 생기고 그 결과로 불화가 조성되어 교회가 분열될 위험에까지 이르게 된다. 그러므로 교회의 모든 직원이 교회의 모든 일에 골고루 함께 참여하도록 해야 한다. 더 나아가서 교회의 직원은 바울이 말한 것처럼 "각각 자기 일을 돌볼 뿐더러 또한 각각 다른 사람들의 일을 돌보아"(빌 2:4) 주어야 한다.

넷째, 일의 우선순위 원리이다. 모세는 백성들을 재판하는 일보다 먼저 해야 할 일이 있었다. 그것은 하나님과 백성 사이에서 중보자로서 섬기는 일과 하나님의 법도를 가르치는 일이었다. 백성을 재판하는 것은 그 후의 일이었다.

사도들도 먼저 해야 할 일이 있었다. 그것은 기도하고 말씀을 전하는 일로 구제하는 것은 그 다음 일이었다. 오늘날 교회의 일도 먼저 해야 할 일이 있고 나중에 해도 좋은 일이 있으며, 보다 더 중요한 일이 있고 보다 덜 중요한 일이 있음을 명심해야 한다.

교회에는 우선적인 일도 있고 차선적인 일도 있다. 또 교회에는 본질적인 일도 있고 부차적인 일도 있다. 앞에서 이미 지적했지만 교회는 세상을 위해서 증인의 역할도 해야 하고 종의 역할도 해야 한다. 곧 복음 전도와 사회 봉사는 세상을 위해서 교회가 마땅히 해야 할 일이다. 사실 이 두 가지 일은 서로 분리할 수 없는 일이다. 그러나 우선순위를 따지자면 교회는 복음 전도하는 일을 최우선으로 해야 한다. 사회 봉사는 우선 복음을 듣고 구원받은 자들이 하는 일이다. 사회 봉사나 선행은 구원의 열매이지 구원을 얻기 위한 조건이 아니기 때문이다. "그가 우리를 대신하여 자신을 주심은 모든 불법에서 우리를 속량하시고 우리를 깨끗하게 하사 선한 일을 열심히 하는 자기 백성이 되게 하려 하심이라"(딛 2:14).

이웃 사랑은 하나님 사랑의 결과이다. 하나님 사랑이 먼저이고 이웃 사랑은 하나님 사랑의 열매인 것이다. 이와 같이 예배와 선행, 하나님 사랑과 이웃 사랑, 복음 전도와 사회 봉사는 교회가 동시에 함께 해야 할 일이다. 그러나 전자가 원인이라면 후자는 결과이다. 전자가 뿌리라면 후자는 열매이다. 그러므로 우선순위에 있어서는 언제나 전자가 후자보다 우선되어야 할 일이라고 할 수 있다. 그러므로 교회는 일의 우선순위에 따라 직분을 세워야 한다.

그렇다면 오늘날 교회에서는 말씀 사역이 우선이므로 목사, 교사, 구역 강사(장)가 먼저 세워져야 한다. 그리고 여기에 협력자로서의 다른 직분이 세워져야 한다.

2. 초대교회의 직분들

교회는 세상에서 일하는 그리스도의 몸이다. 몸이 자기의 기능을 감당하기 위해서 뼈대와 지체들을 가져야 하는 것처럼 교회가 세상에서 보다 더 효율적으로 일하려면 머리뿐만 아니라 손과 발도 필요하다. 몸으로서의 교회는 분명 살아 있는 유기체이며 동시에 하나의 조직이다. 영적인 단체로서의 교회는 유기적이고, 기능적인 기관으로서의 교회는 조직적이다. 그러나 조직은 그 자체가 결코 목적이 될 수 없으며, 조직 그 자체가 효율성을 보장하는 것도 아니다. 교회의 조직은 사명을 보다 더 잘 성취하기 위한 수단에 불과하다. 이것이 교회 조직에 있어서 중요한 핵심이다.

그리고 조직에는 반드시 직분이 따른다. 초대교회에는 교회의 사명을 완수하고 교회를 성장시키기에 유효한 여러 가지 직분들이 있었다.

"하나님이 교회 중에 몇을 세우셨으니 첫째는 사도요 둘째는 선지자요 셋째는 교사요 그 다음은 능력을 행하는 자요 그 다음은 병 고치는 은사와 서로 돕는 것과 다스리는 것과 각종 방언을 말하는 것이라 다 사도이겠느냐 다 선지자이겠느냐 다 교사이겠느냐 다 능력을 행하는 자이겠느냐 다 병 고치는 은사를 가진 자이겠느냐 다 방언을 말하는 자이겠느냐 다 통역하는 자이겠느냐"(고전 12:28-30).

"그가 어떤 사람은 사도로, 어떤 사람은 선지자로, 어떤 사람은 복음 전하는 자로, 어떤 사람은 목사와 교사로 삼으셨으니 이는 성도를 온전하게 하여 봉사의 일을 하게 하며 그리스도의 몸을 세우려 하심이라 우리가 다 하나님의 아들을 믿는 것과 아는 일에 하나가 되어 온전한 사람을 이루어 그리스도의 장성한 분량이 충만한 데까지 이르리니"(엡 4:11-13).

바울은 교회에 여러 종류의 직분을 주신 목적을 성도를 온전케 하는 것, 봉사의 일을 하게 하는 것, 그리스도의 몸을 세우는 것이라고 했다. 찰스 스윈돌 목사는 초대교회에 있었던 직분과 그 직분을 세우신 목적을 다음 그림으로 잘 표현하고 있다.

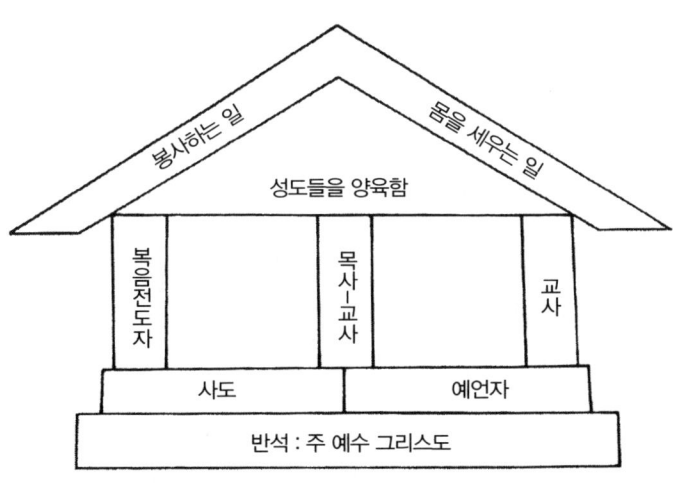

곧 하나님께서는 직분자들의 봉사를 통하여 그의 교회를 이끌어 가신다. 그리스도께서는 직분자들을 통하여 성도들을 준비시켜 섬기는 일을 하게 하고 그의 몸을 세워 나가신다. 그리스도께서는 그의 사역을 이루시기 위해서 교회 창설 초기에는 비상 직분을 세우셨고, 그 이후에는 통상 직분을 세우셨다.

1. 비상 직분

비상 직분은 그리스도께서 교회 창설 시대에만 세우셔서 교회를 섬기게 한 직분이다. 사도와 선지자와 전도자가 이 직분에 해당한다.

1. 사도

신약성경에서 "사도"라는 호칭은 원래 예수님의 열두 제자와 바울에게만 적용된다. 그러나 넓은 뜻으로 사도들의 사역을 돕고 사도적 은사를 받았던 바나바, 마가, 누가, 실라 같은 인물들에게도 적용이 되었다(행 14:4; 고전 9:5, 6; 고후 8:23; 갈 1:19). 원래 "사도"라는 말은 헬라어로 아포스톨로스(apostolos), 곧 "보냄을 받은 자"란 뜻을 가지고 있다. 사도들은 나아가서 일할 때 자신들의 이름으로 하지 않고 보내신 자 그리스도의 이름으로 일하였다(행 5:41, 42). 승천하신 그리스도께서는 처음에 그의 사역을 사도들을 통해 이루어 가셨다.

이 사도들은 특별한 자격을 가졌는데 직접 그리스도로부터 사명을 받았고(막 3:14; 눅 6:13; 갈 1:1), 그리스도의 부활의 증인들이었으며(요 15:27; 행 1:21, 22; 고전 9:1), 하나님의 영감을 받아 교회를 교훈하였고(행 15:18; 고전 2:13; 요일 5:9-12), 이적을 행할 권능을 가지고 있었다(고후 12:12; 히 2:4).

2. 선지자(예언자)

선지자들은 교회의 건덕을 위한 말씀의 은사를 받았던 사람들이다(행 11:27, 28, 13:1, 2; 고전 14:4; 엡 2:20; 딤전 1:8, 4:14). 그런데 이 선지자들의 교훈은 사도들의 교훈에 어떤 것을 더 첨가하는 것이 아니었고 사도들의 교훈을 확증함으로 그들을 돕는 데 있었다. 선지자들은 특별한 성령의 은사를 받았으며, 한 교회에 얽매이지 않고 전교회를 대상으로 활동하였다. 선지자들의 일차 과업은 하나님을 대신하여 타협이나 설명 없이 하나님의 진리를 선포하는 것이었다. 이들은 하나님의 진리를 대단한 확신을 가지고 신자와 불신자들 모두에게 선포하였다.

3. 복음 전도자

초대교회에는 빌립, 마가, 디모데, 디도와 같은 복음 전도자들이 있었다(행 21:8; 딤후 4:11; 몬 24절). 이들은 사도들의 동역자요 조력자들로서 특별한 사명을 띠고 사도들에 의해 파송되기도 했다. 이들은 불신자들에게 복음을 증거하고 그들을 예수 그리스도께로 인도하는 일을 효율적으로 감당했다. 이 복음 전도자들은 지역 교회에 한정되어 활동하지 않았으며, 사도들이 교회의 기초를 놓는 일에 참여하였다.

2. 통상 직분

통상 직분은 비상 직분이 사라진 다음에도 계속 교회 안에서 그의 사역을 이루시기 위해서 그리스도께서 세우신 직분들을 말한다. 초대교회에는 장로와 집사가 그 항존직에 속한다.

1. 목사, 장로, 감독

초대교회 시대에 목사와 장로와 감독은 하나의 동일한 직분이었다. 신약교회에는 장로들이 일찍부터 사도, 선지자, 복음 전하는 자들과 함께 교회 지도자로서 활동하고 있었다. 이 장로라는 호칭은 감독이라는 호칭과 함께 동의어로 사용되었는데 이 두 호칭은 성경 여러 곳에서 서로 교체되어 사용되고 있다(행 20:17; 딤전 5:17, 19; 딛 1:5, 7; 벧전 1:2).

장로(감독)는 원래 가르치는 직무를 맡은 교사가 아니었다. 그러나 시간이 지나면서 사도들이 죽고 선지자와 복음 전도자의 직분이 사라지면서 장로들 중에서 가르치는 은사를 받은 자들이 목사가 되어 가르쳤다(딤후 2:2; 딛 1:9). 나아가서 교회 내에 이단 세력이 나타나게 됨으로 바로 가르칠 뿐 아니라 사도의 교훈을 변증하고 옹호할 직분이 필요하게 되었다. 그래서 장로 중에 가르치는 은사를 받은 자를 따로 세워서 교회를 다스리는 일 외에 가르치는 일에 전념하게 했다(딤전 5:17; 엡 4:11). 결과적으로 초대교회에는 교회의 치리와 감독을 책임 진 장로와 말씀과 가르치는 일을 책임 진 장로가 있었다.

2. 집사

초대교회에는 장로 외에 집사 직분이 있었다(빌 1:1; 딤전 3:8, 10, 12). 집사 직분은 교회 설립 초기부터 긍휼과 자비를 베푸는 일을 하기 위하여 설정되었다(행 6:1-6). 집사들도 감독과 같이 동일한 높은 영적 자격을 구비한 사람이어야만 했던 사실은 의미심장한 일이다(딤전 3:13). 또한 집사들은 물질적인 면은 물론 교회의 영적인 사업에도 도움을 주고 있었다. 스데반과 빌립은 집사이며 지도적인 복음 전도자였다(행 6:10, 8:5).

교회 내의 항존 직분인 목사와 장로와 집사의 직분은 다만 교회의 머리 되시는 그리스도의 직분을 수종 들고 있는 것이다. 바빙크(H. Bavinck)는 교회의 직분에 대해서 다음과 같이 결론을 내렸다. "그리스도는 목사 직분을 통해서 가르치시고, 장로의 직분을 통해서 다스리시며, 집사의 직분을 통해서 그의 양무리를 돌보시는 바, 이 세 가지 직분을 통해서 그는 우리들의 최고의 선지자이시며 우리의 영원한 왕이시고, 우리들의 자비로운 대제사장이심을 보이신다."

3. 현대 교회의 직분들

초대교회 당시에는 교회의 조직이나 직분들이 교회마다 조금씩 달랐다. 교회의 조직이나 직분에 대해서 성경에는 특별한 규정이 없다. 물론 교회 직분에 대한 원칙에 있어서는 명확하지만 세부 사항에 들어가서는 그렇지가 못하다. 하나님께서는 교회의 조직과 직분에 있어서 어떤 융통성을 허락하신 것 같다. 그러므로 현대 교회는 다른 교회의 조직과 직분을 무시하거나 자기 교회의 그것을 뽐낼 권리가 전혀 없다. 교회의 조직이나 직분은 오직 교회의 사명이 방해를 받지 않고, 적절하고 질서 있게 수행되도록 되어 있으면 좋은 것이다.

사실 교회의 조직이나 직분, 정치 형태는 성경에서 그 원리를 찾아야 한다. 그러나 성경에 나타난 직분에 매달려 폐쇄적인 것이 되어서는 안 되며, 그 시대의 요청에 따라 성경의 정신으로 항상 개발되고 발전될 수 있도록 개방적인 것이 되어야 한다. 성경에 나타난 조직은 굉장히 유동적이어서 형편과 사정에 따라 자주 바뀌었다.

장로교(통합 측) 헌법에서는 교회의 직원을 항존직과 임시직으로 구분한다. 항존직은 장로, 집사, 권사이며, 장로에는 설교와 치리를 겸한 목사와 치리만 하는 장로가 있다. 임시직은 전도사와 서리 집사이고 그 시무 기간은 1년이다. 성결교 헌법에서는 교회의 직분을 교역자(목사, 전도사, 지방 전도사)와 교직자(장로, 권사, 집사)로 규정하고 있다.

현대 교회는 다양한 조직 형태와 직분들을 창안했는데 다 장단점이 있다. 그러나 무엇보다 현대 교회가 교회 조직이나 직분에 대해서 명심해야 할 몇 가지 중요한 사실이 있다.

첫째로, 교회의 직분은 교회에 속해 있는 것이지 교회가 그들에게 속해 있지 않다는 사실이다. 다시 말해서 교회의 조직이나 직분들이 교회를 위해서 있는 것이지 교회가 조직이나 직분을 위해 있지 않다는 것이다. 교회의 조직이나 직분은 결코 독립적인 권위가 아니다. 그것은 어디까지나 교회의 사명을 효율적으로 성취시키기 위한 것임을 명심해야 할 것이다. 즉 교회는 머리 되신 그리스도의 뜻을 이루기 위해서 교회를 조직하고 제도를 만들며 직분을 세우는 것이다.

둘째로, 새로운 조직이나 정치 형태, 그리고 새로운 직분을 고안하는 것이 현대 교회의 복잡성에서 생기는 문제 해결의 전부는 아니라는 사실이다. 신약에 나타난 교회들은 그 조직이나 직분이 단순하면서도 효율적이었다. 단순히 조직을 세밀히 하고, 직분들만 너절하게 확대시키는 것은 교회가 믿음과 은혜 대신 인간의 지혜만 의지하고 있다는 증거일지도 모른다. 그런데 유감스럽게도 오늘날의 교회는 사명을 증진시키기보다는 조직을 유지하고 직분을 세우는 데 더 많은 관심을 갖고 있는 것 같다. 현대 교회에는 교회의 사명 성취와 성장을 가로막고 약화시키는 부서와 위원회들이 너무 많다.

셋째로, 오히려 현대 교회의 조직이나 직분들이 성경의 표준으로 돌아가도록 해야 한다는 사실이다. 오늘 우리는 신약에 나타난 교회의 직분 이상의 어떤 추가 직분의 필요성을 느끼지 않는다. 다만 현대 교회가 필요로 하는 것은 현재 있는 직분들이 그 자격을 갖추도록 하는 일이다. 직분을 맡은 자들의 신앙과 생활에는 책망할 것이나 흠이 없어야 한다. 직분자들은 믿음과 성령과 지혜로 충만해야 한다. 뿐만 아니라 그리스도께서 하신 것과 같이 교회의 직분자들은 모든 사람의 종으로서 겸손히 섬기는 일을 해야만 한다. 만일 교회의 직분들이 이런 미덕을 갖추고 있지 못하다면, 아무리 현명하게 고안해 놓은 조직이나 제도라도 교회에 도움을 주지 못할 것이다.

4. 직원의 교회에 대한 자세

교회의 직원은 교회를 섬기도록 하나님께서 세우신 직분이다. 그러므로 직원이 교회의 부흥과 성장에 이바지하려면 교회에 대한 바른 자세를 가져야 한다. 교회의 모든 직원은 자기가 속한 지역 교회에 대해 언제나 이 교회는 하나님의 교회요, 우리 교회요, 내 교회라는 인식을 가져야 한다.

첫째, 이 교회는 "하나님"의 교회이다. 바울이 말한 것처럼 교회는 어디에 있든지 하나님의 교회이다. 그는 고린도 교회를 고린도에 있는 "하나님의 교회"(고전 1:2)라고 했다. 곧 교회는 "하나님의 것"이고 하나님께 속했다. 고린도 교회는 고린도의 교회가 아니다. 이와 같이 자기가 섬기는 교회를 하나님의 교회로 이해할 때, 교회를 통하여 하나님의 뜻이 이루어지도록 하나님께 순종하게 된다. 직원이 교회에서 자기 고집대로, 주장하는 자세로 일하는 것은 교회의 주인이 하나님이시라는 사실을 망각하기 때문이다.

둘째, 이 교회는 "우리" 교회이다. 교회는 어느 특정인의 것이 아니다. 교회는 나와 너를 합한 우리 모두의 교회이다. 이렇게 교회를 이해할 때 모두가 함께 협력하여 교회를 섬겨 나갈 수 있다. 다른 교인들에 대해 독선적이고 배타적인 경향이 농후한 것은 "우리" 교회라는 이해가 부족하기 때문이다.

셋째, 이 교회는 "내" 교회이다. 물론 교회의 궁극적 주인은 하나님이시지만 조직상으로 볼 때, 교회의 주인은 그 교회의 구성원, 즉 교인 개개인이기 때문에 교회를 "내" 교회로 이해해야 한다. 이렇게 교회를 이해할 때, 책임감을 가지고 교회를 받들어 섬길 수 있다. 이런 주인 의식이 없으면, 직원일지라도 이 교회 저 교회를 전전하다 신앙이 병들기 쉽다.

교회의 모든 직원은 자기가 속한 교회를 하나님의 교회, 우리 교회, 내 교회라고 인식할 뿐 아니라 사랑해야 한다. 예수님은 교회를 사랑하셔서 교회를 구속하시기 위해 죽으셨다(엡 5:25). 바울은 그리스도를 사랑했기 때문에 교회를 사랑했으며, 교회를 섬기는 일로 죽었다. 이와 같이 교회의 직원은 남편이 자기 아내를 자기 몸처럼 사랑하듯이 교회를 사랑해야만 교회를 섬길 수 있다.

2장.
청지기로서의 직원

모든 그리스도인은 하나님의 청지기로서 하나님께서 맡겨 주신 것을 잘 관리하고 선용해야 할 책임이 있다. 특별히 교회의 직원은 하나님의 집인 교회를 맡은 청지기이다. 바울은 "이 집은 살아 계신 하나님의 교회요 진리의 기둥과 터니라"(딤전 3:15)고 말했다. 청지기로서 디모데가 하나님의 집에서 어떻게 행해야 할 것인가를 교훈하기 위해서 편지를 써 보내는 것이라고 바울은 말했다.

바울은 자신을 포함한 모든 그리스도인들은 "그리스도의 일꾼(종)"인 동시에 "하나님의 비밀을 맡은 자(청지기)"라고 했다. 종은 청지기와 다르다. 종(노예)은 자기의 뜻이나 자유가 없어 주인의 뜻에 복종할 뿐이지만 청지기는 주인의 재산을 맡은 자로서 주인의 뜻에 맞게 관리하고 주인에게 유익하도록 관리할 책임이 있다.

그런데 모든 그리스도인은 한편 그리스도의 종이지만, 다른 한편 그리스도의 몸된 교회를 맡은 청지기이기도 하다. 그런 면에서 직원은 그리스도의 종인 동시에 청지기로서 그리스도의 몸된 교회를 섬기는 사람이라고 할 수 있다. 베드로는 "각각 은사를 받은 대로……선한 청지기같이 서로 봉사하라"(벧전 4:10)고 했다. 곧 교회의 직원은 하나님의 교회를 섬기는 교회의 봉사자이다.

1. 하나님의 청지기

"청지기"는 원래 "남의 가사를 돌보고 하인들을 감독하며 소작료를 징수하고 회계를 맡기기 위하여 고용된 사람"이다. 곧 청지기는 남의 재산을 맡아 주인의 지시대로 관리하는 사람을 가리키는 말이다. 영어로 청지기를 스튜어드(Steward)라고 하는데, 그것은 집사, 지배인, 접대원, 안내원, 회계원이라고 번역된다. 기독교의 용어로서 청지기란 지금 나에게 있는 모든 것은 나의 소유가 아니고 하나님께서 나에게 맡겨 주신 하나님의 소유임을 인정하고, 주인이신 하나님의 뜻에 따라 맡겨진 모든 것을 관리하는 사람을 말한다.

1. 주인이신 하나님

하나님이 온 우주와 만물을 창조하셨으며 온 우주와 만물의 주인은 하나님이시다. "태초에 하나님이 천지를 창조하시니라"(창 1:1)는 말씀은 하나님이 천지의 주인이심을 확증하고 있다. 시편 기자는 "땅과 거기에 충만한 것과 세계와 그 가운데에 사는 자들은 다 여호와의 것이로다"(시 24:1)라고 만물의 소유주가 하나님이심을 인정하였다.

구약성경은 처음부터 끝까지 하나님이 온 우주의 주인이심을 증거하고 있다.

"토지를 영구히 팔지 말 것은 토지는 다 내 것임이니라"(레 25:23).

"모든 영혼이 다 내게 속한지라 아버지의 영혼이 내게 속함같이 그의 아들의 영혼도 내게 속하였나니"(겔 18:4).

"삼림의 짐승들과 뭇 산의 가축이 다 내 것이며"(시 50:10).

"산들의 높은 곳도 그의 것이로다 바다도 그의 것이라 그가 만드셨고 육지도 그의 손이 지으셨도다"(시 95:4, 5).

"나는 내 큰 능력과 나의 쳐든 팔로 땅과 지상에 있는 사람과 짐승들을 만들고 내가 보기에 옳은 사람에게 그것을 주었노라"(렘 27:5).

"은도 내 것이요 금도 내 것이니라 만군의 여호와의 말이니라"(학 2:8).

신약성경도 계속해서 하나님의 주인 되심을 강조하고 있다. 인간에게 생명을 주신 분은 하나님이시다(마 6:25). 생명을 주신 하나님은 또한 그 생명을 유지하는 데 필요한 음식을 반드시 주신다.

2. 우리는 관리인

신구약성경은 이 모든 하나님의 것을 하나님께서 우리 인간들에게 다 맡겨 주심으로 우리를 그의 청지기, 곧 관리인으로 삼으셨음을 강조하고 있다. 온 우주와 만물을 창조하신 하나님께서는 맨 마지막에 자신의 형상대로 인간을 만드셨다. 그러고는 "하나님이 그들에게 복을 주시며 하나님이 그들에게 이르시되 생육하고 번성하여 땅에 충만하라, 땅을 정복하라, 바다의 물고기와 하늘의 새와 땅에 움직이는 모든 생물을 다스리라"(창 1:28)고 말씀하시면서 그 모든 것을 맡기셨다. 우리를 자연의 청지기로 삼으신 것이다. 뿐만 아니라 하나님은 우리에게 영혼, 시간, 재능, 은사, 복음, 몸된 교회까지 믿고 맡기시고는 관리하도록 하셨다. 우리는 이 모든 것을 맡은 하나님의 청지기이다.

2. 하나님을 위한 청지기

교회의 직원은 하나님의 청지기로서 주인이신 하나님을 "위해" 주인이신 하나님의 것을 관리하는 사람들이다. 직원이 하나님의 청지기로서 봉사할 때, 봉사의 대상은 바로 주인이신 하나님이심을 기억해야 한다. 그러므로 청지기로서의 직원은 봉사를 통해 자기의 영광이 아니라 하나님의 영광을 위하고, 자기의 이익이 아니라 하나님의 이익을 위하며, 자기의 이름이 아니라 하나님의 이름을 드러내고, 자기의 높아짐이 아니라 하나님의 높아짐을 위해 일해야 한다.

하나님의 청지기는 하나님에 의해 임명되었고 하나님을 위해 봉사하는 사람이다.

톨스토이 우화 가운데 이런 이야기가 있다. 어느 무더운 여름날, 개구리들이 조그마한 연못 속에서 헤엄을 치고 있었다. 그때 하늘 높이 날아가는 새를 본 개구리 한 마리가 좋은 생각을 해냈다. 개구리는 새에게 "내가 이 나뭇가지의 한쪽을 입으로 물 테니 다른 쪽을 네가 물고 한번 하늘 높이 날아 봐." 하고 부탁했다. 새가 나뭇가지를 물고 창공을 훨훨 날기 시작했다. 연못에서 그 광경을 부러운 듯 바라보던 다른 개구리들이 하늘을 나는 개구리에게 물었다. "누가 그렇게 좋은 생각을 했니?" 그리고 참으로 기발한 생각이라고 칭찬을 하였다. 이때 하늘을 날던 개구리가 참다 못하여 말했다. "누가 생각해 내기는 누가 생각해, 바로 '내가' 생각해 냈지." "내가" 생각해 냈다고 입을 벌리는 바람에 그만 개구리는 땅에 떨어져 버렸다.

이와 같이 직원이 하나님의 청지기로 봉사하면서 모든 영광을 하나님께 돌리지 않고 "내가" 했다고 자기의 공로나 업적을 내세워 하나님의 영광을 가로채기 시작하면 그는 여지없이 떨어지고 만다. 신학 용어로 타락하고 만다는 사실을 명심해야 한다.

교회의 직원이 청지기로서 봉사의 대상을 바로 인식할 때, 오직 주인이신 하나님의 영광을 위해서 일할 수 있을 뿐만 아니라 사람을 기쁘게 하는 자처럼 눈가림만 하지 않고(엡 6:5, 6) 성심성의껏 일할 수 있다. 바울은 "무슨 일을 하든지 마음을 다하여 주께 하듯 하고 사람에게 하듯 하지 말라"(골 3:23)고 했다. 또 "그런즉 너희가 먹든지 마시든지 무엇을 하든지 다 하나님의 영광을 위하여 하라"(고전 10:31)고 했다.

하나님께서는 항상 직원이 일하고 있는 그 자리에 임재해 계신다. 그리고 그 자리에서 영광받기를 원하신다. 악한 청지기는 자기만의 영광과 유익을 위하여 하나님이 맡겨 주신 것을 허비한다. 그러나 선한 청지기는 하나님의 영광과 유익을 위해서 하나님이 맡겨 주신 것을 선용한다. 곧 선한 청지기는 하나님을 "위한" 청지기이다. 선한 청지기는 언제든지 "주님의 것을 가지고 주님을 위하여"라는 정신으로 봉사한다.

3. 청지기의 정신

예수님은 "어리석은 부자"의 비유(눅 12:16-21)를 통해서 청지기의 정신을 가르쳐 주셨다.

한 부자가 있었다. 그는 밭에 소출이 풍성하자 자기를 위한 미래를 계획했다. 그는 "내가 곡식 쌓아 둘 곳이 없으니 어찌할까……내가 이렇게 하리라 내 곳간을 헐고 더 크게 짓고 내 모든 곡식과 물건을 거기 쌓아 두리라 또 내가 내 영혼에게 이르되 영혼아 여러 해 쓸 물건을 많이 쌓아 두었으니 평안히 쉬고 먹고 마시고 즐거워하자"(17-19절)라고 자신에게 말했다. 그러나 하나님께서 그를 향하여 어리석은 자라고 하셨다. "오늘밤에 네 영혼을 도로 찾으리니 그러면 네 준비한 것이 누구의 것이 되겠느냐"(20절)라고 반문하셨다. 예수께서는 "자기를 위하여 재물을 쌓아 두고 하나님께 대하여 부요하지 못한 자"(21절)가 어리석은 자라고 결론을 내리셨다.

여기 한 부자가 어리석은 이유는 무엇인가? 부자이기 때문인가? 그것은 결코 아니다. 그가 어리석었던 이유는 자기에게 있는 곳간, 곡식, 물건, 시간, 영혼이 자기 것이라고 생각한 데 있다. 이 모든 것들은 그에게 있었지만 그의 소유는 아니었다. 그는 여러 해 동안 살려고 계획했지만 하나님은 오늘밤에 그의 생을 마감하실 수 있다. 시간도 그의 것은 아니다. 그럼에도 불구하고 이 부자는 계속해서 자기의 소유권을 주장한다. 그는 짧은 구절에서 "내"라는 말을 계속 되풀이하고 있다. 여기에 이 부자의 어리석음이 있다. 주인은 하나님이시고, 다만 우리는 그의 청지기, 곧 관리인에 불과하다. 이것이 청지기 정신이다.

사실 청지기 정신은 직원의 봉사 생활에 있어서 가장 중대한 문제이다. 한 직원이 하나님께 얼마나 쓸모 있는 사람이 되느냐, 또 교회에 얼마나 공헌하는 사람이 되느냐 하는 것은 그의 청지기 정신에 달려 있다고 해도 과언이 아니다. 직원이 청지기로서 하나님의 소유권을 인정하게 될 때, 직원은 또한 하나님의 위탁권과 회수권, 사용권과 감사권을 인정하지 않을 수 없다. 주인이신 하나님께서는 자신의 뜻에 따라 자신의 것을 누구에게든지 맡길 수 있는 권리, 맡긴 것을 다시 회수할 수 있는 권리, 맡긴 것을 언제라도 자신의 일에 사용할 수 있는 권리, 맡긴 것에 대해 보고를 받고 감사 받을 수 있는 권리가 있는 것이다.

1. 하나님의 위탁권

위탁권은 주인이신 하나님께서 자신의 뜻에 따라 자신의 것을 맡기는 하나님의 주권 행위이다. 예수님은 "달란트 비유"(마 25:14-30)에서 "또 어떤 사람이 타국에 갈 때 그 종들을 불러 자기 소유를 맡김과 같으니 각각 그 재능대로 한 사람에게는 금 다섯 달란트를, 한 사람에게는 두 달란트를, 한 사람에게는 한 달란트를 주고 떠났더니"(14, 15절)라고 하나님의 위탁권을 분명히 밝히고 있다. 누구에게 몇 달란트를 맡길 것인가는 관리인의 능력에 근거해서 주인이신 하나님께서 정하신 것임을 알 수 있다. 하나님께서는 욥이 시험을 통하여 단련받고 난 후에는 그 전 소유보다 갑절이나 맡기셨다(욥 42:10, 12, 13).

우리는 청지기로서 하나님께서 많이 맡겨 주시는 것 때문에 교만에 사로잡혀서도 안 되고, 적게 맡겨 주신다고 불평해서도 안 된다. 위탁물이 많을 경우 더 무거운 책임감을 가지고 두렵고 떨림으로 관리하도록 해야 할 것이고, 위탁물이 적을 경우 열등감에 사로잡히거나 태만하여 소홀히 관리해서는 안 된다. 많건 적건 간에 당분간 하나님께서 나에게 맡겨 주셨다는 정신을 가지고 내가 맡아 가지고 있는 동안 그것들을 잘 선용하여 하나님께 이익을 남겨 드리도록 노력해야 한다.

2. 하나님의 회수권

청지기인 나에게 맡겨진 하나님의 소유는 언제라도 주인이신 하나님께서 필요하시면 다시 가져가실 수 있다고 인정하는 것이 청지기의 정신이다. 청지기는 위탁받은 것을 관리하는 동안 절대로 그 위탁물 자체를 의존하지 않으며, 또 어느 날 갑자기 그 위탁물을 회수당했을 경우에도 절대로 주인이신 하나님을 원망하지 않는다. 왜냐하면 주인이신 하나님께는 맡길 권리뿐만 아니라 도로 가져갈 권리도 있다는 사실을 알기 때문이다.

욥은 청지기 정신이 철저한 사람이었다. 우스 땅에 욥이라 이름하는 사람이 있었고, 그 사람은 순전하고 정직하여 하나님을 경외하며 악에서 떠난 자였다. 그는 슬하에 아들 일곱과 딸 셋을 두었다. 그 소유물은 양이 칠천, 약대가 삼천, 소가 오백 겨리, 암나귀가 오백이었고 종도 많았다. 그는 동방 사람 중에 가장 큰 부자였으나 사탄의 시험으로 하루아침에 모든 자녀와 재산을 잃어버렸다. 그러나 그는 범죄하지 않았다.

"욥이 일어나 겉옷을 찢고 머리털을 밀고 땅에 엎드려 예배하며 이르되 내가 모태에서 알몸으로 나왔사온즉 또한 알몸이 그리로 돌아가올지라 주신 이도 여호와시요 거두신 이도 여호와시오니 여호와의 이름이 찬송을 받으실지니이다 하고 이 모든 일에 욥이 범죄하지 아니하고 하나님을 향하여 원망하지 아니하니라"(욥 1:20-22).

3. 하나님의 사용권

주인이신 하나님은 언제라도 우리에게 맡긴 것을 사용하실 수 있는 권리가 있다. 하나님의 사용권을 인정하는 청지기는 위탁물을 결코 남용하지 않으며, 또 독점하려고 하지도 않는다. 주인의 요구에 따라 출납할 뿐이다. 청지기는 하나님께서 사용하시고자 하실 때 그의 위탁물을 내어놓아야 한다. 하나님께서 모세를 통하여 성소를 짓고자 하실 때, 이스라엘 백성들은 금, 은, 놋, 청색, 자색, 홍색실, 가는 베실, 염소털, 붉은물 들인 숫양의 가죽, 해달의 가죽, 조각목, 향품, 보석들을 즐거운 마음으로 내놓았다(출 25:1-9).

다윗은 하나님의 성전을 짓기 원하였으나 하나님께서는 허락하지 아니하시고 그의 아들 솔로몬으로 하여금 성전을 짓도록 하셨다. 그러나 다윗은 솔로몬이 성전을 짓도록 힘을 다하여 예비하였다. 백성들도 즐거이 전심으로 드렸고 다윗 자신도 기쁨으로 성전을 짓는 데 필요한 것을 드렸다. 다윗은 "내 마음이 내 하나님의 성전을 사모하므로 내가 사유한 금, 은으로 내 하나님의 성전을 위하여"(대상 29:3) 드렸다고 했다. 다윗은 하나님의 소유권을 인정하고 하나님의 전을 위하여 드리는 모든 것이 하나님께로부터 왔음을 고백하고 있다.

"나와 내 백성이 무엇이기에 이처럼 즐거운 마음으로 드릴 힘이 있었나이까 모든 것이 주께로 말미암았사오니 우리가 주의 손에서 받은 것으로 주께 드렸을 뿐이니이다 우리는 우리 조상들과 같이 주님 앞에서 이방 나그네와 거류민들이라 세상에 있는 날이 그림자 같아서 희망이 없나이다 우리 하나님 여호와여 우리가 주의 거룩한 이름을 위하여 성전을 건축하려고 미리 저축한 이 모든 물건이 다 주의 손에서 왔사오니 다 주의 것이니이다 나의 하나님이여 주께서 마음을 감찰하시고 정직을 기뻐하시는 줄을 내가 아나이다 내가 정직한 마음으로 이 모든 것을 즐거이 드렸사오며 이제 내가 또 여기 있는 주의 백성이 주께 자원하여 드리는 것을 보오니 심히 기쁘도소이다"(대상 29:14-17).

예루살렘에 입성하실 때, 예수께서는 제자들에게 맞은편 마을로 가서 매인 나귀 새끼를 끌고 오라고 하시며 누가 무슨 말을 하거든 "주께서 쓰시겠다" 하고 말하라고 말씀하셨다. 즉 예수님은 자신의 소유권과 사용권을 주장하신 것이다(마 21:1-11).

4. 하나님의 감사권

주인이신 하나님께서는 청지기에게 맡긴 모든 것들에 대해 관리의 책임을 물으신다. 청지기는 하나님 앞에서 회계할 날이 있음을 언제나 기억해야 한다. 어떤 부자에게 청지기가 있는데 그가 주인의 소유를 허비한다는 말이 들렸다. 주인은 "네가 보던 일을 셈하라 청지기 직무를 계속하지 못하리라"(눅 16:2)고 했다. 주인 앞에서 반드시 회계할 날이 있다. 주께서 맡기신 것을 어떻게 관리하였느냐에 따라 칭찬과 저주를 받게 될 것이다.

다섯 달란트와 두 달란트 받았던 종들은 그것을 열심히 관리하여 갑절로 남겼다. 주인은 "잘하였도다 착하고 충성된 종아 네가 적은 일에 충성하였으매 내가 많은 것을 네게 맡기리니 네 주인의 즐거움에 참여할지어다"(마 25:21, 23) 하고 칭찬하였다.

한 달란트 받은 종은 그것을 묻어 두었다가 한 달란트 그대로를 주인 앞에 내놓았다. 주인은 "악하고 게으른 종아 나는 심지 않은 데서 거두고 헤치지 않은 데서 모으는 줄로 네가 알았느냐 그러면 네가 마땅히 내 돈을 취하는 자들에게나 맡겼다가 내가 돌아와서 내 원금과 이자를 받게 하였을 것이니라 하고 그에게서 그 한 달란트를 빼앗아 열 달란트 가진 자에게 주라 무릇 있는 자는 받아 풍족하게 되고 없는 자는 그 있는 것까지 빼앗기리라 이 무익한 종을 바깥 어두운 데로 내쫓으라 거기서 슬피 울며 이를 갈리라"(26-30절)고 저주하였다. 이런 하나님의 감사권을 인정하며 사는 청지기는 날마다 오늘이 내 인생의 마지막 날이라는 의식을 가지고 살며, 하나님께서 맡겨 주신 것에 대해 최대한 충성을 다해 관리해야 한다.

교회 직원은 청지기의 정신을 가지고 살아야 하며 교회를 받들어 섬겨야 한다. 직원은 하나님께서 맡겨 주신 분량대로 최선을 다해야 한다. "무릇 많이 받은 자에게는 많이 요구할 것이요 많이 맡은 자에게는 많이 달라 할 것이니라"(눅 12:48). 열 달란트 받은 사람이 한 달란트 받은 사람이 할 수 있는 일에 만족하고 있다면 그는 하나님에 대한 그의 책임을 면하지 못할 것이다.

4. 청지기의 영역

교회의 직원은 하나님의 청지기로서 하나님께서 맡겨 주신 것을 관리하면서 그것으로 하나님과 하나님의 교회를 섬기는 사람이다. 나에게 있는 몸, 재능, 시간, 재물, 은사, 복음, 교회, 자연 등은 내 것이 아니고 궁극적으로 하나님 것이며 하나님께서 잠시 맡겨 주신 것이다. 그러므로 직원이 청지기로서 봉사할 때 그 봉사의 모든 재료는 이미 하나님께서 맡겨 주신 것이다.

그런 면에서 청지기로서 봉사하는 직원이 몸과 시간, 재물과 은사 등을 드려 하나님과 그의 교회를 섬길 때 선심 쓰듯 해서는 안 된다. 그 모든 봉사의 재료는 자기 것이 아니라 하나님이 주신 것이기 때문이다. 그리고 아무리 많이 봉사했다고 할지라도 자랑하거나 교만할 수 없다. 하나님의 것으로 봉사했기 때문이다.

1. 몸의 청지기

교회의 직원은 몸의 청지기로서 몸을 잘 관리하고, 몸을 드려 교회를 섬겨야 한다. 바울은 "너희 몸은 너희가 하나님께로부터 받은 바 너희 가운데 계신 성령의 전인 줄을 알지 못하느냐 너희는 너희 자신의 것이 아니라 값으로 산 것이 되었으니 그런즉 너희 몸으로 하나님께 영광을 돌리라"(고전 6:19, 20)고 했다.

1. 하나님께서 지어 주신 몸

우리의 사지백체는 다 하나님에 의해 지음받았으며, 우리는 수억의 세포와 수만의 머리털을 다 하나님께로부터 받았다. 시편 기자는 "여호와가 우리 하나님이신 줄 너희는 알지어다 그는 우리를 지으신 이요 우리는 그의 것이니 그의 백성이요 그의 기르시는 양이로다"(시 100:3)라고 하였다. 또 "주께서 내 내장을 지으시며 나의 모태에서 나를 만드셨나이다 내가 주께 감사하옴은 나를 지으심이 심히 기묘하심이라 주께서 하시는 일이 기이함을 내 영혼이 잘 아나이다"(139:13, 14)라고 하였다. 바울은 "너희 몸은 하나님께로부터 받은"(고전 6:19) 몸이라고 했다. 이와 같이 우리 몸은 우리 소유가 아니라 우리를 지으신 여호와 하나님의 것이다.

2. 값으로 산 몸

우리가 타락하여 죄를 짓게 되었을 때 우리는 죄의 노예가 되었다. 노예를 해방시키고자 하면 전 주인에게 노예의 값을 주고 그를 사서 해방시켜야 한다. 마찬가지로 하나님께서는 죄의 노예인 우리를 사시기 위해서 그의 아들 예수 그리스도로 하여금 십자가에서 우리 대신 피 흘려 죽게 하심으로 우리 죄에 대한 몸값을 치르셨다. 그러므로 우리는 이제 자유의 몸이 되었다. 우리가 죄로부터 자유한 몸이 되는 데에는 값비싼 대가가 지불되었다. 하나님께서는 우리를 죄에서 구원하시기 위해서 기꺼이 그 값을 지불하셨다. 바울은 고린도 교인들에게 너희는 값으로 산 것이 되었으니 너희의 것이 아니라고 했다(고전 6:20). 우리 몸은 하나님께서 피로 값 주고 사신 것이다.

"너희가 알거니와 너희 조상이 물려 준 헛된 행실에서 대속함을 받은 것은 은이나 금 같이 없어질 것으로 된 것이 아니요 오직 흠 없고 점 없는 어린 양 같은 그리스도의 보배로운 피로 된 것이니라"(벧전 1:18, 19).

그리스도께서 자기 보혈로 값주고 산 우리는 우리의 것이 아니라 그리스도의 것이다. 또한 값으로 산 몸, 곧 구원받은 우리 몸은 성령이 거하시는 성전이다(고전 6:19). 우리 몸을 성전이라고 하는 것은 우리 속에 성령이 거하시기 때문이다(요 14:16, 17). 바울은 "하나님의 성령이 너희 안에 계시는 것을 알지 못하느냐 누구든지 하나님의 성전을 더럽히면 하나님이 그 사람을 멸하시리라"(고전 3:16, 17)고 했다. 우리는 몸의 청지기로서 우리 몸을 더럽게 하거나 파괴해서는 안 된다.

3. 하나님께 드려야 할 몸

어떤 것을 내 것이 되게 하려면 두 가지 방법이 있다. 하나는 그것을 만드는 것이고, 다른 하나는 그것을 사는 것이다. 이 두 가지를 볼 때 우리 몸은 하나님의 것이다. 우리 몸은 하나님이 만드셨고, 또 하나님께서 값 주고 사셨기 때문이다. 우리는 단지 우리 몸의 청지기일 뿐이다. 우리는 몸의 청지기로서 우리 몸으로 하나님께 영광을 돌려야 한다 (고전 6:20).

몸으로 하나님께 영광 돌리려면 우리의 몸을 하나님께 드려야 한다. 바울은 "너희 몸을 하나님이 기뻐하시는 거룩한 산 제물로 드리라 이는 너희가 드릴 영적 예배니라"(롬 12:1)고 했다. 또 바울은 너희의 지체를 의의 병기로 하나님께 드리라고 했다.

"또한 너희 지체를 불의의 무기로 죄에게 내주지 말고 오직 너희 자신을 죽은 자 가운데서 다시 살아난 자같이 하나님께 드리며 너희 지체를 의의 무기로 하나님께 드리라 죄가 너희를 주장하지 못하리니 이는 너희가 법 아래에 있지 아니하고 은혜 아래에 있음이라 그런즉 어찌하리요 우리가 법 아래에 있지 아니하고 은혜 아래에 있으니 죄를 지으리요 그럴 수 없느니라 너희 자신을 종으로 내주어 누구에게 순종하든지 그 순종함을 받는 자의 종이 되는 줄을 너희가 알지 못하느냐 혹은 죄의 종으로 사망에 이르고 혹은 순종의 종으로 의에 이르느니라 하나님께 감사하리로다 너희가 본래 죄의 종이더니 너희에게 전하여 준 바 교훈의 본을 마음으로 순종하여 죄로부터 해방되어 의에게 종이 되었느니라 너희 육신이 연약하므로 내가 사람의 예대로 말하노니 전에 너희가 너희 지체를 부정과 불법에 내주어 불법에 이른 것 같이 이제는 너희 지체를 의에게 종으로 내주어 거룩함에 이르라"(롬 6:13-19).

우리는 몸의 각 지체, 곧 눈과 귀와 입과 손과 발을 하나님께 드려 하나님께 영광 돌리는 청지기가 되어야 한다. 우리는 하나님과 이웃의 아픔을 보는 눈, 바른 교훈과 진리를 듣는 귀, 복음을 전하고 하나님을 찬양하는 입, 돕는 손, 좋은 소식을 전하는 발을 가져야 한다. "나의 생명 드리니"(새찬송가 213장)라는 찬송은 바로 몸의 청지기로서 우리의 소명을 노래하고 있다.

나의 생명 드리니 주여 받아 주셔서
세상 살아갈 동안 찬송하게 하소서

손과 발을 드리니 주여 받아 주셔서
주의 일을 위하여 민첩하게 하소서

나의 음성 드리니 주여 받아 주셔서
주의 진리 말씀만 전파하게 하소서

나의 보화 드리니 주여 받아 주셔서
하늘 나라 위하여 주 뜻대로 쓰소서

나의 시간 드리니 주여 받아 주셔서
평생토록 주 위해 봉사하게 하소서.

리빙스턴이 주일학교에 다닐 때, 하나님께 드릴 헌금이 없어서 자기의 몸을 드리겠다고 헌금 바구니 위에 올라갔다는 이야기를 알지 않는가! 그래서 그는 아프리카에 가서 복음을 전하는 선교사가 되지 않았던가! 직원은 하나님께서 만들어 주시고 값으로 사 주신 그 몸을 드림으로 교회를 섬기는 청지기가 되어야 한다.

2. 시간의 청지기

교회의 직원은 시간의 청지기로서 시간을 관리하고, 시간을 드려 교회를 섬겨야 한다.

1. 시간의 주인이신 하나님

시간은 하나님이 빛의 창조를 통하여 빛과 어둠을 구별하심으로 만들어졌다(창 1:3-5). 또 우주의 시계와 같은 일월성신을 하늘에 두셔서 징조와 계절과 날과 해를 이루셨다(14-19절). 그리고 "땅이 있을 동안에는 심음과 거둠과 추위와 더위와 여름과 겨울과 낮과 밤이 쉬지 아니하리라"(8:22)고 하셨다. 이와 같이 하나님이 만드신 것이므로 하나님의 것이며, 우리는 이 세상에서 맡겨진 시간을 어떻게 사용하느냐에 대해 책임을 져야 하는 시간의 청지기이다.

하나님께서 우리에게 맡겨 주신 재물의 양은 서로 크게 다르다. 그러나 우리 각자는 하루 24시간, 일주일 7일, 1년 52주 365일, 동일한 시간을 소유하고 있다. 차이는 그 시간을 어떻게 관리했느냐에 있다. 우리가 하나님을 시간의 주인으로 인정한다면 하나님의 영광을 위해 최선을 다해 시간을 관리하는 방법을 알아야 한다. 시간의 선한 청지기가 되려면 기본적으로 다음 몇 가지 사실을 기억해야 할 것이다.

첫째, 범사에 때가 있음을 알아야 한다. 전도자는 범사가 기한이 있고 모든 목적이 이룰 때가 있다고 했다.

"범사에 기한이 있고 천하만사가 다 때가 있나니 날 때가 있고 죽을 때가 있으며 심을 때가 있고 심은 것을 뽑을 때가 있으며 죽일 때가 있고 치료할 때가 있으며 헐 때가 있고 세울 때가 있으며 울 때가 있고 웃을 때가 있으며 슬퍼할 때가 있고 춤출 때가 있으며 돌을 던져 버릴 때가 있고 돌을 거둘 때가 있으며 안을 때가 있고 안는 일을 멀리 할 때가 있으며 찾을 때가 있고 잃을 때가 있으며 지킬 때가 있고 버릴 때가 있으며 찢을 때가 있고 꿰맬 때가 있으며 잠잠할 때가 있고 말할 때가 있으며 사랑할 때가 있고 미워할 때가 있으며 전쟁할 때가 있고 평화할 때가 있느니라"(전 3:1-8).

어떤 일을 급하다고 너무 서둘러도 안 되고, 또 아직 멀었다고 너무 늦추어도 안 된다. 만사에는 다 때가 있다. 그리고 때가 왔을 때, 그때를 잘 포착하여 선용해야 한다.

열 처녀 비유에서(마 25:1-13) 다섯 처녀는 신랑을 맞을 준비를 해야 할 때를 놓쳤기 때문에 어리석은 처녀가 되었다. 가룟 유다는 회개의 때를 얻었었지만 회개하지 않았기 때문에 만고의 배반자가 되었다. 우리는 때를 분별할 줄 알아야 한다.

둘째, 인생이 극히 짧다는 사실을 깨달아야 한다. 모세는 인생이 얼마나 짧은 것인지를 알고 있었다.

"주의 목전에는 천 년이 지나간 어제 같으며 밤의 한 순간 같을 뿐임이니이다 주께서 그들을 홍수처럼 쓸어가시나이다 그들은 잠깐 자는 것 같으며 아침에 돋는 풀 같으니이다 풀은 아침에 꽃이 피어 자라다가 저녁에는 시들어 마르나이다"(시 90:4-6).

나이가 들수록 우리는 인생이 얼마나 짧은가를 더욱 실감하게 된다. 우리는 20, 30대에서는 인생의 끝에 대하여 별로 생각하지 않지만 40, 50대로 접어들면서 인생이 점점 끝나간다는 사실을 깨닫게 된다. 야고보는 "들으라 너희 중에 말하기를 오늘이나 내일이나 우리가 어떤 도시에 가서 거기서 일 년을 머물며 장사하여 이익을 보리라 하는 자들아 내일 일을 너희가 알지 못하는도다 너희 생명이 무엇이냐 너희는 잠깐 보이다가 없어지는 안개니라"(약 4:13, 14)고 했다. 우리 생은 영원이라는 시간에 비쳐 볼 때 순식간에 지나간다.

셋째, 세월을 아껴야 한다. 우리는 하나님 앞에 우리에게 맡겨 주신 시간을 어떻게 사용하고 있는지를 살펴보아야 한다. 그래서 모세는 "우리에게 우리 날 계수함을 가르치사 지혜로운 마음을 얻게 하소서"(시 90:12)라고 기도했다. 다윗도 "여호와여 나의 종말과 연한이 언제까지인지 알게 하사 내가 나의 연약함을 알게 하소서 주께서 나의 날을 한 뼘 길이만큼 되게 하시매 나의 일생이 주 앞에는 없는 것 같사오니 사람은 그가 든든히 서 있는 때에도 진실로 모두가 허사뿐이니이다"(39:4, 5)라고 간구했다. 사도 바울은 "그런즉 너희가 어떻게 행할지를 자세히 주의하여 지혜 없는 자같이 하지 말고 오직 지혜 있는 자같이 하여 세월을 아끼라 때가 악하니라 그러므로 어리석은 자가 되지 말고 오직 주의 뜻이 무엇인가 이해하라"(엡 5:15-17)고 했다.

세월을 아껴 선용하려면 주님의 뜻을 분별할 수 있는 지혜가 필요하다. 우리가 무엇이든지 제한된 양을 가지고 있을 때 가장 중요한 것이 최우선이 되도록 그것을 분배해야 한다. 시간의 경우도 마찬가지이다. 우리는 제한된 시간을 가지고 있다. 그러므로 우리에게 주어진 시간을 선용하기 위해서는 지혜롭게 우선순위를 정해야 한다. 우리는 시간에 있어서도 하나님의 청지기로서, 먼저 하나님과 교제하는 시간, 주일 성수, 봉사의 시간 등을 구별해 놓아야 한다.

2. 하나님과 교제하는 시간

하루 24시간의 시간에 있어서 하나님과 교제하는 시간을 우리는 최우선으로 해야 한다. 우리는 날마다 가능하면 아침 첫시간에 성경을 읽고 기도함으로 하나님과 만나는 시간을 반드시 가져야 한다. 이 시간을 "경건의 시간", "하나님과 나만의 시간", "매일의 헌신", "조용한 시간", "묵상의 시간", "하나님과 매일의 약속"이라고 부르기도 하는데 이 시간은 하나님과 생명력 있는 교제를 나누는 시간이다. 이 시간은 하루의 삶을 하나님께 맡기는 시간이고, 하나님을 찾아 구하는 시간이며, 하나님과 만나는 시간이다.

먼저 우리는 날마다 하나님 말씀에 귀기울이는 시간을 가져야 한다. 시편 기자는 "내가 날이 밝기 전에 부르짖으며 주의 말씀을 바랐사오며 주의 말씀을 조용히 읊조리려고 내가 새벽녘에 눈을 떴나이다"(시 119:147, 148)라고 했다. 또 다윗은 "아침에 나로 하여금 주의 인자한 말씀을 듣게 하소서 내가 주를 의뢰함이니이다 내가 다닐 길을 알게 하소서 내가 내 영혼을 주께 드림이니이다"(143:8)라고 했다.

우리는 하나님의 말씀을 삶에 적용하기 위해서 우리의 마음과 생각을 날마다 말씀으로 흠뻑 적셔 그리스도의 말씀이 우리 속에 풍성히 거하도록 해야 한다(골 3:16).

또한 우리는 날마다 하나님께 기도하는 시간을 가져야 한다. 유대인은 하루에 세 번씩 기도하는 시간이 있었다(단 6:10). 다윗은 "저녁과 아침과 정오에 내가 근심하여 탄식하리니 여호와께서 내 소리를 들으시리로다"(시 55:17)라고 하였다. 예수께서도 새벽 오히려 미명에 한적한 곳으로 가셔서 기도하셨다(막 1:35).

이와 같이 말씀과 기도로 하나님과 교제하는 시간을 날마다 가지게 될 때 우리는 점점 하나님을 닮아 가며, 거룩한 삶을 살아 갈 수 있다. 이 경건의 시간을 통하여 영적인 양식을 공급받고, 하나님으로부터 능력을 공급받아 그날을 승리할 수 있는 것이다.

존 모토는 "하루를 경건한 성경공부와 기도로 시작함으로써 그날 자아와 죄와 사탄에 맞서 싸워 이길 수 있는 무장을 갖추게 된다."라고 했다. 그러므로 하나님의 사람들은 시간의 청지기로서 모두 경건의 시간을 가졌었다.

3. 주님의 날

올바른 신앙 생활을 하려는 사람들이 부딪히는 문제들 중의 하나는 주일 성수 문제이다. 즉 일주일 중 하루는 온전히 구별하여 하나님께 드려야 한다. 다른 날도 다 주님의 날이지만 특별히 안식 후 첫날을 "주일"로 지키는 것은 이 날의 주인이 하나님이시라는 것을 다시 한번 확인하게 하기 위한 것이다.

(1) 구약 시대의 안식일

"안식일을 기억하여 거룩하게 지키라 엿새 동안은 힘써 네 모든 일을 행할 것이나 일곱째 날은 네 하나님 여호와의 안식일인즉 너나 네 아들이나 네 딸이나 네 남종이나 네 여종이나 네 가축이나 네 문안에 머무는 객이라도 아무 일도 하지 말라"(출 20:8-10).

구약에서 하나님은 이스라엘 백성들에게 안식일을 철저하게 지킬 것을 명령하셨다(신 5:15). 안식일을 지키는 것은 이스라엘 백성의 하나님을 향한 신앙의 특징이었다. 이스라엘 백성들은 여호와 하나님을 온 우주를 지으신 창조주와 애굽에서 이스라엘을 구원하신 구원자로 생각하면서 안식일을 지켰다. 그래서 이스라엘 백성들은 이날을 여호와의 날로 알았고, 자기들의 세속 업무를 모두 중지하고 하나님 앞에서 거룩하게 지켰다.

그러기에 그날을 더럽히는 자는 죽음을 당할 것이라고 하였고, 그날에 일하는 자는 그 백성 중에서 생명이 끊어질 것이라고 엄하게 명령하였다. 뿐만 아니라 안식일을 잘 지키는 자에게는 축복이 약속되어 있었다.

"만일 안식일에 네 발을 금하여 내 성일에 오락을 행하지 아니하고 안식일을 일컬어 즐거운 날이라, 여호와의 성일을 존귀한 날이라 하여 이를 존귀하게 여기고 네 길로 행하지 아니하며 네 오락을 구하지 아니하며 사사로운 말을 하지 아니하면 네가 여호와 안에서 즐거움을 얻을 것이라 내가 너를 땅의 높은 곳에 올리고 네 조상 야곱의 기업으로 기르리라 여호와의 입의 말씀이니라"(사 58:13, 14).

(2) 신약 시대의 안식일

신약 시대 초기에는 안식일을 지켰다. 물론 신약 시대에는 안식일을 지키는 방법과 의미가 예수님에 의해 바뀐 것을 볼 수 있다. 예수님은 하나님께서 안식일을 제정하신 본래의 목적은 사람에게 짐을 지우려는 것이 아니라 안식을 주시기 위한 것이라고 하셨다. 예수님은 사람이 안식일을 위하여 있는 것이 아니라 안식일이 사람을 위하여 있다고 선언하셨다(막 2:27, 28). 그리고 새 창조와 구원의 역사를 이루신 부활 사건 이후에는 예수께서 부활하신 안식 후 첫날을 주일로 지키기 시작했다. 사도 바울은 안식 후 첫날에 교인들을 모아 놓고 말씀을 강론하고 성찬을 거행하였다. "그 주간의 첫날에 우리가 떡을 떼려 하여 모였더니 바울이 이튿날 떠나고자 하여 그들에게 강론할새 말을 밤중까지 계속하매"(행 20:7). 또 바울은 고린도 교회에 편지하면서 "매주 첫날에 너희 각 사람이 수입에 따라 모아 두어서 내가 갈 때에 연보를 하지 않게 하라"(고전 16:2)고 하였다.

구약 시대에는 안식일을 지켰고, 신약의 초기에는 안식일을 지키면서 예수님에 의해 그 방법과 의미가 바뀌어졌고, 부활 사건 이후에는 초대교회가 주일을 지키기 시작했다. 그러므로 안식일 제도는 폐지된 것도 아니고, 그대로 반복되는 것도 아니며, 계속 발전해서 완성된 제도라고 할 수 있다. 이런 면에서 안식일이 내포하고 있는 의미, 본래 가지고 있었던 목적과 그 내용은 지금도 계속된다. 이제는 그리스도가 부활하신 날, 즉 주일을 그리스도의 창조와 구원의 사건을 기념하는 동시에 앞으로 올 완전한 구원과 영원한 안식을 바라보면서 지키는 것이다.

(3) 주일을 지키는 자세

주일을 온전하고 거룩하게 지키는 것은 신앙 생활의 필수 요건이라고 할 수 있다. 그렇기 때문에 일제 시대나 공산 치하 때는 주일을 지키지 못하게 하려고 애를 많이 썼다. 일제 치하나 공산 치하에서는 주일 성수 문제로 성도들이 많은 고난을 당하였다. 오늘날 우리는 어떤 자세로 주일을 지켜야 하는가?

첫째, 그리스도의 부활로 말미암아 이루어진 구원을 기념하는 날로 지켜야 한다. 주일을 통하여 그리스도의 부활을 영구히 기쁨으로 기념하는 것이 바로 하나님께서 의도하신 바이다. 안식 후 첫날, 곧 주일에 예수님은 부활하심으로 우리의 구원을 온전히 이루셨고 그러므로 성도들은 주일마다 "부활의 주"를 찬양해야 한다.

둘째, 하나님을 예배하며 하나님의 말씀을 가르치고 배우며 지켜야 한다. 자신의 독생자를 아낌 없이 주셔서 우리의 구원을 완성하신 하나님을 예배하고, 그분의 말씀 안에 거하는 날로 지켜야 한다.

셋째, 구원받은 자들이 함께 모여 사랑을 나누며 교제하는 날로 지켜야 한다. 우리는 함께 모이기를 힘써야 한다. 히브리서 기자는 "모이기를 폐하는 어떤 사람들의 습관과 같이 하지 말고 오직 권하여 그 날이 가까움을 볼수록 더욱 그리하자"(히 10:25)라고 했다.

넷째, 자선과 봉사를 행하면서 지켜야 한다. 예수께서 안식일에 한편 손마른 사람을 고쳐 주셨다. 이것을 보고 바리새인들은 시비를 걸었다. 이때 예수님은 "안식일에 선을 행하는 것과 악을 행하는 것, 생명을 구하는 것과 죽이는 것, 어느 것이 옳으냐"(막 3:4)라고 반문하셨다. 오히려 주일은 선을 행하고 생명을 구하는 일을 적극적으로 행하는 날이어야 한다.

다섯째, 세속의 업무를 쉬면서 지켜야 한다(출 20:10). 사실 주일을 온전히 지키려면 다른 일을 할 수가 없다. 현실적으로 불가피한 일을 제외하고는 희생을 각오하고 주일을 지켜야 한다. 세속의 일을 중단해야 하는 데는 두 가지 이유가 있다. 하나는 우리 인간은 제한된 존재이기 때문에 다른 일을 하면서 마음을 쏟아 하나님을 예배할 수 없다. 다른 하나는 내 삶이 내 노력에 있다는 것을 포기하는 것이다. 어떤 이들은 주일 하루를 쉬면 생계에 위협을 받기 때문에 일을 해야 한다고 생각한다. 그것은 내 삶이 내 노력과 공로에 달려 있다는 생각이다. 엿새 동안에 열심히 일하고 그다음에는 내맡기는 자세가 필요하다.

이와 같이 주일을 지키는 것은 창조 신앙과 부활 신앙과 안식 신앙을 고백하는 것이다. 그러기에 주일을 철저하게 성수하는 사람은 그만큼 신앙이 성숙해진다. 직원은 시간의 청지기로서 일주일 중 하루, 곧 주일을 온전히 따로 구별하여 하나님께 예배하는 날로 지켜야 한다.

(4) 봉사의 시간

만일 어떤 사람이 자신의 가족의 생계를 위해 돈을 벌어야 한다면 그는 당연히 그의 직업에 충실하기 위해 많은 시간을 따로 떼어놓지 않으면 안 된다. 그러나 하나님이 우리 시간의 주인이라면 우리의 생계 유지에 열중할 뿐 아니라 하나님과 이웃을 섬기는 일에도 시간을 내어야 한다. 물론 이것은 직원이 그의 여가 시간을 전부 교회 일에만 사용해야 한다는 의미는 아니다. 직업적인 일 외에 사회 봉사, 독서, 취미 활동, 가족과 함께하는 시간을 가져야 한다. 우리는 때때로 장거리 경주를 하는 가운데 보다 훌륭하게 일하기 위해서 반드시 오락과 휴식을 위한 시간도 가져야 한다. 우리는 살아가는 데 필요한 시간을 가지면서도 최선을 다해 하나님을 섬길 수 있어야 한다.

우리 인생이 하나님께 드려지기만 하면 하나님께서는 우리의 짧은 일생을 사용하셔서 많은 일들을 이루실 수 있다. 우리는 우리에게 주어진 시간 동안 영원한 일을 해야 한다. 한 번뿐인 인생은 속히 지나가지만 하나님의 뜻대로 행한 일만은 영원하다. 오늘날 교회에서는 시간의 청지기에 대한 요구가 절실하다. 특히 제한된 몇몇 사람들만 봉사하는 데 시간을 드린다.

교회학교 안에서는 아주 빈약한 수업이 이루어지고 있다. 공과 연구에 필요한 시간을 투자하지 않기 때문이다. 복음 전도 사업이 교회에서 활발하지 못하다. 영혼을 구원하는 일에 성도들이 시간을 내지 않기 때문이다. 교회의 모든 집회의 출석률이 저조하다. 너무나 세상 일에 분주하고 텔레비전 앞에서 보내는 시간이 많기 때문이다.

우리는 시간 중에서 하나님께 드려 봉사할 시간을 만들어야 한다. 우리가 게을러서 마땅히 해야 할 일인데도 나중으로 미루기 때문에 하나님의 일이 지연될 때가 많다. 우리는 매일의 삶을 우리 생애의 마지막 날인 것처럼 열심히 살아야 한다. 우리는 바울의 권면대로 부지런하여 게으르지 말고 열심을 품고 주를 섬겨야 한다(롬 12:11). 그렇게 살 때 우리는 고개를 들고 하나님을 우러러 볼 수 있을 것이며, 우리가 하나님의 뜻을 행하였음을 알게 될 것이다. 볼티모어 선지에서 "1년을 더 살 수 있다면 무엇을 하시겠습니까?"에 대한 답변을 공모했다. "만일 내가 1년을 더 산다면 도우면서 1년, 주면서 1년, 사랑하면서 1년, 웃으면서 1년, 찬양하면서 1년, 항상 일하며 1년, 이런 식으로 1년을 보낼 것입니다."라는 것이 당선작이었다.

3. 재물의 청지기

교회 직원은 재물의 청지기로서 재물을 잘 관리하고, 재물로 하나님께 영광 돌려야 한다. 예수님은 우리가 재물의 청지기로서 어떻게 재물을 선용할 것인가를 교훈하셨다. 그것은 재물을 하늘에 쌓는 것이다.

"너희를 위하여 보물을 땅에 쌓아 두지 말라 거기는 좀과 동록이 해하며 도둑이 구멍을 뚫고 도둑질하느니라 오직 너희를 위하여 보물을 하늘에 쌓아 두라 거기는 좀이나 동록이 해하지 못하며 도둑이 구멍을 뚫지도 못하고 도둑질도 못하느니라 네 보물 있는 그곳에는 네 마음도 있느니라"(마 6:19-21).

1. 재물에 대한 태도

문제는 재물에 대한 그릇된 태도에 있다. 우리는 보통 재물에 대한 그릇된 태도 때문에 선한 재물의 청지기가 되지 못하고 있다. 바울은 디모데에게 편지하면서 재물에 대한 그릇된 태도와 그 영적 위험성을 날카롭게 지적하고 있다.

"부하려 하는 자들은 시험과 올무와 여러 가지 어리석고 해로운 욕심에 떨어지나니 곧 사람으로 파멸과 멸망에 빠지게 하는 것이라 돈을 사랑함이 일만 악의 뿌리가 되나니 이것을 탐내는 자들은 미혹을 받아 믿음에서 떠나 많은 근심으로써 자기를 찔렀도다"(딤전 6:9, 10).

성경은 재물 자체가 악하다고 말하고 있지 않다. 물질 세계도 하나님이 창조하신 것이고 하나님은 그것이 보시기에 좋았다(창 1:31)고 하셨다. 바울에 의하면, 문제는 재물에 대한 욕심과 재물에 대한 사랑에 있다. 우리가 살아가는 데 재물은 반드시 필요하다. 그러나 재물에 대한 욕심과 사랑은 인류를 고통스럽게 하는 수많은 악의 뿌리가 된다. 재물에 대한 그릇된 태도로 인해서 영적 생활은 침해를 받게 된다. 성경은 재물이 가지고 있는 영적 위험성을 다음과 같이 경고하고 있다.

첫째, 재물로 인하여 교만해질 수 있는 위험이 있다. 바울은 디모데에게 보내는 편지에서 "네가 이 세대에서 부한 자들을 명하여 마음을 높이지 말고"(딤전 6:17)라고 했다. 많은 재물과 관련된 위험성은 그것이 교만과 오만에 이르게 할 수 있다는 사실에 있다. 많은 부를 소유한 사람들은 호화로운 집에 살 수 있고, 고급차를 타고 다닐 수 있다. 그는 자신과 그의 자녀들을 위해 사회적으로 유리한 위치를 차지할 수 있고, 많은 사람들을 고용할 수 있다. 또한 그는 좋은 음식을 먹고 사치스러운 옷을 입을 수 있다. 이 모든 일에 포함된 위험성은 그 부유함이 오만과 교만에 이르게 할 수 있다는 사실이다. 부유하면서도 검소한 생활과 영혼의 겸손함을 갖춘 성도는 참으로 훌륭하다.

둘째, 재물에 소망을 둘 수 있는 위험이 있다. 바울은 또 디모데에게 "정함이 없는 재물에 소망을 두지 말고 오직 우리에게 모든 것을 후히 주사 누리게 하시는 하나님께 두며"(딤전 6:17)라고 했다. 부유한 사람들은 삶의 소망을 하나님보다는 재물에 둘 수 있다. 이것이 바로 예수께서 부자 청년에게서 발견하신 위험성이었다(마 19:16-24). 예수님이 "가서 네 소유를 팔아 가난한 자들에게 주라 그리하면 하늘에서 보화가 네게 있으리라 그리고 와서 나를 따르라"(21절) 하실 때, 이 부자 청년은

"재물이 많으므로 이 말씀을 듣고 근심하며"(22절) 갔다. 그가 낙심하고 돌아갔을 때, 예수님은 제자들에게 부자는 천국에 들어가기가 어렵다고 하셨다.

물론 재물이 우리를 유익하게 하는 점도 많다. 그러나 재물은 돌고 돌아 이 사람에게서 저 사람에게로 왔다갔다한다. 그러므로 재물에 소망을 두고 의존할 수는 없는 것이다.

셋째, 재물을 섬기게 되는 위험이 있다. 곧 우상 숭배자가 될 수 있다. 바울은 탐심을 우상 숭배라고 규정했다(골 3:5). 만일 어떤 사람의 생활에 있어서 그 지배적인 욕구가 재물을 쌓는 것이라면 그 사람의 생활에서 탐욕은 그의 우상이 되는 것이다. 재물에 대한 욕심이 우리 자신도 모르는 사이에 우리로 하여금 하나님 대신 재물을 섬기게 할 수 있다. 예수님은 재물을 신뢰함과 하나님을 신뢰함 사이에 있을 수 있는 충돌을 미리 아시고 제자들에게 한 사람이 두 주인을 섬길 수 없다고 말씀하셨다.

"한 사람이 두 주인을 섬기지 못할 것이니 혹 이를 미워하고 저를 사랑하거나 혹 이를 중히 여기고 저를 경히 여김이라 너희가 하나님과 재물을 겸하여 섬기지 못하느니라"(마 6:24).

바울은 말세, 곧 고통하는 때가 이를 것인데 그때에는 사람들이 돈을 사랑하게 될 것이라고 했다(딤후 3:2). 그러나 돈을 사랑하고 돈에 대해 욕심을 부릴 때 결국 그들은 하나님의 나라를 기업으로 얻지 못하게 된다. 바울은 이것을 에베소 교회에 보내는 편지에서 분명히 밝혔다. "너희도 정녕 이것을 알거니와 음행하는 자나 더러운 자나 탐하는 자 곧 우상 숭배자는 다 그리스도와 하나님의 나라에서 기업을 얻지 못하리니"(엡 5:5).

바울이 볼 때 이 세상의 가장 큰 비극은 사람이 썩어질 세상의 재물에 눈이 어두워 하나님께서 예비하신 영원한 기업을 얻지 못하는 것이었다. 베드로는 우리가 누리게 될 기업을 "썩지 않고 더럽지 않고 쇠하지 아니하는 유업", 또 우리를 위하여 "하늘에 간직하신 것"(벧전 1:4)이라고 했다. 우리는 재물에 대한 욕심 때문에 하늘의 기업을 포기하는 어리석음을 범하지 말아야 한다.

2. 재물의 선용

성경은 재물에 대한 그릇된 태도와 그 영적 위험성을 경고할 뿐 아니라 적극적으로 재물을 선용하는 방법을 교훈하고 있다. 모든 재물을 포기하거나 덜 소유하는 것은 재물의 위험성을 극복하는 올바른 해결책이 아니다. 그리스도인이 가난에 처함으로써 재물의 위험성을 피하려고 할 때, 그것은 재물로부터의 도피가 됨을 알 수 있다. 재물을 신뢰하는 위험성에 대해서 경고하면서 바울은 "우리에게 모든 것을 후히 주사 누리게 하시는 하나님"(딤전 6:17)을 신뢰하라고 훈계했다.

우리가 누리는 모든 것을 주시는 분은 하나님이시므로 우리는 하나님을 의지해야 한다. 그리스도인은 청지기로서 하나님께서 풍성히 주신 것을 감사함으로 받아야 한다. 바울은 "하나님께서 지으신 모든 것이 선하매 감사함으로 받으면 버릴 것이 없나니 하나님의 말씀과 기도로 거룩하여짐이라"(4:4, 5)고 말했다. 그는 거룩함을 요구함에 있어서 엄격하지만 금욕주의나 도피주의를 지지하지는 않는다.

그리스도인들은 이 세상에 사는 동안 필연적으로 재물을 소유하고 그것을 다룰 수밖에 없다. 그리고 재물에 대한 올바른 태도는 모든 재물을 포기하는 데 있는 것이 아니라 청지기로서 재물을 선용하는 데 있다. 재물을 선용하려면 우선 다음 몇 가지 지침을 따라야 한다.

첫째, 올바른 방법으로 재물을 획득해야 한다. 곧 부지런하고 의롭게 일하여 획득한 재물이라야 선용할 수 있다. 도적질, 사기, 횡령, 세금 포탈, 뇌물 수수, 도박, 불량 식품 판매, 속여 파는 행위, 임금 착취, 고리대금, 안식일의 상업화 등 다른 사람의 영혼과 육체를 해치는 일을 하면서 재물을 획득해서는 안 된다. 바울은 "도둑질하는 자는 다시 도둑질하지 말고 돌이켜 가난한 자에게 구제할 수 있도록 자기 손으로 수고하여 선한 일을 하라"(엡 4:28)고 했다.

둘째, 자족하는 생활을 해야 한다. 바울은 적은 것으로 만족하는 자세를 가지라고 권면했다. 자족하는 마음을 가진 경건이 큰 이익을 준다고 했다(딤전 6:6). 사람들이 세상을 떠날 때, 자신의 소유물을 가지고 갈 수 없다는 사실을 알고 있었으므로 바울은 그의 제자들에게 먹을 것, 입을 것이 있는 것으로 족한 줄 알라고 훈계하였다(8절). 만약 어떤 사람이 마음속의 평화와 자족함을 얻기 위해 비교적 적은 생활비로 살아가는 법을 배운다면, 그는 탐욕에 사로잡혀 안식도, 평안도, 만족도 모르면서 사는 사람들보다 훨씬 부요한 사람일 것이다. 빌립보서에서 바울은 이렇게 말하고 있다. "내가 궁핍하므로 말하는 것이 아니니라 어떠한 형편에든지 나는 자족하기를 배웠노니 나는 비천에 처할 줄도 알고 풍부에 처할 줄도 알아 모든 일 곧 배부름과 배고픔과 풍부와 궁핍에도 처할 줄 아는 일체의 비결을 배웠노라 내게 능력 주시는 자 안에서 내가 모든 것을 할 수 있느니라"(빌 4:11-13).

주로 물질적인 견지에서 말하기를 좋아하는 이 세상에서 우리는 현세에 속한 모든 것은 썩어진다는 사실과 눈에 보이지는 않지만 돈으로 살 수 없는 것을 소유하고 있다는 확신 속에서 자족하는 생활을 배워야 하겠다.

셋째, 적극적으로 재물을 선한 일에 사용해야 한다. 바울은 디모데에게 "선을 행하고 선한 사업을 많이 하고 나누어 주기를 좋아하며 너그러운 자가 되게 하라 이것이 장래에 자기를 위하여 좋은 터를 쌓아 참된 생명을 취하는 것이니라"(딤전 6:18, 19)고 했다. 우리는 재물의 청지기로서 하나님과 이웃을 섬기는 데 우리 재물을 사용해야 한다. 이로써 배고픈 사람을 먹이고, 헐벗은 사람을 입히고, 병든 사람에게는 고침을 줄 수 있고, 교회당을 짓고 병원과 학교도 세울 수 있다.

국내외의 여러 선교 활동도 이러한 재정의 후원을 필요로 한다. 재물을 사용하는 그릇된 태도는 사회악의 뿌리가 될 수 있다. 그러나 재물이 예수 그리스도께 사로잡힌 사람에 의해 통제될 때, 이 재물은 선한 일을 하는 수단으로 사용될 수 있다.

바울은 세상의 재물에 부한 자들에게도 선을 행하는 데에 부유한 자가 되라고 말한다. 부를 선용하게 될 때 그것을 소유한 사람들은 선한 사업에 부한 자가 된다. 재물을 자신과 가족들을 부양하는 데 사용하거나 질병과 노후의 생계에 대비하기 위해 저축해 두는 것은 잘못이 아니다. 그러나 여기에 그쳐서는 안 된다. 한 걸음 더 나아가서 우리에게 맡겨진 재물을 하나님께서 원하시는 사업을 위해, 궁핍한 이웃을 위해 기꺼이 내놓아야 한다(요일 3:17).

이런 모든 재물은 예수님이 말씀하신 것처럼 하늘에 보물을 쌓는 일이다. 이렇게 사용된 재물만이 영원하다(마 6:19).

그리스도인이 자기에게 맡겨진 재물을 사용하는 데 대한 일정한 규칙은 없지만 한 가지 중요한 것은 균형 있게 사용해야 한다는 것이다. 곧 우리들 자신을 위해서 재물을 사용하는 것과 하나님과 이웃을 위해서 재물을 사용하는 것 사이에 균형이 이루어져야 한다. 그리스도인들에게 가장 어려운 과제의 하나는 돈을 사용할 때 그에게 주어진 여러 요구에 따라 균형 있게 분배하고, 하나님이 기뻐하시도록 사용하고 관리하는 기술이다.

3. 하나님께 드릴 재물

우리는 재물의 청지기로서 모든 재물이 다 하나님께로부터 왔음을 기억하고 먼저 하나님께 드릴 것을 구별하여 하나님께 드려야 한다. 하나님께 드리는 재물이 돈일 때 "헌금"이라 하고, 물건일 때 "헌물"이라 하며, 헌금과 헌물을 합쳐서 "연보"라 한다.

(1) 구약에 나타난 연보

구약 시대에는 하나님께 십일조와 제물과 첫 열매를 드렸다. 십일조의 기원은 아브라함이 전리품의 십분의 일을 제사장 멜기세덱에게 드린 것이다(창 14:20). 오늘날 많은 사람들이 구약의 율법은 다 지나갔는데 왜 신약 시대에 와서 십일조를 드려야 하는지 의문을 갖는다. 그러나 이 십일조는 율법 시대 이전에 이미 만들어진 제도라는 사실을 기억해야 한다. 여기에서 중요한 것은 율법에 얽매어 드리는 것이 아니라 감사하는 마음으로 드려야 한다는 사실이다. 구약 시대에 하나님께 드려진 십일조에는 세 가지가 있었다.

첫째, 감사로 드리는 십일조가 있었다. 이스라엘은 모든 수입의 십분의 일을 여호와께 드려야 했다. 그것은 "여호와의 것"이었다. "땅의 십분의 일 곧 그 땅의 곡식이나 나무의 열매는 그 십분의 일은 여호와의 것이니 여호와의 성물이라"(레 27:30). 이것은 성막(성전)을 위하여 드려졌다.

둘째, 제사장들과 레위인들을 위한 십일조가 있었다. 이것은 특별히 예배의 목적을 위해서 드려졌다. 성전을 관리하는 레위인들은 토지를 가지지 못하는 대신에 십일조가 그들의 소득이었다(민 18:21). 그리고 레위인들이 바치는 십일조는 제사장에게 돌리도록 되어 있었다(26절).

셋째, 매 3년마다 드리는 십일조가 있었다. 이것은 특별히 매 3년 끝에 소산의 십일조를 성읍에 저축하여 분깃이 없는 레위인과 나그네와 고아와 과부로 하여금 먹고 배부르게 하는 데 쓰였다(신 14:28, 29, 26:12).

중요한 것은 십일조를 바침으로 하나님을 경외하는 것을 배우게 한다는 사실이다(신 14:23). 십일조를 바침으로 인해서 이 모든 것이 하나님께로부터 왔다는 사실을 알게 하고 하나님을 경외하게 하기 위해서 구약에서는 십일조를 명령하고 있다. 그런데 이스라엘 백성들은 하나님께 드리는 일에 있어서 타락하기 시작했다.

말라기 선지자는 "너희가 눈먼 희생제물을 바치는 것이 어찌 악하지 아니하며 저는 것, 병든 것을 드리는 것이 어찌 악하지 아니하냐 이제 그것을 너희 총독에게 드려 보라 그가 너를 기뻐하겠으며 너를 받아 주겠느냐"(말 1:8)고 이스라엘 백성을 꾸짖었다.

계속해서 말라기 선지자는 십일조를 드리지 않은 결과로 저주를 받았음을 선포하고, 또 온전한 십일조를 드리는 것과 그 축복을 선포하였다. "사람이 어찌 하나님의 것을 도둑질하겠느냐 그러나 너희는 나의 것을 도둑질하고도 말하기를 우리가 어떻게 주의 것을 도둑질하였나이까 하는도다 이는 곧 십일조와 봉헌물이라 너희 곧 온 나라가 나의 것을 도둑질하였으므로 너희가 저주를 받았느니라만군의 여호와가 이르노라 너희의 온전한 십일조를 창고에 들여 나의 집에 양식이 있게 하고 그것으로 나를 시험하여 내가 하늘 문을 열고 너희에게 복을 쌓을 곳이 없도록 붓지 아니하나 보라 만군의 여호와가 이르노라 내가 너희를 위하여 메뚜기를 금하여 너희 토지 소산을 먹어 없애지 못하게 하며 너희 밭의 포도나무 열매가 기한 전에 떨어지지 않게 하리니 너희 땅이 아름다워지므로 모든 이방인들이 너희를 복되다 하리라 만군의 여호와의 말이니라"(3:8-12).

구약 시대에는 십일조 이 외에 하나님께 "제물"을 드렸다. 이스라엘 백성들은 번제, 소제, 화목제, 속죄제, 속건제를 드리면서 곡식이나 동물의 제물을 하나님께 드렸다(대상 16:29). 또 이스라엘 백성들은 맏물, 맏자식, 모든 짐승의 맏새끼, 모든 채소나 곡식의 첫열매를 하나님께 드렸다. 여기서 첫 열매는 첫 번째 수확이 아니라 가장 좋은 것을 말한다(출 23:19, 34:25, 26; 신 26:10). 잠언 기자는 "네 재물과 네 소산물의 처음 익은 열매로 여호와를 공경하라 그리하면 네 창고가 가득히 차고 네 포도즙 틀에 새 포도즙이 넘치리라"(잠 3:9, 10)고 했다.

(2) 신약에 나타난 연보

신약에서 예수님은 십일조의 정신을 강조하셨다. 예수님은 "화 있을진저 외식하는 서기관들과 바리새인들이여 너희가 박하와 회향과 근채의 십일조는 드리되 율법의 더 중한 바 정의와 긍휼과 믿음은 버렸도다 그러나 이것도 행하고 저것도 버리지 말아야 할지니라"(마 23:23; 참조. 눅 11:42)고 하셨다. 바리새인들은 담 밑에 나 있는 근채의 십일조까지도 드리는 철저한 신앙 생활을 했다. 그들은 정확한 십일조를 드리기 위해 조의 알갱이를 셀 정도였다. 그러나 예수님은 율법의 기본 정신인 의와 인과 신을 버린 외식하는 자들이라고 책망하시면서 이것도 행하고 저것도 버려서는 안 된다고 말씀하셨다. 곧 십일조를 드리되 율법에 얽매여서가 아니라 감사하는 마음과 하나님을 경외하는 마음으로 드려야 한다는 것이다.

사도 바울은 여러 교회에 연보를 명령하고 있다. 예루살렘 교회는 기근으로 말미암아 궁핍함에 빠지게 되었다(행 11:27-36). 이때 바울은 이방 교회를 향해서 예루살렘 교회를 위해서 연보해 줄 것을 요청하였다. 바울도 힘써 연보했을 뿐 아니라 갈라디아 교회에게도 예루살렘 교회의 가난한 자들을 위해서 연보할 것을 부탁했다. "다만 우리에게 가난한 자들을 기억하도록 부탁하였으니 이것은 나도 본래부터 힘써 행하여 왔노라"(갈 2:10). 그리고 바울은 고린도 교회에도 예루살렘 교회의 성도를 위해서 연보할 것을 명하고 있다. "성도를 위하는 연보에 관하여는 내가 갈라디아 교회들에게 명한 것같이 너희도 그렇게 하라"(고전 16:1). 이 연보는 이방 교회가 예루살렘 교회에 보내는 감사의 선물이었다. 그렇기 때문에 연보를 하는 것은 교회를 위한 일이며 교회는 바로 그리스도의 몸이기 때문에 그것은 결국 그리스도를 위한 일이 되는 것이다.

(3) 헌금을 드리는 자세

사도 바울은 교회에 헌금을 명령했을 뿐만 아니라 헌금을 드리는 자세도 구체적으로 제시하고 있다.

"형제들아 하나님께서 마게도냐 교회들에게 주신 은혜를 우리가 너희에게 알리노니 환난의 많은 시련 가운데서 그들의 넘치는 기쁨과 극심한 가난이 그들의 풍성한 연보를 넘치도록 하게 하였느니라 내가 증언하노니 그들이 힘대로 할 뿐 아니라 힘에 지나도록 자원하여
이 은혜와 성도 섬기는 일에 참여함에 대하여 우리에게 간절히 구하니 우리가 바라던 것뿐 아니라 그들이 먼저 자신을 주께 드리고 또 하나님의 뜻을 따라 우리에게 주었도다"(고후 8:1-5).

"그러므로 내가 이 형제들로 먼저 너희에게 가서 너희가 전에 약속한 연보를 미리 준비하게 하도록 권면하는 것이 필요한 줄 생각하였노니 이렇게 준비하여야 참 연보답고 억지가 아니니라 이것이 곧 적게 심는 자는 적게 거두고 많이 심는 자는 많이 거둔다 하는 말이로다 각각 그 마음에 정한 대로 할 것이요 인색함으로나 억지로 하지 말지니 하나님은 즐겨 내는 자를 사랑하시느니라 하나님이 능히 모든 은혜를 너희에게 넘치게 하시나니 이는 너희로 모든 일에 항상 모든 것이 넉넉하여 모든 착한 일을 넘치게 하게 하려 하심이라……이 봉사의 직무가 성도들의 부족한 것을 보충할 뿐 아니라 사람들이 하나님께 드리는 많은 감사로 말미암아 넘쳤느니라 이 직무로 증거를 삼아 너희가 그리스도의 복음을 진실히 믿고 복종하는 것과 그들과 모든 사람을 섬기는 너희의 후한 연보로 말미암아 하나님께 영광을 돌리고"(9:5-8, 12, 13).

첫째, 기쁨으로 드려야 한다. 헌금이란 하나님께서 베풀어 주신 은혜를 기억하고 그 은혜의 만 분의 일이라도 보답하고자 하는 마음에서 즐거이, 넘쳐나는 기쁨으로 드려야 한다. 마게도냐 교회는 환난의 많은 시련 가운데서도 기쁨으로 드렸다(8:2). 하나님께서는 즐겨 내는 자를 사랑하신다(9:7). 하나님께서는 다윗에게 성전을 짓기 위해 재료를 모으라고 말씀하셨다. 다윗은 먼저 자기의 보물을 여호와께 드리고 이렇게 기도하였다. "나의 하나님이여 주께서 마음을 감찰하시고 정직을 기뻐하시는 줄을 내가 아나이다 내가 정직한 마음으로 이 모든 것을 즐거이 드렸사오며 이제 내가 또 여기 있는 주의 백성이 주께 자원하여 드리는 것을 보오니 심히 기쁘도소이다"(대상 29:17).

둘째, 힘대로 드려야 한다. 바울은 이 원리를 가르쳤다. "할 마음만 있으면 있는 대로 받으실 터이요 없는 것은 받지 아니하시리라"(고후 8:12). 마게도냐 교회처럼 후하고 풍성하게 넘치도록 드려야 한다. 하나님의 것을 하나님께 드리면서 인색해서는 안 된다(8:2, 3, 9:7, 13). 십일조는 성도들이 하나님께 드려야 할 최소한의 의무이다. 우리는 하나님 앞에 힘대로, 성의껏 최선을 다해 우리 재물을 드려야 한다.

셋째, 힘에 지나도록 드려야 한다(8:2, 3). 마게도냐의 교회들은 힘에 지나도록 희생적으로 드렸다. 그들은 극한 가난 가운데서도 풍성한 연보를 넘치도록 드렸다. 이러한 헌금의 가장 아름다운 예는 어느 과부의 헌금이다.

"예수께서 눈을 들어 부자들이 헌금함에 헌금 넣는 것을 보시고 또 어떤 가난한 과부가 두 렙돈 넣는 것을 보시고 이르시되 내가 참으로 너희에게 말하노니 이 가난한 과부가 다른 모든 사람보다 많이 넣었도다 저들은 그 풍족한 중에서 헌금을 넣었거니와 이 과부는 그 가난한 중에서 자기가 가지고 있는 생활비 전부를 넣었느니라"(눅 21:1-4).

이 과부는 구차한 중에도 자기 생활비 전부를 바침으로 주님을 기쁘시게 했다. 얼마나 드렸느냐가 아니라 드린 다음에 얼마가 남았느냐를 자신에게 물어야 한다. 아직도 우리에게는 더 드릴 것이 있다. 베다니의 마리아도 옥합을 깨뜨려 주님께 다 부어 드렸다(마 26:7). 이렇게 희생적으로 드리지 못하는 이유는 먼저 자신을 주님께 드리지 못하기 때문이다(고후 8:5). 우리의 생명까지도 우리 것이 아닌데 우리 자신을 하나님께 드렸다면 그 외에 무엇을 드리지 못하겠는가?

넷째, 자원하여 드려야 한다(고후 8:3). 헌금을 세금 내듯이 억지로 내서는 안 된다(9:5). 하나님께 드리는 것이 하나님의 법에 대한 의무감에서나 그 법을 지키지 않으면 벌을 받게 된다는 두려움에서 마지 못해 드리는 것이 되어서는 안 된다. 하나님이 원하시는 것은 옥합을 깨뜨리는 감사와 감격인 것이다. 다윗은 하나님께 정직한 마음으로 드렸다(대상 29:17).

다섯째, 신중하게 드려야 한다. 얼마를 드릴 것인가를 결정할 때는 반드시 기도한 후에 결정해야 한다. "그 마음에 정한 대로" 정성껏 믿음의 분량대로 해야 한다. 다른 사람과 비교하여 헌금의 양을 조절하거나 체면 때문에 형편에 맞지 않는 헌금을 결정하고서 시험에 들어서는 안 된다. 헌금은 우리가 하나님 앞에서 드리기 경쟁을 하는 것이 아니다. 하나님이 원하시는 것은 마음이지 헌금의 액수가 아니다.

이와 같이 하나님께 헌금할 때, 하나님께서는 또한 반드시 보답해 주신다. 그러나 하나님의 축복을 받기 위해 헌금해서는 안 된다. 하나님의 축복은 목적이 아니라 결과로 주어지는 것이다. 바울은 "이것이 곧 적게 심는 자는 적게 거두고 많이 심는 자는 많이 거둔다 하는 말이로다"(고후 9:6)고 했다. 이처럼 하나님께서 넘치게 주시는 것은 우리로 하여금 모든 일에 항상 넉넉하여 모든 착한 일을 넘치게 하게 하려는 것임을 기억해야 한다. 하나님의 은혜를 받은 대로 더욱더 하나님께 드리고, 더욱더 성도를 섬기는 데 사용해야 한다. 그래서 결국 더욱더 크신 영광을 하나님께 돌려야 한다(8:4, 9:8, 12, 13).

(4) 헌금을 위한 실제적 지침

재물의 청지기로서 하나님께 드리는 생활을 보다 향상시키기 위해서 따라야 할 실제적인 지침이 있다. 바울은 "매주 첫날에 너희 각 사람이 수입에 따라 모아 두어서 내가 갈 때에 연보를 하지 않게 하라"(고전 16:2)고 제안했다.

첫째, 십일조로 시작하여 헌금의 비율을 높여 나가야 한다. 헌금의 액수가 중요한 것은 아니다. 그러나 십일조는 성도들의 바치는 생활에서 최저 상한선이다. 하나님 앞에 십일조도 드리지 못하면서 어찌 헌신적으로 교회를 섬긴다고 할 수 있겠는가! 십일조로 시작하여 믿음의 분량에 따라, 그리고 하나님께서 축복해 주시는 데 따라 계속해서 헌금의 비율을 높여 나가는 것이 바람직하다. 마게도냐 교회에 바울이 교훈한 것처럼 힘대로 할 뿐 아니라 힘에 지나도록 하나님께 드려야 한다.

둘째, 하나님께 먼저 드려야 한다. 우리 신앙 생활에서 하나님은 언제나 최우선이며 중심이어야 한다. 그러므로 헌금을 드릴 때에도 우리 생활에 필요한 것을 먼저 계획하여 수입을 분배해 놓고 나머지 것으로 하나님께 드리려고 해서는 안 된다. 먼저 하나님께 드릴 것을 구별하여 따로 떼어놓고 나머지의 것으로 자신의 생계를 꾸려 나가야 한다.

셋째, 정규적으로 드려야 한다. 헌금을 자신의 기분이나 감정에 따라 드리다가 말다가 해서는 안 된다. 정기적으로, 규칙적으로 하나님께 드리는 생활이 바람직하다. 중요한 것은 지속적으로 헌금해야 한다는 사실이다. 그래서 바울은 "매주일 첫날에" 규칙적으로 헌금하도록 권면했다.

넷째, 미리 준비하였다가 드려야 한다. 즉흥적인 헌금이 되지 않도록 해야 한다. 그래서 바울은 "저축하여 두었다가" 헌금하도록 권면했다. "즉흥적인" 동기 유발에 의한 헌금이 아니라 미리 정한 대로 작정 헌금을 하는 것이 바람직하다.

다섯째, 약속을 지켜야 한다. 헌금의 액수나 비율은 각각 하나님 앞에서 마음에 정하고 일단 결정했으면 반드시 자신의 약속을 지켜야 한다.

교회의 직원은 재물의 청지기로서 그의 재물로 하나님께 영광을 돌려야 한다. 우리는 우리 재물에 강하게 집착하는 경향이 있다. 그러나 우리가 우리의 모든 소유를 하나님께 맡기지 못하면 예수님의 제자가 될 수 없다. "이와 같이 너희 중의 누구든지 자기의 모든 소유를 버리지 아니하면 능히 내 제자가 되지 못하리라"(눅 14:33)고 예수님은 친히 말씀하셨다.

미국에서 큰 사업체를 경영하는 스탠리 탬(R. Stanley Tam)이라는 사람이 있다. 그는 아버지께 백 달러를 빌려 비어 있는 방에 연구실을 차리고 사진 인화실에서 흘러 나가는 은을 모으는 사업을 시작했다. 그러나 일주일 후에 파산하고 말았다. 그는 낙심하여 기도했다. 그때 갑자기 성령님이 자기에게 말씀하고 계심을 깨달았다. "낙심하지 말라. 너는 결코 실패하지 않으리라. 너의 사업을 나에게 맡기라. 그리하면 내가 책임져 주리라." 탬은 담대하게 선언했다. 그리고 그는 기도했다. "하나님이여, 만일 주님이 이 사업을 취하시어 성공하게 하신다면, 저는 제가 할 수 있는 모든 방법을 동원하여 주님께 영광을 돌리겠나이다." 그때가 1936년이었다. 그해에 그는 다시 자기 연구실에서 37달러를 가지고 씻겨 내려가는 은을 모으는 "은 수집기"를 다시 만들기 위해 공장을 또 차렸다. 탬은 자기 공장은 이제 다시 실패하지 않으리라는 것을 알았다. 이미 하나님께서 자기 사업에 개입하셨다는 것을 안 것이다.

4년 후에 하나님은 "사업으로 하나님께 영광을 돌리겠다"고 약속한 것을 생각나게 하셨다. 기도 중에 그는 하나님이 자기를 수석 동업자로 인도하고 계시다는 것을 느꼈다. "좋습니다, 주님. 이익금의 51퍼센트를 선교와 교회 사역에 쓰도록 하겠습니다." 탬은 오직 돈을 나누어 주기 위해 스태니타 재단을 설립하였다. 스태니타 재단의 10억 원에 달하는 기부금이 매년 탬이 속해 있는 교회와 동양 선교회(O.M.S.), 그 밖의 세계 각처에 있는 교회와 선교 단체들에 보내진다.

한번은 전도 집회를 인도하면서, "누가 영생의 선물을 받기 원하십니까?" 하고 물었더니 그 즉시 교회의 앞부분이 꽉 차게 되었다. 기도하는 탬에게 하나님께서 말씀하시기 시작했다. "세상에서 무엇이 가장 가치 있는 것인가?" 탬은 세상에서 가장 값어치 있는 것은 영혼이라고 대답했다. 하나님은 탬에게 두 번째로 말씀하셨다. "네가 이 세상에서 할 수 있는 유일한 투자는 무엇인가?" 탬은 자기의 가정과 재정 투자를 생각했다. 그러고는 제단 앞에 있는 영혼들을 쳐다보았다. 그는 물질적 부는 일시적인 것이지만 영적인 사업은 영원하다는 사실을 깨달았다. 그때 하나님은 세 번째로 말씀하셨다. "너의 모든 사업을 나에게 맡기고 너는 그 사업의 고용인이 되겠는가?" 열 시간의 영적 고투 끝에 탬은 자기의 모든 사업과 빌딩과 연구실 등 일체를 하나님께 바쳤다. 그 이후로 그의 사업은 날로 번창했다.

4. 은사의 청지기

은사는 우리가 거듭나서 구원받게 될 때, 삼위일체 하나님께서 우리 그리스도인들에게 주시는 영적 선물이다. 직원은 은사의 청지기로서 그리스도의 몸된 교회를 위해서 하나님께서 주신 은사를 선용해야 한다. 베드로에 의하면 봉사하는 일은 영적 은사를 실행하는 것이다. "각각 은사를 받은 대로 하나님의 각양 은혜를 맡은 선한 청지기같이 서로 봉사하라"(벧전 4:10).

1. 은사를 주시는 하나님

영적 은사는 하나님(성령)께서 원하시는 대로 그 은혜를 인하여 우리 믿는 자들에게 나눠 주시는 선물이다. 우리는 받을 만한 자격이 없으며 우리의 힘과 노력으로는 얻을 수 없고, 또한 값을 지불하고 살 수도 없는 것이다. 하나님께서는 그 은혜의 선물을 그에게 속한 각 개인들에게 나누어 주신다. 그래서 바울은 "이 모든 일은 같은 한 성령이 행하사 그의 뜻대로 각 사람에게 나누어 주시는 것이니라"(고전 12:11)고 했다.

은사를 주시는 성령은 같으나 은사는 여러 가지이다. 모든 그리스도인은 공통적으로 성령을 소유하고(롬 8:9), 성령의 열매를 맺어야 하지만(갈 5:22, 23), 그들이 받는 은사는 각각 다를 수 있다(고전 12:4-6).

성경에는 여섯 군데에 영적 은사의 종류들이 기록되어 있다.

신약성경에 나타나는 영적 은사들

고전 12:8-10	고전 12:28	고전 12:29, 30
지혜의 말씀 지식의 말씀 믿음 병 고치는 은사 능력 행함 예언함 영들 분별함 방언을 말함 방언들 통역함	사도 선지자 교사 능력 병 고치는 것 서로 돕는 것 다스리는 것 각종 방언을 하는 것	사도 선지자 교사 능력 병 고치는 은사 방언 방언의 통역
롬 12:6-8	엡 4:11	벧전 4:11
예언 섬기는 일 가르치는 일 권위하는 일 구제하는 일 다스리는 일 긍휼을 베푸는 일	사도 선지자 복음 전하는 자 목사 교사	말하는 것 봉사하는 것

찰스 스윈돌 목사는 성경에 기록된 영적 은사들을 성격상 세 그룹, 곧 지탱시켜 주는 은사들, 봉사의 은사들, 표적을 나타내는 은사들로 나누고 있다.

지탱시켜 주는 은사들	봉사의 은사들	표적을 나타내는 은사들
사도 선지자 복음 전하는 자 목사 교사 가르치는 것	다스리는 것 권고하는 것 믿음 구제하는 것 서로 돕는 것 긍휼을 베푸는 일	영들을 분별함 기적 병을 낫게 함 방언 방언의 통역

(1) 지탱시켜 주는 은사들

이 은사들은 성격상 "공적"이며 "말씀의 사역"과 관련되어 있다. 이 은사들은 한 사람이 많은 사람을 상대하는 사역에 적합하며 이들이 하는 일들은 사람들의 눈에 띄기 마련이다. 이러한 은사를 받은 자들은 봉사의 은사나 능력을 나타내는 은사에서는 볼 수 없는 "권위"를 가지고 일을 수행해 나간다. 이 은사들은 그 자체가 내용적으로 직분이 된다(엡 4:11).

(2) 봉사의 은사들

그리스도의 몸에 있어서 이 은사들은 대체로 "개인적인 차원"에 속한다. 이 은사들은 몸에 힘을 불어넣고 강화시켜 주는 역할을 한다. 이 은사들은 한 개인이 교회 내의 구성원들에 대해서 갖는 보다 밀접한 관계의 사역에 적합하다. 이 은사를 받은 자들은 교회 앞에 자신을 드러냄이 없이 은밀하게 봉사할 수 있다. 몸된 교회는 다른 사람들이 전혀 알아 주지 않음에도 불구하고 성실하게 자신의 역할을 다하는 그러한 숨은 봉사자들에 의해서 유지되고 발전되어 간다.

(3) 표적을 나타내는 은사들

이 은사들은 자연적인 영역을 넘어서는 것으로서 초자연적인 성격을 띠고 있다. 아직 교회가 미성숙하고, 신자들을 안내해 주는 성경이 완성되지 않은 과도기에는 특히 이 은사들이 하나님의 말씀 전하는 사람들과 그들이 전하는 메시지의 진위를 가리는 기준이 되었다. 불행하게도 이 은사로 인해서 교회가 분열되어 있다. 표적을 나타내는 은사들은 초대교회의 특수한 상황에 비추어 이해되어야 한다. 그러나 하나님께서는 지금도 원하기만 하시면 자연 법칙에서 벗어나는 표적들을 일으킬 수 있다는 사실을 명심해야 한다.

2. 은사를 주신 목적

영적 은사는 하나님의 영광과 몸된 교회의 성장과 다른 지체들의 유익을 위해서 주어진 선물이다. 바울은 한마디로 "각 사람에게 성령을 나타내심은 유익하게 하려 하심이라"(고전 12:7)고 했다. 은사는 개인의 영광을 위해서가 아니라 하나님의 영광을 위해서, 개인의 유익을 위해서가 아니라 전체의 유익을 위해서 사용되어야 한다. 우리에게 맡겨진 은사를 잘 활용하지 않을 때, 이로 인해서 우리가 속한 교회 전체가 피해를 입게 된다는 사실을 명심해야 한다.

(1) 하나님의 영광을 위해서

영적 은사들은 먼저 하나님의 영광을 위해서 사용되어야 한다. 베드로는 "만일 누가 말하려면 하나님의 말씀을 하는 것같이 하고 누가 봉사하려면 하나님이 공급하시는 힘으로 하는 것같이 하라 이는 범사에 예수 그리스도로 말미암아 하나님이 영광을 받으시게 하려 함이니 그에게 영광과 권능이 세세에 무궁하도록 있느니라"(벧전 4:11)고 했다.

우리가 가진 은사로 예수 그리스도가 존귀하게 되고 하나님께 영광이 돌아가도록 봉사해야 한다. 표적을 나타내는 은사들도 결국 하나님의 권위를 세우기 위하여 주셨다는 사실을 잊지 말아야 한다. 은사를 높이지 말고 모든 영광을 하나님께 돌려라.

(2) 교회의 성장을 위해서

영적 은사는 그리스도의 몸된 교회의 질적, 양적 성장을 위하여 절대적으로 필요한 것이다(엡 4:16). 은사에 의하여 전체 몸이 세워지고 그 결과로 교회의 양적 성장이 이루어진다. 교회 안에 있는 영적 은사들이 그리스도를 위해 효율적으로 사용될 때 교회는 틀림없이 성장하게 될 것이다. 더 나아가서 영적 은사들이 교회 안에서 함께 경험되고 효율적으로 기능을 할 때 "공통의 유익"(고전 12:7)을 얻는다. 여기에서 "유익"이라는 단어는 "함께 열매를 맺는다"는 뜻이며, 우리가 영적 은사를 사용하는 것은 전체 몸이 함께 열매를 맺기 위해서이다.

(3) 다른 지체들의 성숙을 위해서

일찍이 초대교회에서 사도들, 예언자들, 복음 전도자들, 목사와 교사들은 다른 지체들을 무장시키는 데 사용되었다. 이 지탱시키는 은사들은 성도들을 훈련시키고 준비시키기 위해서 있는 것이다(엡 4:11, 12). 사도 바울도 로마의 신자들을 방문하고 그들을 굳게 세우기 위하여 그들의 삶 가운데 그의 영적 은사를 사용하기를 원했다. 바울이 로마 교회에 "내가 너희 보기를 간절히 원하는 것은 어떤 신령한 은사를 너희에게 나누어 주어 너희를 견고하게 하려 함이니"(롬 1:11)라고 편지했다. 영적 은사들은 신자 개개인을 굳세게 하여 주님 안에서 그들이 성장과 성숙을 이룩하게 하는 것이다. 권면하고 가르치는 은사를 소유한 사람은 다른 사람을 확고한 믿음의 기초 위에 세울 수 있다.

이와 같이 교회 안에 주어진 영적 은사들이 각각 그리고 전체적으로는 함께 결합되어 사용된다면 교회에 유익을 줄 것이다. 하나님의 백성을 무장시키고(온전케 하고), 하나님의 진리를 설명하며, 하나님의 일을 수행하고, 하나님의 권위를 세우기 위하여 하나님께서는 교회에 영적 은사들을 주신 것이다.

3. 은사의 활용

이제 문제는 영적 은사들을 어떻게 활용할 수 있는가 하는 것이다. 오늘날 교회가 하나님께로부터 받은 은사, 곧 교회를 위한 무진장한 보화를 활용한다면 교회는 놀랍게 달라질 것이다. 바울은 은사를 활용하는 올바른 태도를 디모데에게 권고하고 있다(딤전 4:11–16).

(1) 먼저 자신이 하나님으로부터 은사를 받았다는 사실을 확실하게 알아야 한다.

구원받은 사람이라면 어느 누구에게나 한 가지 이상의 은사가 다 있다는 사실을 깨달아야 한다. 문제는 은사를 받은 사람들에 의해서 그것이 무시된다는 데 있다. 바울은 디모데에게 "네 속에 있는 은사……가볍게 여기지 말며"(딤전 4:14)라고 했다. 여기에서 "가볍게 여긴다"는 말은 "경시한다", "무시한다", "등한히 한다"는 뜻이고 "어떤 것에 주의를 기울이지 않다", "자세히 알려고 하지 않는다"는 의미를 담고 있다. 바울은 디모데에게 "네 속에 있는 하나님의 은사를 다시 불일듯 하게 하기 위하여 너로 생각하게 하노니"(딤후 1:6)라고 했다. 즉 바울은 이렇게 말하고 있는 것이다. "디모데야, 일을 하라. 너는 은사를 갖고 있지 않느냐. 그것을 사용하라."

(2) 은사의 다양성도 인정해야 한다.

성령이 주시는 은사는 다양하기 때문에 또한 독특하다. 각각 제기능이 있고 다 필요하다. 그런데 우리는 대체로 은사들의 우선순위 내지는 중요도를 정하려는 경향이 있다. 그래서 은사들을 높고 낮음으로 구분하려 한다. 그러나 영적 은사들은 전혀 우열의 순서가 없음을 성경은 분명하게 말한다. 각각의 은사들은 다 필수적이며 하나라도 없어서는 안 된다. 남에게 있는 은사를 부러워하거나, 자기에게 있는 은사로 인해 교만하거나, 주어진 은사가 없는 것처럼 낮추는 것은 모두 바람직한 태도가 아니다.

(3) 받은 은사를 최대한 활용하여 봉사해야 한다.

바울은 디모데에게 때로 불일치가 있고 수고하는 것을 알아 주지 않는 경우가 있는 것이 사실이긴 하지만, 그렇다고 해서 은사를 수행하는 일을 그만 두어서는 안 된다는 점을 주지시켰다(딤전 4:6-11). 그리고 모든 은사들을 다 수행하라고 하지 않고 현재 주어진 몇 가지 은사에 착념하라고 했다(13절). "착념하다"는 말은 "어떤 것에 마음을 계속해서 두다", "집중하다", "끝까지 진행해 나가서 최고의 상태에 이르게 하다"는 의미를 가지고 있다. 영적 은사는 그 자체가 목적이 아니다. 그것은 성령께서 일하시는 통로이다. 모든 그리스도인들은 몸(교회)에 봉사하도록 주시는 특정한 영적 은사를 갖고 있다. 이 은사를 활용하여 봉사할 때 몸은 강화되며 건강하게 자란다.

5. 청지기의 자세

교회의 직원은 하나님의 교회를 맡아 관리하는 하나님의 청지기로서 주인이신 하나님의 뜻에 따라 교회를 섬기는 봉사자이다.

봉사자의 일은 그가 어떤 자세로 일하느냐에 따라 그 결과가 달라진다. 성경은 선한 청지기가 가져야 할 자세를 교훈하고 있다. 한마디로 청지기에게 요구되는 것은 충성이다. 바울은 고린도 교회에 편지하면서 "사람이 마땅히 우리를 그리스도의 일꾼이요 하나님의 비밀을 맡은 자(청지기)로 여길지어다 그리고 맡은 자(청지기)들에게 구할 것은 충성이니라"(고전 4:1, 2)고 했다. 충성스러운 청지기는 일을 맡겨 놓으면 전혀 불안을 느끼게 하지 않는 사람, 틀림없는 사람, 진실하고 성실할 사람, 책임감이 강한 사람이다.

첫째, 작은 일에 충성해야 한다. 다섯 달란트와 두 달란트 맡았던 종들에게 주인은 " 착하고 충성된 종아 네가 적은 일에 충성하였으매 내가 많은 것을 네게 맡기리니 네 주인의 즐거움에 참여할지어다"(마 25:21, 23)라고 칭찬하였다. 충성된 청지기는 작은 일에 충성하며, 충성된 청지기가 선한 청지기임을 알 수 있다. 한 달란트 맡았던 종에게 주인은 "악하고 게으른 종"(26절)이라고 책망하였다. 작은 것에 충성하지 않는 청지기는 악한 청지기이며, 그 원인은 게으름임을 알 수 있다.

보디발의 집의 종살이에 충실했던 요셉은 총리 대신이 되어 나라 일에도 충실했다. 모세는 하나님의 집의 사환으로서 충성했다. 베들레헴의 목자로서 충실했던 다윗은 나라 다스리는 일에도 충실했다.

작은 일에 충성하는 사람이 큰 일에도 충성한다. 그래서 바울은 하나님의 집에서 충성된 일꾼을 선택할 때 먼저 자기 집에서 충실한 사람을 선택하도록 디모데에게 권고하고 있다(딤전 3:4).

둘째, 변함없이 끝까지 충성해야 한다. 어떤 청지기는 맡은 일을 처음에는 잘하다가 도중에 그만두는 경우가 많다. 대나무와 소나무의 절개는 찬서리가 내리는 북풍한설의 겨울에 나타나는 법이다. 교회에 어려운 일이 있어도 변함없이, 자신의 환경이 어떻게 변하든지 끝까지 자기가 맡은 일에 충성하는 청지기가 되어야 한다.

무슨 일이 있어도 청지기는 주인에게 충실해야 한다. 사울왕이 다윗을 죽이려고 추격하고 있을 때, 제사장 아비멜렉은 사울에게 이렇게 말했다. "왕의 모든 신하 중에 다윗같이 충실한 자가 누구인지요 그는 왕의 사위도 되고 왕의 호위대장도 되고 왕실에서 존귀한 자가 아니니이까"(삼상 22:14). 다윗은 처음부터 끝까지 시종일관 사울왕에게 충성했다.

셋째, 죽도록 충성해야 한다. 예수님은 서머나 교회에 "네가 죽도록 충성하라 그리하면 내가 생명의 관을 네게 주리라"(계 2:10)고 약속하셨다. 가드 사람 잇대는 죽도록 충성했던 사람이다. 다윗은 그의 아들 압살롬의 반역으로 인해 궁전에서 쫓겨나 목숨을 건지기 위해 도망치고 있는 중이었다. 이때 잇대도 다윗과 함께 갔는데 다윗은 잇대를 설득하여 압살롬에게 돌아가라고 했다. "잇대가 왕께 대답하여 이르되 여호와의 살아 계심과 내 주 왕의 살아 계심으로 맹세하옵나니 진실로 내 주 왕께서 어느 곳에 계시든지 사나 죽으나 종도 그곳에 있겠나이다"(삼하 15:21).

청지기는 최선을 다해 자기가 맡은 일에 충성해야 한다. 이미 지적한 대로 우리는 하나님을 섬기는 청지기이다. 때문에 사람에게 하듯 눈가림만 할 수 없다. 하나님께 중요한 것은 충성의 양이 아니다. 주인이신 하나님께서 우리에게 맡기신 양이 다르기 때문이다. 다섯 달란트 받은 청지기는 그 나름대로 최선을 다해 충성하면 되고, 두 달란트 받은 청지기도 그 나름대로 모든 것을 다하여 충성하면 된다. 충성의 양은 다르지만 하나님 앞에서는 둘 다 죽도록 충성한 것이기 때문에 똑같은 칭찬을 받게 된다.

이와 같이 교회의 직원은 청지기로서 작은 일에 충성하고, 끝까지 충성하며, 죽도록 충성하여 하나님의 집인 교회에서 선한 청지기로 봉사해야 할 것이다. 하나님께서는 충성된 청지기를 알아 주시고, 아낌없는 상급으로 축복해 주셔서 더 크게 충성하도록 하신다.

"부지런하여 게으르지 말고 열심을 품고 주를 섬기라"(롬 12:11).

"그러므로 내 사랑하는 형제들아 견실하며 흔들리지 말고 항상 주의 일에 더욱 힘쓰는 자들이 되라 이는 너희 수고가 주 안에서 헛되지 않은 줄 앎이라"(고전 15:58).

3장.
행정가로서의 직원

　교회의 직원은 전체적인 교회 행정과 교회 안의 작은 교회라고 할 수 있는 각 부서, 위원회, 기관의 행정에 회원이나 장(長)으로서 참여하게 된다. 교회마다 그 규모나 형편과 사정은 각기 다르지만 직원은 대부분 교회 행정이나 기관 행정의 책임을 맡게 된다. 모든 직원은 공통적으로 사무총회 또는 공동의회와 직원회 또는 제직회의 회원이 된다. 또 교회학교 각 부서나 교회의 각종 위원회, 그리고 남녀전도회의 임원으로서 일하게 된다.

　그러므로 직원은 간단하지만 행정의 일반 절차를 이해해야만 책임 맡은 기관을 이끌어 갈 수 있다. 여기서는 교회 안에 있는 교회학교 각 부서, 각 위원회(部), 남녀전도회 등을 "기관"이란 말로 사용하겠다.

1. 직원과 기관 행정

행정이란 그것이 봉사하는 분야의 목표를 발견하고 분명히 밝혀서 모든 인적, 물적 자원을 동원할 수 있도록 조직적이고 종합적인 방법으로 그 실현을 추진해 나가는 과정이라고 할 수 있다. 행정가는 행정이, 지배하는 것이 아니라 봉사하는 것이라는 사실을 반드시 기억해야 한다. 원래 "행정"이라는 말은 "봉사한다"는 뜻이다. 행정은 대체로 계획, 시행, 평가의 세 과정으로 이루어진다. 미래 지향적인 기관 행정은 계획-시행-평가라는 도식 속에서 계속 순환하며 상승하는 과정이라고 할 수 있다.

1. 계획

계획은 각 기관의 미래를 위한 청사진으로서 각 기관 행정에 없어서는 안 될 필수 과제이다. 계획이란 개 기관의 회원들을 위해 먼저 성취해야 할 목표를 결정하고, 설정된 목표 달성을 위해 해야 할 일(사업)들을 결정하며, 모든 인적, 물적 자원은 어떻게 최대한 동원하고 언제 어디서 그 사업을 추진할 것인가를 미리 예측하는 일이다. 계획이란 단순히 사업을 계획하는 일이 아니다. 그 기관 전반을 명백히 하고, 발전시키며, 후원하는 일을 결정하는 모든 과정이다.

1. 계획 수립의 단계

효과적인 계획 수립을 위해서는 다음의 단계를 따르는 것이 좋다.

(1) 분석하고 진단하는 단계

현재 그 기관의 실태를 정확하게 파악하고 그 기초 위에서 계획을 시작해야 한다. 현재 그 기관의 상황에서 문제점과 가능성을 세밀하게 분석하고 그 원인을 진단하여 규명하고, 그 해결을 위한 대안들을 찾는 것은 합리적이고 이성적인 그리고 실현 가능한 계획을 세우는 데 객관적인 자료가 된다. 통계 조사, 설문지 조사, 면담, 관찰 등의 방법을 통해 그 기관의 현재 상황을 분석하고 진단할 수 있다.

(2) 목표를 설정하는 단계

어떤 기관을 위한 계획을 수행할 때 언제나 그 기관이 성취해야 할 목표를 설정하는 일은 무엇보다도 우선 과제이다. 무엇을 위한 기관이냐가 결정된 후에야 그에 따른 사업이 계획될 수 있기 때문이다. 목표는 사업이 끝났을 때 그 기관이 어떻게 "변화"되기를 원하느냐 하는 성과를 미리 앞당겨 예상한 것이다. 기관 행정은 목표와 함께 시작되고, 목표와 함께 진행되며, 목표와 함께 끝난다. 목표 설정은 그 기관을 발전시켜 나가는 과정의 심장부이며, 그 기관의 모든 힘을 집약시키는 초점이 된다. 뿐만 아니라 목표는 그 기관의 방향을 제시해 주고, 구체적인 사업 계획의 길잡이가 되며, 계획에 따라 시행한 후 평가의 근거가 된다.

(3) 사업을 계획하는 단계

어떤 기관이든지 그 기관의 목표는 성경에 나타난 하나님의 요구와 현재 그 기관에 무엇이 필요한가에 입각해서 설정되어야 한다. 목표가 설정되고 나면 어떤 사업(프로그램)을 통해서 그 목표를 가장 효율적으로 달성할 수 있겠는지, 목표 달성을 위한 사업을 계획해야 한다. 사업은 목표를 이루기 위한 수단이지 그 자체가 목표는 아님을 명심해야 한다.

첫째로 사람 중심의 사업을 계획해야 한다. 지금까지는 어떤 행사에만 초점을 맞추는 경향 속에 사람(그 기관의 회원)보다는 사업(일) 중심의 계획이 되었었다. 그러나 그 기관의 모든 사업은 그 기관에 속해 있는 모든 회원들의 영적 성장과 성숙을 위한 것이어야 한다. 즉 그 기관의 회원을 향해서, 그리고 그 기관의 회원을 위해서 사업이 계획되어야 한다는 말이다. 어떤 사업이나 행사를 치르기 위한 도구로 그 기관의 회원이 동원되어서는 안 된다.

둘째로 교회 중심의 사업을 계획해야 한다. 교회 안에 있는 모든 기관은 교회 안의 작은 교회로서 교회의 사명을 보다 효율적으로 수행하기 위한 기관이다. 그러므로 각 기관의 사업은 전체적으로 교회의 사명 성취를 돕는 것이어야 한다. 그 기관의 사명은 교회에 의해 주어졌기 때문이다.

(4) 조직하는 단계

이제 설정된 목표와 계획된 사업을 보다 능률적으로 시행하기 위해서는 조직이 필요하다. 조직하는 일은 운영에 대한 기능적 접근으로서 해야 할 일과 이 일을 추진할 책임자에 관심을 두어야 한다. 곧 조직은 행해야 할 일의 성격과 책임의 한계를 분명히 제시해 주어야 한다. 수행해야 할 일의 내용뿐만 아니라 그 일이 어떻게 이루어져야 하는가 하는 방법도 설명하는 것이 좋다.

좋은 조직은 가능한 한 책임이 넓게 분배되어서 한 사람이 여러 직책을 겸하거나 소외되지 않도록 "모두에게" "각각" 주어진 책임이 있어야 한다. 그래서 분담된 모든 역할이 전체로서 하나의 통일된 협력 관계를 유지하도록 해야 한다. 뿐만 아니라 책임의 한계를 분명히 해서 서로 충돌, 전가, 간섭, 월권을 하지 않도록 해야 한다. 더 나아가서 질서 유지, 소속감, 안정감, 성취감을 극대화하고 적재적소의 합리적이고 민주적인 조직이 되도록 해야 한다.

복잡하다고 효율적인 조직은 아니며, 또한 조직 자체가 그 기관의 성공을 보장하는 것도 아님을 기억해야 한다.

(5) 예산을 편성하는 단계

이제 목표를 성취하는 사업을 추진하기 위해 예산을 계획해야 한다. 예산이란 1년간 그 기관의 수입과 지출에 관한 계획을 의미한다. 즉 그 기관의 사업을 추진하기 위하여 수반되는 재정 범위를 예산이라고 한다. 그러므로 사업 계획과 예산은 불가분의 관계이며 상호 의존적이다. 다시 말해서 예산 없는 사업이 있을 수 없으며 사업 없는 예산이 있을 수 없다.

(6) 시간과 장소를 정하는 단계

설정된 목표, 그 목표 달성을 위한 사업, 그 사업을 추진할 책임, 그리고 그 사업을 추진할 예산이 계획되었으면 이제 그 사업을 언제, 어디서 추진하는 것이 효과적이겠는지를 계획해야 한다. 보통 시기는 교회의 절기를 따르는 것이 가장 효과적이다.

2. 계획 수립의 원리

효율적인 계획을 수립하기 위해서는 첫째로, 공동으로 계획을 수립하는 것이 좋다. 언제나 집단이 개인보다-비록 그 개인이 전문가라고 할지라도-질적으로 우수한 계획을 수립할 수 있다. 효과적인 계획 수립을 위해서는 가능한 한 최대 참여의 원리에 따르는 것이 좋다. 계획에 참여한 사람들이 그 계획을 시행할 때 보다 더 적극적이다.

둘째로 목표에 모든 힘이 집약되도록 통일성 있게 계획되어야 한다. 계획이 산발적이거나 무엇을 하려는 것인지 불분명해서는 안 된다.

셋째로 연속성 있는 계획이어야 한다. 작년과 금년과 내년의 사업 계획이 어떤 연결성이 있어야 한다. 깊이를 더해 가거나 넓이를 더해 가는 계획을 점차적으로 수립할 수 있다.

넷째로 계획이 정책으로 결정되어야만 안정성과 일관성을 유지할 수 있다. 단기적인 계획도 있어야 하지만 장기적인 정책적 계획도 있어야 한다.

다섯째로 합리적이고 이성적으로 계획을 수립해야 한다. 계획 수립을 할 때 기도회 등을 통하여 공감대를 형성하는 것은 좋지만 "믿음으로"라는 만용으로 현실을 도외시한 계획이 수립되어서는 안 된다. 실현 가능한 계획을 세워야 한다.

여섯째로 계획은 실제 운영에 있어서 조정이 가능하도록 충분한 융통성이 있어야 한다.

이와 같이 단계를 거치면서 계획을 세웠으면 그 계획을 명문화해야 한다. 계획이 명문화되지 않으면 즉흥적인 것이 되기 쉽다. 계획서를 작성하라. 계획서는 설정된 사업들이 서로 충돌하지 않게 하며, 전체 목표를 향한 사업들의 균형 있는 조정을 위해 필요하다. 계획서가 작성되면 사업에 대한 정보를 제공함으로 흥미를 유발할 수 있고, 사전에 사업에 대한 준비를 하게 되므로 참여도를 높이는 효과가 있다. 계획은 여기서 끝난다. 그 후에는 시행해 나가는 추진력이 요구된다.

2. 시행

시행은 운용, 관리, 지도, 감독하여 계획을 추진함으로 목표를 실제로 성취하는 과정이다. 곧 목표를 성취하기 위해 행동의 통일을 지도하고, 일을 순서있게 배열하며, 협력하도록 통합하고 감독하는 일이다. 시행 과정에는 영적 관리, 사무 관리, 재정 관리, 인사 관리가 요청된다.

첫째로 영적 관리는 시행 과정에서 최우선적이다. 교회와 교회 각 기관의 사업은 영적 사업이므로 영적 분위기가 먼저 형성되어야 그 기관의 사업이 추진될 수 있다. 그 기관의 사업을 추진하는 원동력은 그 기관의 모든 사람이 얼마나 성령 충만한가와 밀접한 관계가 있다. 아무리 빈틈 없는 계획이 짜여졌다 하더라도 그 기관의 회원과 임원들이 영적으로 준비되어 있지 않으면 사업 추진에 있어서 인간적인 방법에 의존할 수밖에 없다.

둘째로 사무 관리가 필요하다. 기관의 사업을 추진하는 데 필요한 각종 문서를 구비하여 뒷받침하며 사업의 추진 과정을 반드시 기록해 두어야 한다.

셋째로 재정 관리가 필요하다. 필요한 예산을 조달하고, 잘 관리하여 낭비가 없도록 한다. 재정을 조달하기 위해서는 회원들로 하여금 기쁨과 자원하는 마음으로 회비(헌금)에 참여하도록 동기를 유발시키고 신앙을 자극해야 한다. 재정이 사적인 목적을 위하여 유용되거나 유출되어서는 결코 안 된다. 양심과 신앙만 믿고 장부 기재를 소홀히 한다면 큰 잘못을 저지를 가능성이 높다. 예산을 집행할 때에는 엄격한 통제를 하여 불필요한 재정 지출을 막아야 한다. 그러나 이때 주의해야 할 점은 지나친 재정 통제로 사업 자체가 위축되거나 통제되어서는 안 된다. 그리고 재정 지출에는 극히 적은 액수일지라도 반드시 지출 과정에서 증빙 서류를 갖추도록 해야 한다. 또 재정 지출에 대한 감사와 보고는 반드시 시행되어야 한다. 철저한 감사와 보고는 회비(헌금) 납부를 촉진할 뿐만 아니라 허다한 의구심을 배제하게끔 한다. 수입이 어느 정도이고 그것이 어떻게 쓰이고 있는가를 모두가 알도록 공개해야 한다.

넷째로 회원 관리가 필요하다. 기관의 사업에 참여한 모든 사람들을 칭찬과 격려와 위로로 사기를 진작시키고 동기를 계속 부여해야 한다. 그리고 책임감을 저하시키는 문제점을 진단하고, 일하는 과정을 지도하며, 더 좋은 결과를 얻도록 처방을 제시해야 한다. 인간 관계에 있어서도 갈등과 마찰을 극복하고 조화를 이루며 함께 일할 수 있도록 조정하라.

3. 평가

효율적인 행정을 하려면 계획하고, 시행한 후에 반드시 평가가 따라야 한다. 평가는 계획의 수립 과정과 시행, 결과를 계속 점검하고, 계획의 실현 가능성과 제한성을 확인하고 수정, 보완하는 작업이며, 목표가 계획된 사업을 통해서 실제로 어느 정도나 성취되었는가를 알아보는 과정이다. 평가는 사업 성취의 과정에서 문제를 발견하고 그 원인을 진단하며, 그 치유책을 강구하고 또 문제를 예방하는 데 필요하다. 곧 평가는 보다 더 효율적인 계획을 수립하기 위한 노력이다. 그러므로 구체적인 평가 없이 계획은 향상될 수 없다.

평가는 차후의 계획 수립을 위한 귀중한 출발점이 되고, 무슨 일을 성취함으로 오는 만족감을 주며, 실패했을 경우 그 실패를 용기 있게 직면하여 그 이유를 찾게 하고 다시 그와 같은 실패를 반복하지 않게 하는 유익이 있다. 계획에서부터 시행하는 과정과 그 결과까지 전체를 평가하고 기록에 남겨 보존해야 한다. 기록의 보존이라는 사무적인 기능은 차후의 행정을 위하여 더욱 절실한 과제가 아닐 수 없다. 교회의 직원이 어떤 기관을 맡았든지 그 기관을 효율적으로 운영하려면 계획의 중요성을 인식하고, 시행에 있어서 시행 착오를 최소화하며, 평가에 최선을 다하면 된다. 분명하고 구체적인 목표가 있고, 그 목표를 반드시 이루고야 말겠다는 열정이 있으면 성공적으로 기관을 운영할 수 있다.

2. 직원과 회의

직원은 교회와 교회 안에 있는 각 부서, 위원회, 기관에서 일하게 된다. 그 모든 기관은 하나님의 주권하에서 민주적인 절차에 의해 운영하는 것이 바람직하다. 민주적인 운영이 되려면 회의가 절대적으로 필요하다.

1. 교회의 사무총회 또는 공동의회

교회의 모든 직원은 공통적으로 사무총회 또는 공동의회와 직원회 또는 제직회에 회원으로서 참여하게 된다. 그러므로 직원은 사무총회 또는 공동의회의 구성과 소집과 직무에 관해서 미리 알아두는 것이 좋다.

1. 사무총회 또는 공동의회

각 교단 헌법에 의하면 사무총회 또는 공동의회의 구성과 소집과 사무는 다음과 같다. 사무총회 또는 공동의회는 지교회의 연간 경과 보고를 받으며 신년도의 제반 인사, 재정, 사업 계획안을 의결하는 지교회의 최고 결의 기관이다.

(1) 회원
지교회의 정회원으로 구성하며 서기는 의장이 지명한다.

(2) 소집
① 사무총회 또는 공동의회는 정기, 임시 2종으로 하며 정기 사무총회 또는 공동의회는 매년 말경에 소집하고, 임시 사무총회 또는 공동의회는 지교회가 필요할 때와 당회 결의와 상회의 지시가 있을 때에 소집하며, 정기 사무총회 또는 공동의회는 위임장을 포함해서 과반수 이상 출석으로 개회하고 의결은 재석 과반수로 한다.
② 정기 사무총회 또는 공동의회는 당회 결의로 일시, 장소와 의제를 2주일 전 대예배시에 공고하여야 한다.
③ 임시 사무총회 또는 공동의회는 1주일 전에 대예배시에 공고하고 회원 3분의 1 이상 출석으로 개회하며 의결은 재석 회원 과반수로 한다. 단, 인사 문제에 관한 소집과 결의는 정기 사무총회 또는 공동의회에 준한다.

(3) 회무
① 사무총회 또는 공동의회는 당회 또는 직원회 또는 제직회로부터 연간 인사 보고와 사업 및 재산 목록, 회계 결산 보고를 받는다.
② 사무총회 또는 공동의회는 지교회 각 기관의 경과 보고를 받는다.

③ 사무총회 또는 공동의회는 교역자와 장로의 인사에 관한 안건을 처리하며 당회 또는 치리 목사가 선출한 권사, 안수 집사, 집사, 일반 직원을 임명 공포한다.

④ 사무총회 또는 공동의회는 당회나 치리 목사가 제출한 신년도 사업 계획안을 인준하고 예산안을 협찬하며 당회가 조직되지 않은 교회는 예산 위원회에서 제출한 예산안을 협찬한다. 단, 예산 위원회의 임무는 시행 세칙으로 정한다.

2. 직원회 또는 제직회

직원회 또는 제직회의 조직과 소집 및 사무는 다음과 같다.

(1) 조직

① 각 지교회 직원회 또는 제직회는 교역자와 교직자로 조직한다.
② 직원회 또는 제직회 의장은 담임 목사가 되며 서기는 의장이 지명한다. 단, 의장 유고시에는 의장이 위임한 당회원이 대행한다.
③ 담임 전도사가 시무하는 교회에서는 치리 목사가 의장이 되며, 위임한 때에는 담임 전도사가 대행한다.

(2) 소집

① 직원회 또는 제직회는 의장이 소집하며 정기, 임시 2종으로 한다.
② 정기 직원회 또는 제직회는 격월로, 임시 직원회 또는 제직회는 필요시에 의장이 소집하며 성수는 참석 회원으로 개회하고 의결은 재석 회원 과반수로 한다.

(3) 회무

① 사무총회 또는 공동의회에서 통과된 예산의 집행을 보고 받고 각 기관의 경과 보고를 받으며, 당회 또는 예산 위원회가 제출한 추가 경정예산안을 협찬한다.

② 재정 관리

- 지교회의 모든 재정 출납은 반드시 전표와 영수증을 사용하여야 한다.
- 재정 출납을 위하여 회계, 재무로 사무를 분장하게 할 것이며, 재무는 수입금을 계산하여 장부에 기입하고 현금은 회계가 금융 기관에 예금하게 할 것이며, 장부는 재무가 맡고, 통장은 회계가 보관하며, 명의는 담임 목사의 명의로 하고, 인장은 당회장이 맡으며, 출납은 재무 부장을 경유하여 당회장이 결재한다.
- 사무총회 또는 공동의회에서 통과된 예산 외의 금전 출납은 당회 또는 직원회 또는 제직회의 결의로 집행한다. 단, 미조직 교회는 직원회 또는 제직회 결의로 집행한다.
- 회계는 정기 직원회 또는 제직회에 회계 보고를 하여야 한다.
- 직원회 또는 제직회는 당회의 주관하에 관리 운영한다.
- 모든 재정은 감사를 마친 후 보고하여야 한다. 단, 회계, 감사의 임무는 시행 세칙으로 정한다.

2. 회의 진행의 원리

직원은 교회 사무총회 또는 공동의회나 직원회 또는 제직회의 회원으로서 참여할 뿐 아니라 교회 안에 있는 각 부서, 위원회, 기관의 장으로서 직접 회의를 소집하고 회의를 사회할 경우도 있다.

그러므로 직원은 회의 진행의 원리를 알아야 한다. 교회 안에서의 모든 회의는 신속하고 간결해야 하며, 다루어야 할 의제에 대한 충분한 검토와 준비, 계획이 세워져야 한다.

첫째, 회의는 민주적이어야 한다. 언제든지 자유 토론이 보장되어야 하고, 표결의 자유가 있어야 하며, 일단 표결이 되면 승복할 수 있어야 한다. 자기 개인의 의견과 맞지 않는 의견이 가결되었다고 해서 끝까지 반대하는 태도는 비민주적이다.

둘째, 신속하게 진행되어야 한다. 준비된 의안이 제안되면 그 배경과 뜻을 빨리 파악하고, 동문 서답 격의 질의나 대답으로 시간을 낭비해서는 안 된다. 그리고 반대를 위한 반대로 회의를 지연시켜서도 안 된다. 불필요한 갑론을박으로 회의가 길어지게 해서는 안 된다.

셋째, 부드럽게 진행되어야 한다. 모든 의제는 교회와 기관을 위해서 선한 목적을 가진 것들이다. 그런데 무엇 때문에 언성을 높여야 하고, 상대방의 감정을 자극하며, 대립 관계를 형성해야 하겠는가! 교회 안의 모든 회의는 여유와 아량을 가지고 부드럽게 진행되어야 한다.

3. 모범적인 회의

우리는 초대교회를 분열시킬 뻔했던 사건이 회의를 통해서 원만하게 해결된 사실을 보게 된다. 초대교회는 회의를 통해서 문제를 해결하는 방법을 배웠다. 초대교회에 이방인들이 늘어나자 이방인들도 유대인처럼 할례를 받아야 할 것인가 하는 문제가 생겨났다. 이 문제 해결을 위해 예루살렘 회의가 열렸다(행 15:1-35). 예루살렘 회의는 다음의 세 과정으로 진행되었다.

첫째, 논쟁이 있었다(1-5절). 어떤 유대인들은 이방인들도 모세의 법대로 할례를 받지 않으면 구원을 받을 수 없다고 주장했다(1절). 그러나 바울과 바나바는 이 주장에 반대했다. 그 이유는 구원은 그리스도를 믿음으로 얻어지는 것이지 인간의 어떤 의식에 의해서 얻어지는 것이 아니기 때문이었다. 다툼이 너무 심각해졌으므로 안디옥의 신자들은 바울과 바나바를 그곳 사람들과 함께 예루살렘으로 보내서 이 문제를 사도와 장로들에게 의논하게 했다. 그들이 예루살렘에 도착했을 때 이미 그리스도인이 된 바리새인들은 할례를 받는 것이 마땅하다고 주장했다(5절).

둘째, 토의가 있었다(행 15:6-11). 예루살렘 회의는 사도들과 장로들과 예루살렘 교회의 신자들과 안디옥에서 온 파견단으로 구성되었다.

먼저 베드로의 보고가 있었다(6-11절). 베드로는 이방인 고넬료의 일을 이야기했다. 그러고는 하나님께서 이방인들과 유대인들 사이에 아무런 차이도 두시지 않는다고 말했다. 하나님께서는 오순절에 유대인

신자들에게 성령을 주신 것과 같이 이방인 신자들에게도 성령을 주셨고, 이방인이나 유대인이나 다 같이 주 예수 그리스도를 믿음으로만 구원을 받음으로 유대인에게도 부담이 되는 모세의 의식법을 이방인에게까지 지키게 하는 것은 옳지 않다고 주장했다.

이어서 바울과 바나바의 보고가 있었다(12절). 그들은 유대인과 이방인이 동일하게 믿음으로 구원받는 줄 믿는다고 말했다. 그 후에 야고보의 권면이 있었다(13-21절). 야고보는 회의에서 중재자의 역할을 한 것 같다. 그는 하나님께서 이방 중에서 "자기 이름을 위할 백성"을 취하시려고 하시는 일이 구약에 어긋나는 것이 아니라고 설명했다.

그래서 야고보는 그리스도인이 된 이방인들에게 우상에게 제사 지냈던 음식, 음행, 목매어 죽인 짐승 고기, 피가 아직 남아있는 고기를 먹는 것만 금하게 하자고 권고했다. 야고보는 이방인 신자들이 이런 점을 삼가서 유대인 형제들에게 걸림돌이 되지 않게 하면서 교회 내 단결에 방해가 되지 않도록 제안한 것이다.

셋째, 결정이 있었다(22-35절). 온 교회가 야고보의 제안에 찬성했다. 그리고 이 결정은 "성령과 우리"(28절)의 결정이라고 했다. 그들은 그 결정을 먼저 성령의 뜻으로 받아들였다. 그리고 그들 모두의 결정으로 받아들였다. 안디옥의 신자들은 예루살렘 회의에서 내린 결정을 기뻐했다(31절).

이와 같은 예루살렘 회의는 오늘날 교회의 모든 회의가 따라야 할 모범일 것이다.

3. 직원과 기도

직원이 교회 안에 있는 각 부서, 위원회, 기관에서 일하는 데 있어서 가장 우선적인 것은 기도이다. 직원에게 가장 중요한 것은 기도 없이 일해서는 안 된다는 사실이다. 하나님께서 그 일을 진행시키지 않으면 모든 노력이 허사가 되고 만다. 계획은 사람이 한다. 그러나 그 계획을 이루시는 분은 하나님이시다.

잠언에는 "마음의 경영은 사람에게 있어도 말의 응답은 여호와께로부터 나오느니라……너의 행사를 여호와께 맡기라 그리하면 네가 경영하는 것이 이루어지리라"(16:1, 3)는 말씀이 있다. 그러므로 직원은 어떤 부서나 기관에서 무슨 일을 하든지 다음 세 가지 사실을 명심해야 한다.

첫째, 무슨 일이든지 기도로 시작해야 한다. 시편 기자는 "내가 네 갈 길을 가르쳐 보이고 너를 주목하여 훈계하리로다"(32:8)라고 했다. 우리는 우리가 하는 모든 일을 기도로 하나님께 맡겨야 한다. 사도행전은 바로 기도로 모든 일을 하나님께 맡기는 것을 보여 주고 있다.

가룟 유다를 대신할 제자를 뽑을 때 그들은 모여서 먼저 기도했다(1:24). 그들은 사도들의 가르침을 받아 떡을 떼며 교제하며 기도하기 위해서 함께 모였다(2:46). 집사들을 세워 안수하기 전에도 기도했다(6:6). 나중에 그들은 또한 바울과 바나바를 새로운 지역으로 보낼 때 그들과 그들의 사역을 위해 하나님께 맡기고 기도로 보냈다(13:3).

우리 주님께서도 공생애를 시작하기 전에 먼저 40일을 밤낮 금식하며 기도하셨다(마 4:1-11). 제자들을 뽑으실 때에도 먼저 밤을 새워 기도하셨다(눅 6:12). 겟세마네 동산에서 힘쓰고 애써 더욱 간절히 기도하실 때 "땀이 땅에 떨어지는 핏방울같이"(눅 22:44) 되었다.

모든 것을 생각하고 계획하고 나서가 아니라 그 생각들이 어떤 열매나 결과를 가져오기 전에 먼저 기도해야 한다. 그러나 우리는 또 어떤 일을 생각하여 그 일을 진행하면서 하나님께서 그 일을 축복해 달라고 요구한다. 이것은 순서가 뒤바뀐 것이다.

둘째, 무슨 일이든지 기도로 진행해야 한다. 기도를 대신할 것은 아무것도 없다. 좋은 목표, 기발한 아이디어, 균형 잡힌 사업, 훌륭한 방법, 풍부한 예산, 노숙한 경험, 친밀한 인간 관계, 뛰어난 지도력, 그 어떤 것도 기도를 대신할 수 없고, 또 기도를 대신해서도 안 된다. 물론 이 모든 것은 일을 하는 데 꼭 필요한 것들이다. 그러나 기도 없는 이 모든 것들은 허사가 되고 만다. 우리의 제한된 것들로 하나님의 일을 제한해서는 안 된다. 기도로 하나님께 의존하는 대신 인간의 지혜나 방법에 의존해서는 안 된다.

기도하면서 모든 일을 진행해야 한다. 해야 할 일이 아무리 많고, 그 일이 아무리 급해도 일하는 데 너무 바빠서 기도하지 못하는 어리석음을 범하지 말라. 해야 할 일이 많을수록 더 많이 기도해야 한다.

마르틴 루터는 특별한 일로 바쁠 때, 바쁘면 바쁠수록 기도하는 데 더 많은 시간을 보냈다. 그는 다음날의 계획에 대한 질문에 "일을 해야지요. 아침 일찍부터 밤늦게까지 말입니다. 사실 나는 그렇게 많은 일을 제대로 하기 위해서는 기도하는 데 적어도 하루의 처음 3시간을 보내지 않을 수 없소."라고 대답했다. 이와 같이 기도로 일을 진행할 때 우리는 그 일을 위한 영적인 힘을 공급받을 수 있다.

셋째, 무슨 일이든지 기도로 마쳐야 한다. 영으로 시작하여 육체로 일을 마치는 경우가 많다. 우리는 기도로 그 일의 결과까지도 하나님께 맡겨야 한다. 그래야 그 일을 통하여 모든 영광을 하나님께 돌릴 수 있다. 자신을 높이는 것은 하나님의 영광을 도적질하는 행위이다. 자신의 지식이나 수단과 방법을 의지할 때 자기의 영광을 구하게 된다. 기도로 모든 것을 하나님께 맡기고 일하게 될 때 결국 우리는 하나님께 감사하게 될 것이다.

이와 같이 직원은 어떤 부서나 기관에서 무슨 일을 하든지 기도로 일을 시작하고, 기도로 일을 진행하며, 기도로 일을 마칠 때 그 일을 통하여 하나님께는 영광, 그 부서나 기관에는 유익, 그리고 자신에게는 보람이 될 것이다. 그러므로 기도 없이 일해서는 안 된다. 기도하지 않았다면 일을 시작도 하지 말라.

사무엘 채드윅(Samuel Chadwick)은 기도할 때 언제나 하나님께서 무엇인가 역사하시기를 분명하게 기도했다. 그에게 인생의 종말이 다가오자 이렇게 기록했다. "내가 좀더 기도를 많이 했더라면……비록 내가 일을 좀 적게 할지라도, 마음의 밑바닥으로부터 우러나는 좀더 나은 기도를 했더라면 좋았을텐데."

성경의 탁월한 지도자들은 모두 그들의 기도 생활에 있어서 참으로 위대했던 사람들이었다. 바운즈(E. M. Bounds)에 의하면 "그들은 훌륭한 생각과 무궁무진한 창의력과 뛰어난 교양, 그리고 타고난 자질 때문에 지도자가 되었던 것이 아니다. 하나님의 능력을 소유할 수 있는 기도의 힘 때문이었다."

4장.
목회 동역자로서의 직원

교회는 진리의 기둥과 터이다(딤전 3:15). 그러므로 말씀 사역은 교회의 기본 사역이다. 이미 지적한 바와 같이 사도들은 말씀 사역의 우선권을 지키기 위해 보조적인 사역을 위임하기로 했다. 그래서 초대교회는 구제하는 일을 위해 집사들을 임명했다. 사도들이 너무 많이 구제하는 일에 시달리면, 양떼를 치는 목자로서의 의무를 소홀히 하게 된다. 자칫하면 목회자가 기도하고 말씀을 전하는 일에 자신을 바치기보다 예산 편성을 짜는 일, 심지어는 교회당을 청소하는 일까지 해야 할 입장이다. 또는 기금 지출, 건축하는 일 등의 여러 가지 일로 산만해져서 마침내 자신의 기력을 다 허비해 버릴지도 모른다.

그러므로 목회자들은 사도들의 모범을 따라 말씀을 전하는 일 이외의 일은 평신도 직원에게 위임해야 할 것이다. 그리고 교회의 평신도 직원들은 목회자가 기도하고 말씀 전하는 일에 전념할 수 있도록 그 외의 일을 분담해야 할 것이다. 그래서 목회자와 평신도가 동역자로서 교회 일을 감당하는 것이 바람직한 교회의 모습이다. 교회의 사명은 전교회에 주어지고 있다. 목회자만의 책임도 아니며 평신도들이라고 면제되는 것도 아니다. 교회에 주어진 책임을 대리로 할 수는 있다. 목회자든 평신도든 그 지위와 권리에 있어서 하나님의 백성은 하나이다(엡 2:19; 벧전 2:9). 교회의 사명은 이 한 백성, 즉 목회자와 평신도를 포함한 전교회의 권리요 의무라는 진리를 우리는 받아들여야 한다. 이것이 총체적인 교회론, 곧 성경적 교회론이다.

1. 목회자와 평신도의 관계

교회는 그리스도의 몸이다. 사도 바울은 섬김을 위하여 한 성령이 부여하신 서로 다른 영적 은사와 한 성령이 세우신 다양한 사역을 열거하고 있다(롬 12:4-8). 우리가 속한 몸이 하나이며, 우리가 소유하는 성령이 하나이며, 우리는 똑같은 지위와 특권을 누린다. 그럼에도 불구하고 한 몸의 서로 다른 지체로 세움을 입고 서로 다른 기능을 수행한다. 그 중 몇몇은 "목사와 교사"로 세움을 받아 양떼를 돌보며 가르친다. 여기에서 두 그룹, 말하자면 가르치는 자와 가르침을 받는 자, 목자와 양떼의 관계는 무엇인가? 현대에 쓰이는 비성경적 의미의 "성직"과 "평신도"의 관계는 무엇인가?

1. 역사적 관점

존 스토트 박사는 이 관계를 네 가지로 정리하면서 성경적 답변을 제시하고 있다.

첫째로 교권주의이다. 교권주의는 평신도를 무시하고 성직과 평신도의 "차이"를 강조한다. "평신도는 교회 내에서 예속적인 모습을 지녀야 한다.", "교회의 문제에 있어서 평신도들은 아무 권리가 없다."라는 주장들은 평신도를 지배하려는 교권주의를 대변한다. 중세 로마 가톨릭 교회 안에는 성직자와 평신도라는 두 계급이 엄격히 구별되어 있는 동시에 성직자에게 절대로 복종해야만 했다.

둘째로 반교권주의다. 반교권주의는 반대로 퀘이커 교도나 기독교형제단과 같이 성직자를 무시하고 성직의 불필요성을 강조한다. 이들은 교권 남용을 반대한다.

셋째로 이원론이다. 이원론은 성직과 평신도는 영역이 서로 다르므로 구별되어야 함을 강조한다. 이들은 상대방의 영역을 침범할 수 없다고 주장한다.

넷째로 섬김의 관계이다. 성직은 평신도를 섬기기 위해 있다는 주장이다. 성직은 평신도를 지배해서는 안 된다(교권주의). 그렇다고 평신도는 성직을 필요하지 않다고 절하시켜서도 안 된다(반교권주의). 혹은 다른 영역은 평신도에게 내어 주면서 자신의 영역은 침범을 우려하여 지나치게 방어해서도 안 된다(이원론). 평신도가 곧 교회, 하나님의 백성이기 때문이다. 성직은 그들을 섬기기 위하여 세우심을 입었다는 사실을 인식해야 한다. 이것이 성직자와 평신도의 바람직한 관계인 것이다. 그래서 스토트 박사는 "성직자"를 "목회자"로 부르기를 제안했다. 곧 목회자와 평신도는 섬김의 관계라는 것이 성경적 입장이다. 그러면 이것을 구체적으로 살펴보자.

2. 성경적 관점

하나님께서는 자신의 백성들을 인도하시기 위해서 지도자를 세우셨으며, 예수님은 친히 제자들을 선택하시고 특별한 일을 위해서 그들을 훈련시키셨다. 그러므로 성경적 그리스도인이라면 어느 누구나 지역 교회에서 실질적인 지도자의 위치에 있는 목회자가 필요없다거나 그 권위를 부정하는 극단적인 반교권주의를 주장할 수 없을 것이다. 우리가 성직을 폐지할 권한은 없다. 반교권주의는 절대로 성경적 관점이 아니다. 그리스도와 그의 사도들은 교회로 감독자를 갖게 하였다(행 20:28; 벧전 5:2). 목회자는 교회를 다스리고(살전 5:12, 13; 딤전 3:5, 5:17), 인도할(히 13:7, 17) 권세가 있다. 그러나 그것은 섬김의 형태를 취해야 한다. 예수님은 교회 안에 "지도자"의 존재를 인정하면서도 섬김의 의미로 해석하셨다.

"너희 중에 큰 자는 젊은 자와 같고 다스리는 자는 섬기는 자와 같을지니라"(눅 22:26).

교권주의도 성경적 관점이 아니다. 로마 가톨릭 교회의 법은 성직과 평신도의 정의와 구별을 아주 상세하게 규정하고 있다. 이것은 구약적인 사상이지만 신약의 지지를 얻을 수 없다. 구약에서 제사장과 백성은 각기 의무와 권리가 다르다. 그러나 신약에서는 그런 구분이 지속되지 않는다. 그리스도인 모두가 하나님의 백성이요, 모두가 다 제사장이다. 그들은 모두 같은 백성이요, 같은 제사장이다. 제사장이라는 말은 기독교 목회자에게 결코 사용될 수 없다.

또한 성경은 구별화의 의미로 성직과 평신도의 관계를 설명하려고 하는 이원론을 배격한다. 목회자와 평신도는 서로를 존중하며 행복한 조화 속에 공존하는 것이다.

목회자는 교회, 곧 평신도를 섬기도록 하나님의 부르심을 받았다. 이것이 목회자와 평신도의 바람직한 관계이며 성경적 관점이다. 이방인 지도자는 지배와 권세로 특징 지어진다. 그러나 교회의 지도자는 종으로서 섬기는 것이 특징이다(막 10:42-45). 이것은 친히 예수께서 "자기를 비워 종의 형체"(빌 2:7)를 입고 오셔서 주와 선생으로서 제자들의 발을 씻기시며(요 13:3-15), 섬기는 자로 사심으로써(눅 22:24-27) 본을 보여 주신 것이다.

지배하느냐, 종노릇하느냐 하는 선택은 지금도 모든 그리스도인들, 특히 교회에서 지도자의 위치에 있는 사람들이 직면하고 있는 문제이다. 특히 목회자는 그리스도의 종이요, 그의 일꾼이며 그의 심부름꾼이다. 또한 목회자는 그리스도를 위하여 다른 사람의 종이 된다(고후 4:5). 그러므로 목회자에게는 바울과 같이 "너희 믿음을 주관하려는 것이 아니요 오직 너희 기쁨을 돕는 자가 되려"(1:24) 하는 자세가 필요하다. 목회자는 평신도의 주인이 아니라 감독자로서, 주장하는 자세가 아니라 교훈과 본으로 그들을 인도하는 지도자가 되어야 한다(행 20:35; 벧전 5:3).

2. 목회자의 책임

이미 우리는 성직과 평신도의 성경적 관계는 성직이 평신도를 섬기는 것이라고 했다. 그렇다면 구체적으로 성직이 어떻게 평신도를 섬기는가? 사도 바울은 에베소 교회에 편지하면서 그 방법을 제시했다. "그가 어떤 사람은 사도로, 어떤 사람은 선지자로, 어떤 사람은 복음 전하는 자로, 어떤 사람은 목사와 교사로 삼으셨으니 이는 성도를 온전하게 하여 봉사의 일을 하게 하며 그리스도의 몸을 세우려 하심이라"(엡 4:11, 12).

즉 성직자는 "봉사의 일을 하도록 성도를 온전케 함으로" 그들을 섬길 수 있다는 것이다. 여기서 성도는 평신도, 곧 하나님의 모든 백성을 말한다. 그들의 소명은 봉사의 일을 하는 것이다. 곧 그리스도를 위해 세상에서 봉사하는 것을 말한다. 그리고 성직자의 소명은 성도들이 세상에서 그리스도를 위해 일하도록 그들을 "온전케 하는"(무장시키는) 것이다.

그러므로 목회자의 주요 기능은 가르치는 것이다. 왜냐하면 목회자의 주된 임무는 양을 먹이는 것이기 때문이다. 이것이 목회자 후보자들이 가르치기를 잘하여야 하는 이유이다(딤전 3:2; 딤후 2:24). 또한 그런 이유 때문에 "미쁜 말씀의 가르침을 그대로 지켜야 하리니 이는 능히 바른 교훈으로 권면하고 거슬러 말하는 자들을 책망하게 하려 함이라"(딛 1:9)고 했다. 목회자는 피로 사신 교회를 치고(행 20:28) 주님의 양을 먹이는(요 21:15-17) 목자로 세우심을 받았다. 주님의 양떼를 맡은 목회자는 바울처럼 양들을 위하여 수고하고 다스리며 전해야 한다(살전 5:12). 그리고 밤낮 쉬지 않고 눈물로 각 사람을 훈계해야 한다(행 20:31).

이와 같이 목회자가 평신도를 가르치는 것은 그들을 도와 영적인 성숙과 적극적인 봉사로 그들을 이끌기 위함이다. 바울은 "우리가 그를 전파하여 각 사람을 권하고 모든 지혜로 각 사람을 가르침은 각 사람을 그리스도 안에서 완전한 자로 세우려 함이니 이를 위하여 나도 내 속에서 능력으로 역사하시는 이의 역사를 따라 힘을 다하여 수고하노라"(골 1:28, 29)고 했다.

정작 중요한 것은 평신도이며, 평신도는 하나님과 사람을 섬기는 전 교회이며, 세상을 정복하러 전진하는 그리스도의 전위 부대이다. 평신도 중 몇 사람에게는 그들을 다스리며 목자가 되고, 그리스도를 위하여 그들을 섬기는 엄청난 특권이 주어졌다. 바로 성직은 그들을 섬기는 사람들이다. 왜냐하면 그들을 섬기도록 부름받은 백성들에게 스스로 속해 있기 때문이다. 바울은 이것을 고린도 교회에 보내는 편지에서 명백히 했다. 고린도에 있는 평신도들은 "'나는 바울에게', '나는 아볼로에게', '나는 게바에게' 속하였다"라고 했다. 그들은 자신들을 그들의 지도자들과의 관계 속에서 정의했다. 그러나 바울은 정반대의 진리를 말해 주고 있다. "바울이나 아볼로나 게바나 세계나 생명이나 사망이나 지금 것이나 장래 것이나 다 너희의 것이요 너희는 그리스도의 것이요 그리스도는 하나님의 것이니라"(고전 3:22, 23).

바울의 주장에 의하면 교회 안에서 누가 누구에게 속해 있다고 하면 그것은 성직에 속해 있는 평신도가 아니라, 평신도에 속해 있는 성직이라는 것이다. 성직은 평신도의 것이며, 그리스도를 위한 평신도의 종이다. 옛날에는 평신도가 성직자에게 서신을 보낼 때 "당신의 종이 되어 영광입니다."라고 끝을 맺었다. 그러나 도리어 성직자가 그와 같이 써야 더 성경적인 것이다.

3. 평신도의 책임

목회자는 평신도를 다스리고 인도할 책임이 있다. 이것은 "수고"함으로 행사되며 "말씀과 가르침"으로 구체화된다(골 1:28, 29; 살전 5:12, 13; 딤전 3:5, 5:17; 히 13:7, 17). 목회자의 수고로 평신도들은 세상 속에서 그리스도를 위해 봉사하도록 무장된다(엡 4:11, 12). 이와 같이 목회자가 평신도를 섬기는 자로서 책임을 잘 감당할 수 있도록 평신도들도 목회자를 위해서 해야 할 일이 있다. 목회자와 평신도의 관계는 사실 상호 섬김의 관계이다. 다시 말해서 목회자가 평신도들을 "말씀과 가르침"으로 잘 섬기도록 목회자를 뒷받침해야 할 책임이 또한 평신도들에게 있다.

1. 평신도는 목회자의 권위를 인정해야 한다

목회자는 하나님께서 친히 세우셨고, 그의 사명은 하나님께서 친히 주신 것이다(렘 3:15). 그래서 갈라디아 교회는 바울 사도를 하나님의 천사같이 영접했고, 심지어 예수 그리스도와 같이 영접했다. "너희를 시험하는 것이 내 육체에 있으되 이것을 너희가 업신여기지도 아니하며 버리지도 아니하고 오직 나를 하나님의 천사와 같이 또는 그리스도 예수와 같이 영접하였도다 너희의 복이 지금 어디 있느냐 내가 너희에게 증언하노니 너희가 할 수만 있었더라면 너희의 눈이라도 빼어 나에게 주었으리라"(갈 4:14, 15). 수넴 여인도 엘리사를 하나님의 거룩한 사람으로 인정하고 대접하였다(왕하 4:8-10). 하나님께서는 비록 영적인 지도자에게 인간적인 실수와 허물이 있을지라도 비방하거나(민 12:8) 도전하는(14:27) 것을 금지하셨다. 하나님께서 세우신 지도자의 권위에 인정하지 않고 그를 비난하고 그에게 도전하는 것은 곧 하나님을 비난하고 하나님의 권위에 도전하는 것이기 때문이다. 평신도들은 목회자들의 이름과 평판을 지켜 주어야 한다. 증거가 있지 않는 한 목회자에 대한 좋지 않은 말은 절대로 믿어서는 안 된다(딤전 5:19 참조).

2. 평신도는 목회자를 이해하고 존중해야 한다

사도 바울은 데살로니가 교회에 "너희 가운데서 수고하고 주 안에서 너희를 다스리며 권하는 자들을 너희가 알고(이해하고) 그들의 역사로 말미암아 사랑 안에서 가장 귀히 여기며"(살전 5:12, 13)라고 했다. 또 디모데에게 보낸 편지에서는 "잘 다스리는 장로들은 배나 존경할 자로 알되 말씀과 가르침에 수고하는 이들에게는 더욱 그리할 것이니라"(딤전 5:17)고 했다.

3. 평신도는 목회자에게 순종해야 한다

양떼는 목자의 음성을 듣고 따라야만 목자로부터 보호와 인도를 받고 풍성한 꼴을 먹을 수 있다. 목자의 음성이 싫어서 양떼를 떠나면 길 잃어 방황하다가 들짐승의 밥이 되기 쉽다. 그래서 히브리서 기자는 "너희를 인도하는 자들에게 순종하고 복종하라 그들은 너희 영혼을 위하여 경성하기를 자신들이 청산할 자인 것같이 하느니라"(13:17)고 했다. 목회자에 대한 순종은 하나님께서 세우신 지도자라는 큰 권위의 인정에서부터 비롯되며, 그에 대한 신뢰로부터 나온다. "너희는 너희 하나님 여호와를 신뢰하라 그리하면 견고히 서리라 그의 선지자들을 신뢰하라 그리하면 형통하리라"(대하 20:20).

4. 평신도는 목회자의 사역을 위해 기도하며 협력해야 한다

목회자에게는 영적 지원과 물질적 후원이 모두 필요하다. 이런 면에서도 평신도는 목회자의 협력자라고 할 수 있다. 바울은 에베소 교회와 골로새 교회(골 4:3)에 편지하면서 자신의 복음 사역을 위해서 기도해 줄 것을 요청하고 있다. "또 나를 위하여 구할 것은 내게 말씀을 주사 나로 입을 열어 복음의 비밀을 담대히 알리게 하옵소서"(엡 6:19).

바울에게는 물질적인 협력자들도 많이 있었다. 그 중에 겐그레아 교회의 일꾼인 뵈뵈가 있다. 그녀는 많은 사람을 도와주었으며, 사도 바울도 그녀의 도움을 많이 받았다(롬 16:1, 2). 또한 브리스길라와 아굴라 부부가 있다(행 18:1-3, 26; 롬 16:3-5). 그들은 바울의 동역자로서 바울의 목숨을 위하여 자기의 목이라도 내놓을 만큼 바울을 도왔다. 수넴 여인은 하나님의 사람 엘리사에게 음식과 침상, 책상, 의자, 촛대가 갖춰진 작은 방을 제공했다. 빌립보 교회는 특별히 바울의 복음 사역을 위해서 많은 물질로 후원했다. 바울은 이것을 복음 확장에 참여하는 교제라고 하면서 감사하고 있다(빌 1:4-6). 바울은 그들에게 감사할 뿐 아니라 그들을 위해서 빌지 않을 수 없었다.

"그러나 너희가 내 괴로움에 함께 참여하였으니 잘하였도다 빌립보 사람들아 너희도 알거니와 복음의 시초에 내가 마게도냐를 떠날 때에 주고받는 내 일에 참여한 교회가 너희 외에 아무도 없었느니라 데살로니가에 있을 때에도 너희가 한 번뿐 아니라 두 번이나 나의 쓸 것을 보내었도다 내가 선물을 구함이 아니요 오직 너희에게 유익하도록 풍성한 열매를 구함이라 내게는 모든 것이 있고 또 풍부한지라 에바브로디도 편에 너희가 준 것을 받으므로 내가 풍족하니 이는 받으실 만한 향기로운 제물이요 하나님을 기쁘시게 한 것이라 나의 하나님이 그리스도 예수 안에서 영광 가운데 그 풍성한 대로 너희 모든 쓸 것을 채우시리라"(빌 4:14-19).

목회자들은 전적으로 하나님께 헌신했기 때문에 그들의 육신적 생활을 자급자족할 수 없다. 그러므로 목회자의 생활을 위한 후원은 교회의 경상비에서 제일 중요한 항목이 되어야 할 것이다.

성경은 "곡식을 밟아 떠는 소의 입에 망을 씌우지 말라" 하였고 또 "일꾼이 그 삯을 받는 것은 마땅하다"(딤전 5:18)라고 하였다. 목회자들이 하나님께서 맡겨 주신 사명, 곧 기도하는 것과 말씀 전하는 것에 전무할 수 있도록 교회(평신도)는 목회자의 생활을 위하여 세심한 배려를 해야 한다. 그래서 바울은 "가르침을 받는 자는 말씀을 가르치는 자와 모든 좋은 것을 함께하라"(갈 6:6)고 했다.

지금까지 우리는 목회자와 평신도의 바람직한 관계와 상호책임을 역사적으로, 성경적으로 살펴보았다. 목회자와 평신도는 다 같은 하나님의 백성으로서 세상으로부터 구별되지만 그들 사이에는 구별이 없다. 교회의 사명은 한 백성, 곧 목회자와 평신도를 포함한 전교회에 주어지고 있다. 그러므로 교회 봉사에 있어서 목회자와 평신도 간의 진정한 팀워크가 요구된다.

그러나 하나님은 한 몸된 교회에 서로 다른 직임을 맡기셨다. 각자는 수행해야 할 특별한 봉사가 있다. 목회자는 평신도들이 봉사의 일을 하도록 "말씀과 가르침"으로 그들을 무장시키는 일을 한다. 평신도들은 목회자가 "말씀과 가르침"에 진념할 수 있도록 목회 협력자로서 그 외의 다른 일을 한다. 이와 같이 목회자와 평신도는 동역자로서 함께 교회를 섬긴다. 교회 헌법에 규정된 평신도 직원의 직무를 보면 모두 목회 협력자로서 규정되어 있다. 장로는 목사와 협력하여 신자들을 관리하며 권징을 치리한다. 권사는 목회자를 도와 신자들의 영적 상태를 돌아보며 우환 질고와 낙심 중에 있는 자를 권위한다. 집사는 목회자를 도와 신자들의 가정을 심방하며 환난 중에 있는 자를 돌본다. 이렇듯 평신도 직원은 철두철미하게 목회 협력자로서 일한다는 생각을 가져야만 한다.

오늘날 목회자의 일은 너무나 방대하고 과다하기 때문에 아무리 유능한 목회자라 할지라도 목회자 혼자의 힘으로는 다 감당할 수가 없다. 평신도 직원들이 목회자의 말씀 사역에서부터 최대한 짐을 덜어 주면 덜어 줄수록, 목회자는 양떼를 먹이는 목자로서의 사명을 충실하게 감당할 수 있을 것이다.

모세가 이스라엘 백성의 위대한 지도자가 될 수 있었던 것은 그의 기도하는 손을 붙들어 준 아론과 훌 등 좋은 협력자들이 있었기 때문이다(출 17:8-16). 사도 바울이 1세기에 최대의 복음 전도자가 될 수 있었던 것은 그의 일을 분담하며 도와주는 동역자들이 많이 있었기 때문이다. 바울이 로마에 보내는 편지의 마지막 인사를 보라. 헤아릴 수 없는 많은 동역자들에게 문안하고 있다(롬 16:1-23). 바울이 쓴 옥중서신(에베소서, 빌립보서, 골로새서, 빌레몬서)의 마지막 문안 인사를 보라. 바울이 자기의 동역자들을 기억하고 감사하고 있지 않은가?

오늘날 교회 안에 목사와 장로의 갈등, 다른 직분 간의 갈등이 웬 말인가? 이런 직분 간의 갈등이 있을 수도 없고 있어서도 안 된다. 교회 안의 모든 직분은 함께 섬기는 동역자여야 한다는 성경의 원리를 명심하라. 모든 직분들이 함께 협력하여 교회를 받들어 섬길 때, 특히 교회의 평신도 직원들이 목회자를 도와 잘 협력할 때 그 교회는 날로 날로 성장하지 않을 수 없다.

제3부
권사

1장. 권사직의 필요성
2장. 권사의 자격
3장. 권사의 직무와 자세
4장. 권사의 취임과 사임
5장. 권사의 상급

1장.

권사직의 필요성

그리스도의 몸된 교회는 분명 살아 있는 유기체인 동시에 하나의 조직이다. 그러나 조직은 그 자체가 목적이 될 수 없다. 교회의 조직은 교회가 그 사명을 최고, 최대, 최상, 최선으로 달성하기 위한 수단에 불과하다. 그럼에도 불구하고 조직은 교회의 사명 성취와 성장을 위하여 위대한 축복이 될 수 있다.

조직에는 언제나 직분이 따른다. 초대교회에는 교회의 사명을 완수하고 교회를 성장시키기에 효율적인 여러 가지 직분이 있었다. 예루살렘 교회에는 "사도, 집사, 장로"가 있었고(행 6:1-6, 15:2), 안디옥 교회에는 "선지자, 교사, 장로"가 있었고(13:1, 14:23), 에베소 교회에는 "감독(장로)과 집사"가 있었고(20:17-28; 딤전 3:1, 8), 빌립보 교회에도 "감독과 집사"(빌 1:1)가 있었다.

이렇게 볼 때, 초대교회에 있어서 교회의 조직이나 직분에는 어떤 융통성이 있었음을 알 수 있다. 물론 교회의 조직이나 직분에 대한 원리나 원칙은 성경에 나타나 있지만(딤전 3:1-13), 세부 사항 즉 오늘날 교단 헌법에 명문화 되어 있는 것처럼 교회의 조직 형태, 직분의 종류, 직원의 수 등에 대해서는 어떤 특별한 규정이나 제한이 없다. 교회의 조직이나 직분은 오직 교회의 사명을 성취하는 데 방해가 되지 않고, 적절하고 질서 있게 성취할 수 있도록 되어 있으면 좋은 것이다.

그러므로 교회의 직분은 성경에 나타난 직분에 매달려 폐쇄적인 것이 되어서는 안 되며, 오히려 그 시대의 형편과 필요에 의해 성경의 정신으로 항상 개발되고 발전될 수 있도록 개방적인 것이 되어야 한다. 그러기에 현대 교회는 다양한 조직 형태와 직분들을 창안해 냈다.

오늘날 한국교회가 교회의 형편과 필요에 의해 창안해 낸 직분 중 하나가 바로 권사직이다. 권사직은 성경에 나타나 있는 직분이 아니다. 권사직은 성경적인 근거에서 세워진 직분이라기보다는 한국교회의 상황과 필요에 의해서 세워진 직분이라고 볼 수 있다.

그러면 한국교회가 권사직을 세울 수밖에 없었던 필요성은 무엇인가? 박종열 목사는 그것을 장기 시무자에 대한 예우, 인물의 발굴 및 활용, 정치적 배려라고 보고 있다.

여집사들 중 오랫동안 한결같이 충성스럽게 봉사하여 교회 성장에 크게 공헌한 일꾼들을 예우하고 더 중한 책임을 맡기는 것은 교회로서 매우 합당하고 성경적인 조치라고 할 수 있다. 그러나 여장로 제도를 채택하고 있지 않은 대부분의 한국교회 상황에서 권사직의 혜택은 이러한 문제에 대한 하나의 타개책으로 필요하였다. 또한 세계교회는 물론 한국교회 중에도 장로교(통합 측, 기장 측), 감리교에서는 여장로 제도를 채택하고 있는데, 그렇지 못한 교단으로서는 여성 교우의 항존직 진출을 봉쇄하고 있는 데 따르는 불만 해소를 위한 대책 수립은 불가피한 과제였다. 비록 안수는 하지 않더라도 권사직을 제정하여 여성 교우들의 항존직 진출의 길을 열어 놓아야 하는 정치적 필요가 있었다.

그러나 무엇보다도 교회의 직분이란 어떤 직분이든지 교회의 여러 가지 사역을 분담하여 일하도록 세워진다. 교회가 점점 대형화 되면서 일은 많고, 사람도 많은데 정작 일할 사람은 적은 것이 현실이다. 이런 상황에서 목회자를 도와 교인들을 심방하며 우환 질고 가운데 있는 성도들을 돌아보아야 할 일꾼이 필요했다. 이런 일에 적합한 인물을 등용함으로써 교회 기능을 활성화하려는 것이 권사직을 창안하게 된 요인이라고 볼 수 있다. 유능한 인재를 사장시켜 두는 것은 교회 운영에 있어서 막대한 손실인 것이다.

어떤 이유와 필요에서 한국교회가 권사직을 창안해 냈든, 어떤 것이 더 실제적인 이유였고 어떤 것이 표면상의 이유였든 대부분의 한국교회에는 엄연히 권사직이 존재하게 되었다. 그러므로 비록 권사직의 역사가 얼마되지 않았지만 제정된 권사직을 잘 보호하고 육성하면 한국교회에 꼭 필요하고 또 교회의 사명 성취와 성장에 지대한 공헌을 할 수 있는 영광스러운 직분으로 정착될 수 있으리라고 본다.

2장.

권사의 자격

　우리가 교회에서 어떤 직분을 가지고 봉사함에 있어서 일보다 일꾼이 더 중요하다는 것은 성경의 원리이다. 그러기에 일꾼의 사람됨이 그가 하는 일보다 우선되는 것이어야 한다. 우리는 보통 우리가 어떤 사람이 되어야 하는지를 묻기보다는 우리가 어떤 일을 해야 하는지를 묻는다. 그러나 하나님은 무슨 일을 하느냐보다 그 일을 누가 하느냐를 더 중요하게 생각하신다. 또한 우리는 어떤 사람이 되어야 하는지보다 우리가 그 일을 어떤 방법으로 해야 하는지를 묻는다. 그러나 하나님께 있어서는 어떤 방법으로 일을 하느냐보다 그 일을 누가 하느냐가 더 중요하다.

　다시 말해서, 일하는 사람이 그가 하는 일의 내용이나 방법보다 더 중요하다는 말이다. 그러기에 하나님은 봉사 그 자체보다도 봉사하는 그 사람을 받으신다. 창세기 4장에 보면 가인과 아벨이 하나님께 제사 드리는 장면이 나온다. 가인은 농사하는 사람이었고, 아벨은 양치는 사람이었다. 세월이 지난 후에 가인은 땅의 소산으로 제물을 삼아 여호와께 드렸고, 아벨은 양의 첫 새끼와 그 기름으로 드렸다. 그런데 여호와께서 아벨의 제사는 열납하셨고, 가인의 제사는 열납하지 않으셨다. 왜 그러셨을까? 제물의 차이 때문이라고 해석하기는 어렵다. 레위기에 나오는 제사 제도를 보면 피의 제사도 있었지만 곡물로 드리는 제사도 있었다. 정성의 차이 때문이라고 해석하면 이해가 되지만 성경에는 언급이 없다. 그런데 히브리서 기자는 믿음의 차이였다고 해석한다(히 11:4). 창세기 본문에서 우리가 주목해야 할 중요한 말이 있다. 여호와께서 "아벨과 그의 제물"(창 4:4)은 열납하셨으나 "가인과 그의 제물"(5절)은 열납하지 아니하셨다.

그러므로 여호와께서 열납하시고 안하시고의 여부는 "사람"의 차이였음을 알 수 있다. 아벨은 믿음이 있었다. 정성도 있었다. 그는 마음에 분노도 시기도 미움도 없는 사람이었던 것 같다. 그러나 가인은 믿음도 없었고, 정성도 없었다. 아마도 가인은 이전부터 그의 마음속에 시기와 분노와 미움이 가득 찬 사람이었던 것 같다. 여호와 하나님께서는 아벨이 마음에 드셨고 그의 생활이 늘 하나님을 기쁘시게 했기 때문에 그의 제물과 제사를 받으신 것이다.

문제는 무엇을 했느냐, 또 얼마나 했느냐가 아니라 누가 했느냐 하는 것이다. 예를 들면 심방을 열두 번을 했어도 그것 자체가 중요한 것이 아니다. 심방을 한두 번 해도 누가 했느냐가 중요하다는 말이다. 문제는 사람이다. 사람이 중요하다. 하나님은 지금도 사람을 찾고 계신다. 하나님은 이새의 아들 다윗을 찾아 만났을 때, "내 마음에 맞는 사람이라 내 뜻을 다 이루리라"(행 13:22)고 말씀하셨다. 하나님의 마음에 드는 사람만이 그의 뜻을 다 이룰 수 있는 봉사를 할 수 있다.

교회에 할 일이 많고 또 급하다고 해서 합당한 자격을 갖추지 못한 사람에게 직분을 맡기면 결국 하나님께 영광이 되지 못하고, 교회에도 유익하지 못하며, 그 사람 자신에게도 비극이 되고 만다.

사실 권사가 되려는 사람은 많지만 권사의 자격을 갖춘 사람은 많지 않은 것 같다. 중요한 것은 권사가 합당한 자격을 갖추지 못했거나 낮은 표준의 자격으로 만족할 때 그런 권사가 하는 모든 봉사는 하나님께 영광이 되고, 교회에 유익과 덕을 주며, 자신에게 기쁨을 주는 봉사가 되지 못한다는 엄연한 사실이다. 그러므로 권사가 되려는 사람은 먼저 그의 직무를 감당하기에 부끄러움이 없는 자격을 갖추도록 해야 할 것이다.

성경에는 권사직이 나타나 있지 않으므로 그 자격 역시 제시되어 있지 않다. 그럼에도 불구하고 오늘날 한국교회의 권사는 초대교회 당시의 장로(감독) 못지 않게 영적으로 성숙한 사람이어야 한다. 게다가 대부분의 교회에서 여장로 제도가 채택되지 않기 때문에 권사를 세운다면 권사는 장로에 필적하는 자격을 구비해야 한다. 그러므로 필자는 먼저 성경에 제시된 장로의 자격을 성경에 근거한 권사의 자격으로 설명하고, 헌법에 규정된 권사의 자격을 설명하려고 한다.

1. 성경에 근거한 자격

"미쁘다 이 말이여, 곧 사람이 감독의 직분을 얻으려 함은 선한 일을 사모하는 것이라 함이로다 그러므로 감독은 책망할 것이 없으며 한 아내의 남편이 되며 절제하며 신중하며 단정하며 나그네를 대접하며 가르치기를 잘하며 술을 즐기지 아니하며 구타하지 아니하며 오직 관용하며 다투지 아니하며 돈을 사랑하지 아니하며 자기 집을 잘 다스려 자녀들로 모든 공손함으로 복종하게 하는 자라야 할지며 (사람이 자기 집을 다스릴 줄 알지 못하면 어찌 하나님의 교회를 돌보리요) 새로 입교한 자도 말지니 교만하여져서 마귀를 정죄하는 그 정죄에 빠질까 함이요 또한 외인에게서도 선한 증거를 얻은 자라야 할지니 비방과 마귀의 올무에 빠질까 염려하라"(딤전 3:1-7).

"내가 너를 그레데에 남겨 둔 이유는 남은 일을 정리하고 내가 명한 대로 각 성에 장로들을 세우게 하려 함이니 책망할 것이 없고 한 아내의 남편이며 방탕하다는 비난을 받거나 불순종하는 일이 없는 믿는 자녀를 둔 자라야 할지라 감독은 하나님의 청지기로서 책망할 것이 없고 제 고집대로 하지 아니하며 급히 분 내지 아니하며 술을 즐기지 아니하며 구타하지 아니하며 더러운 이득을 탐하지 아니하며 오직 나그네를 대접하며 선행을 좋아하며 신중하며 의로우며 거룩하며 절제하며 미쁜 말씀의 가르침을 그대로 지켜야 하리니 이는 능히 바른 교훈으로 권면하고 거슬러 말하는 자들을 책망하게 하려 함이라"(딛 1:5-9).

한마디로 권사가 되려는 사람은 장로(감독)와 같이 영적으로 성숙한 사람이어야 한다. 여기에서 한 가지 주의할 것은 성경에 규정된 자격에 의하면 장로(감독)는 남자여야만 한다는 것이다. 그래서 오늘날 한국교회는 권사의 자격으로 남녀 구별을 하지 않은 교단도 있지만 대부분의 교단에서는 권사를 여자로만 제한하고 있다. 그런 경우 "한 아내의 남편이며"(6절)라는 규정은 "한 남편의 아내이며"라고 바꾸어 읽으면 별 문제가 없다고 본다. 성경에서는 주로 사람의 됨됨이, 도덕 정신, 그리스도인으로서의 성숙과 지혜, 가정을 관리함, 직무를 행할 능력 등을 제시하고 있는데 이것들을 정리하면 다음과 같다.

1. 권사가 되려는 사람은 개인적으로 성결해야 한다

권사가 되려는 사람은 무엇보다도 먼저 개인 생활이 성결해야 한다. 성결은 모든 자격에 없어서는 안 될 기본 조건이다. 권사가 성결하지 못하면 가치를 잃어 쓸모없는 무익한 그릇이 되고 만다. 바울은 디모데에게 "누구든지 이런 것에서 자기를 깨끗하게 하면 귀히 쓰는 그릇이 되어 거룩하고 주인의 쓰심에 합당하며 모든 선한 일에 준비함이 되리라"(딤후 2:21)고 했다.

1. 책망할 것이 없어야 한다 (딤전 3:2; 딛 1:6, 7)

권사는 비난받을 것이 없는 사람, 즉 흠 잡힐 데가 없는 사람이어야 한다. 여기에서 책망할 것이 없어야 한다는 것은 완전해야 된다거나 죄가 없어야 된다는 것이 아니라, 교회에서나 사회에서, 윤리적으로나 법

률적으로 다른 사람에게 비난받을 만한 결점이 없어야 한다는 말이다. 심지어는 반대자들에게까지라도 공격당할 어떤 결점도 찾을 수 없는 사람을 말한다. 권사는 사탄이나 구원받지 못한 사람들이 교회를 비난하거나 공격하기 위해 붙잡을 것이 그의 삶 속에 전혀 없어야만 한다. 어느 누구도 죄가 없을 수는 없다. 그러나 권사는 흠이 없으며 책망할 것이 없는 훌륭한 인격의 소유자가 되도록 노력해야 한다. 이런 사람은 자신의 잘못을 고치기 위해 자기가 할 수 있는 일이라면 무엇이라도 할 것이다. 결과적으로 이런 사람은 좋은 평판을 얻을 것이며 그렇게 되는 것이 당연하다(딤전 3:7).

2. 절제해야 한다(딤전 3:2; 딛 1:8)

권사가 되려는 사람은 자제력이 있어야 한다. 절제하는 사람은 식견을 흐리게 하는 영향력에 감염되지 않는 사람이고, 육체적, 심리적, 영적 방향 감각을 잃지 않은 사람이며, 언제나 안정되고 견실하며 명확한 생각을 가진 사람이다. 절제하는 사람은 대부분의 경우에 있어서 조용하고, 냉정하며, 침착하다. 여기에서 절제해야 한다는 말은 그리스도인으로서의 경계를 소홀히 한다든가 또는 자신이 그리스도인으로서의 행실을 더럽히는 즐거움에 몸을 맡겨서는 안 된다는 말이다.

즉 자신의 육체와 감정이 "그렇다."라고 말할지라도 자기의 정신으로는 "아니다."라고 할 수 있어야 한다. 그러므로 절제하는 사람은 극단으로 빠지지 않고 균형 감각을 잃지 않으며 모든 상황에서 침착하게 행동한다. 사도 바울은 "모든 일"(고전 9:25)에 절제해야 할 것을 말했다. 즉 무엇에 대한 욕망이든—식욕, 성욕, 쾌락, 명예욕 등—욕망이 자신의 종이 아닌 주인이 되게 해서는 안 된다. 육체의 욕망이 주도권을 쥐고 생각과 행동을 지배하면 마땅히 해야 할 일을 하지 않고 하고 싶은 일을 하게 된다. 그러나 권사가 되려는 사람은 방종해서는 안 된다. 절제는 성령의 열매이다(갈 5:16-24). 그러므로 권사가 되려는 사람은 육체의 소욕을 거스려 성령을 좇아 행해야 한다. 더 먹을 수 있지만 덜 먹고, 더 가질 수 있지만 덜 가지며, 더 누릴 수 있지만 덜 누리는 생활을 해야 하는 것이다. 그래서 자기를 이기며 자신의 욕망과 향락적인 사랑을 극복해야 한다.

3. 신중해야 한다(딤전 3:2; 딛 1:8)

원래 "신중한"이라는 말은 "맑은 정신의", "건전한 마음의", "차분한", "단정한", "분별 있는", "결단력 있는"이라는 뜻이다. 신중한 사람은 착실하고, 냉정하며, 자제심이 있어서 내적 통제와 외적 통제가 잘 되는 사람이다. 신중한 사람은 내적으로 하나님과 다른 사람과의 관계에서 "자신에 대해 올바른 견해를 가진" 사람이다(롬 12:4-8). 이런 사람은 자기가 생각한 그 이상의 것을 생각하거나(3절), 무식하여 어리석거나 망령되지 않은 정신으로 처신하며, 자기 자신을 잘 단속한다. 그러므로 이런 사람은 겸손할 수밖에 없다. 그러나 고린도 교인들은 자기 입장을 지나치게 과대평가했던 사람들이었다(고전 12:14-26).

또한 신중한 사람은 외적으로 자신이 배운 진리를 자신의 삶 속에서 구현시키는 사람이다. 이런 사람은 말과 행실을 삼가 낮에와 같이 단정히 행하는 사람이다. 신중한 사람은 방탕하거나 술 취하지 않고, 음란하거나 호색하지 않으며, 다투거나 시기하지 않는다. 그는 정욕을 위하여 육체의 일(갈 5:16)을 도모할 수 없다(롬 13:13, 14).

신중은 주님의 재림을 사모하는 자의 생활 태도이다(살전 5:6-8). 하나님께서 우리에게 주신 것은 신중한 마음이기 때문에 모든 그리스도인들은 신중해야 한다. 바울은 늙은 남자, 젊은 여자, 젊은 남자들은 신중해야 한다고 권면한다(딛 2:2-6). 하물며 권사가 될 사람이야 더 신중해야 하지 않겠는가! 권사는 정신을 차리고 신중하여 바른 마음과 바른 정신으로 사는 사람이어야 한다.

4. 단정해야 한다(딤전 3:2)

원래 "단정한"이라는 말은 "질서 있는", "잘 배열된", "잘 정돈된", "행실이 좋은", "예의 바른", "잘 행동하는", "존경할 만한"이라는 뜻을 가지고 있다.

권사가 되려는 사람은 모든 면에서 질서 있고 규모 있으며 잘 정돈된 생활을 하고 있는 사람, 즉 내적 생활, 품행, 생각 등에 있어 일관성 있는 사람이어야 한다. 하나님은 질서의 하나님이신고로 권사도 역시 질서 있고 품위 있고 예의 바른 사람, 즉 그의 일뿐만 아니라 그의 생각과 삶도 잘 정돈되어 있는 사람이어야 한다는 것이다. 사람이 외적인 행위에 있어서 단정하다면 그것은 그 사람이 내적 생활에 있어서 단정하기 때문이다.

5. 의로워야 한다(딛 1:8)

권사가 되려는 사람은 실제적이고 도덕적으로 의로운 사람이어야 한다. 의로운 사람이란 "곧은" 사람, 즉 자신의 말을 고수하고 말한 것을 실천하는 고결한 사람이다. 헬라 사람들은 의로운 사람이란 하나님과 사람에게 각각 당연히 주어야 할 것을 주는 사람이라고 정의했다. 권사는 당연히 하나님을 경외하고 사람에게는 존경을 표시하는 사람이어야 한다. 그래야만 하나님과 올바른 관계를 유지할 수 있고, 그 결과로 다른 사람과도 올바른 관계를 맺고 의로운 생활을 할 수 있다.

예수께서는 "너희 의가 서기관과 바리새인보다 더 낫지 못하면 결코 천국에 들어가지 못하리라"(마 5:20)고 하셨다. 제자들은 이 말씀을 듣고 깜짝 놀랐을 것이다. 왜냐하면 서기관과 바리새인들은 이 세상에서 가장 의로운 사람들이었기 때문이다. 그들은 율법의 의로는 흠잡을 데가 없는 사람들이었다. 그러나 예수께서 의미하셨던 의는 내적 의, 곧 생각과 동기의 의였다. 서기관과 바리새인들은 외적인 의로는 순결했었고, 외적으로 – 말과 행위로 – 율법을 다 지켰을지 모른다. 그러나 그들은 마음의 의는 아무것도 알지 못했다.

예수님에게는 불의한 마음은 사실 불의와 같은 것이었다. 예수님은 우리들의 마음에 불의한 생각을 가져서는 안 된다고 하셨다. 권사는 불의한 생각을 가져서는 안 된다. 의롭지 못한 행동을 해서도 안 된다. 권사는 의로운 생각을 가지고 옳은 행동을 실제적으로 해야 한다. 노아는 의로운 사람이었고(창 6:9), 세례 요한도 의로운 사람이었고(막 6:20), 요셉도 의로운 사람이었다(마 1:19). 요셉은 마리아의 불의가 드러나자 그것을 드러내지 않고 가만히 마리아와의 관계만 끊으려고 했다.

6. 거룩해야 한다 (딛 1:8)

원래 "거룩한"이란 말은 "다르다"는 뜻이다. 여기에서 "거룩하다"는 말은 "독실한", "경건한" 곧 죄와 악이 없는 상태를 말한다. 권사가 되려는 사람은 실제적으로 깨끗하고 거룩한 생활을 해야 한다. 예수님처럼 말이다. 히브리서 기자는 예수 그리스도를 대제사장이며 거룩하고, 악이 없고 더러움이 없고 죄인에게서 떠나 계신 자라고 했다(7:26). 즉 예수님은 마음에 악의나 간교한 것이 없었고, 죄에 물들지 않았으며, 악한 행동에 참여하지 않으셨다. 사도 바울 자신도 "거룩하고 옳고 흠 없이" 살았으며, 하나님과 데살로니가 교인들은 바울의 이러한 삶에 대한 증인이었다(살전 2:10). 권사는 예수님처럼, 바울처럼 죄인 가운데서 거룩하고 경건한 삶을 살아야 한다. 하나님께서 우리를 부르신 것은 더러움에서 살게 하시려는 것이 아니라 거룩함에 이르게 하시려는 것이다(4:7).

거룩한 삶이란 격리된 삶이 아니라 구별된 삶이다. 권사는 세상 안에서 소금과 빛으로 살아야 한다(마 5:13–16). 죄인들과 다른 모습으로, 죄인들과 다른 방식으로 살아야 한다(고전 5:9, 10). 그리스도를 알지 못하는 사람들과 분리되지 않고서도 구별된 삶을 얼마든지 살 수 있다. 진주조개가 바다 속에서 양식되면서 한 방울의 바닷물도 먹지 않는 것처럼, 그리고 개똥벌레가 날개 하나 다치지 않고 불 속을 통과할 수 있는 것처럼 말이다. 다니엘과 그의 친구들이 바벨론에서 포로 생활을 하면서도 자신들의 몸과 마음을 깨끗하게 지켰던 것처럼 권사가 되려는 사람은 죄악된 이 세상 속에 살면서도 거룩해야 한다.

2. 권사가 되려는 사람은 가정에 충실해야 한다

가정은 하나님이 창조의 질서 가운데 제정하신 사회의 기본 단위로 모든 사회 관계의 우선이며, 결혼은 인간 관계의 최초 형태로 모든 다른 인간 관계의 기초이다. 그래서 성경은 가정과 결혼의 신성을 강조하고 간음과 간음 이외의 연고로 이혼하는 것을 금지하고 있다. 권사가 되려는 사람은 한 아내의 남편으로서 가정을 잘 다스리고 믿고 순종하는 자녀를 둔 사람이어야 한다. 이미 지적한 바와 같이 여자만 권사가 될 수 있는 교회에서는 이 규정을 "한 남편의 아내"로 바꾸어 읽으면 별 문제가 없겠다. 어쨌든 권사는 가정에서도 그의 인격과 생활이 인정을 받고, 가정적으로도 지지를 받는 사람이어야 한다.

1. 한 아내의 남편이어야 한다 (딤전 3:2; 딛 1:6)

이 구절은 여러 가지로 해석된다. 다처주의, 이중 결혼, 동성애, 재혼, 이혼 후의 재혼, 독신 등을 금지한 것이라고 해석된다. 그러나 여기에서 의미하는 것은 권사가 되려는 사람은 합법적인 결혼에 의하여 가정을 이루고 한 여인(남자)만을 아내(남편)로 맞아 그에게만 충실해야 한다는 것이다. 뿐만 아니라 사별의 경우 이 외에는 첫 번째의 결혼이 깨지지 않도록 최선을 다해 노력해야 하고, 이성 문제에 있어서 순결해야 한다. 은밀하거나 고의적으로 어떤 여성(남성)과 불법적인 성관계를 마음으로라도 즐기는 자는 누구나 하나님 앞에서 이미 간음한 자이다. 권사는 부부간의 성생활과 행복한 결혼 생활을 위해 노력해야만 유혹을 잘 처리할 수 있다. 성적인 유혹은 대단히 쉽다. 정신적으로나 육체적으로 죄로 돌변할 수 있는 것이다.

고린도 사람들은 자기 계모와 성관계를 갖는 등 음란하고 방탕한 사람들이 많았다(고전 5:1). 그래서 바울은 아내들과 남편들에게, 사탄에게 그들을 성적 음행과 부정에 빠뜨릴 기회를 주지 않기 위해서 서로의 성적 요구를 충족시키라고 가르치고 있다(7:5). 우리는 성도발 사회에 살고 있다. 그러므로 권사는 고의적으로 자신을 노출시키지 말고, 하는 일 없이 빈둥거리는 시간을 피해야 한다(삼하 11:2-5).

2. 믿는 자녀를 두어야 한다(딤전 3:4; 딛 1:6)

권사가 되려는 사람은 우선 그 자녀들이 믿음으로 구원받도록 해야 한다. 그리고 단정하여 방탕하다는 비방을 받지 않고, 순종하는 자녀들로 양육해야 한다(잠 22:6; 엡 6:4). 다시 말해서, 권사의 자녀들은 반드시 구원받았을 뿐만 아니라 순종과 거룩한 삶에 있어서 좋은 본이 되어야 한다는 것이다. 권사의 자녀들이 방탕하다거나 불순종한다는 비방을 받는다면 그리고 난폭하고 음란한 생활을 한다면 자기 아버지(어머니)의 권사의 자격을 박탈하는 것이 된다. 이 문제에서 실패한 구약의 대표적인 인물은 엘리였다(삼상 2:12-17).

3. 나그네를 대접해야 한다(딤전 3:2; 딛 1:8)

원래 "나그네를 대접하라"는 말은 "나그네를 사랑하라"는 뜻이다. 이것은 여행하는 사람들이나 박해로 인하여 유리하는 사람들이 많았던 초대교회 시대에는 중요한 사역이었다. 뿐만 아니라 순회하는 설교자나 교사도 머물 곳이 필요했다.

권사의 가정은 항상 문호를 개방하여 손님 대접을 잘해야 한다. 손님 대접하기를 게을리하거나 잘하지 않는 자는 권사의 자격이 없다.

다시 말해서, 권사는 친절하고 접근하기 쉬우며, 차갑지 않아야 한다. 그는 다른 사람들과 그들의 필요를 진정으로 돌보며, 그러한 필요를 돕기 위해 일해야 한다. 권사의 마음은 열려 있어야 하고, 그의 가정도 열려 있어야 한다.

신구약성경은 나그네를 대접하는 일을 강조하고 있다(창 18:2; 레 19:33, 34; 롬 12:13; 히 13:2; 벧전 4:9). 야고보는 구체적으로 우리가 대접해야 할 사람들이 누구인가를 제시하고 있다(약 2:6-9). 예수님은 "무엇이든지 남에게 대접을 받고자 하는 대로 너희도 남을 대접하라"(마 7:12)고 명령하셨다. 권사는 모든 교인들에게서 대접을 받고자 하는 마음과 내가 교회의 어른이니 나를 대접하라는 식의 태도를 버리고 모든 교인들을 대접하고 돌보려고 힘써야 한다.

이와 같이 권사가 남을 대접하려면 먼저 대접하고자 하는 "마음"과 이를 실현시킬 수 있는 "경제력"이 있어야 한다. 권사의 가정이 늘상 구제의 대상이 되거나 자기 가정만을 돌보는 수전노가 되어서는 안 된다. 오히려 빈궁한 자에게 구제할 것이 있기 위하여 수고하고 부지런히 일해야 할 것이다(엡 4:28).

결론적으로 권사가 되려는 사람은 가정적으로 아내(남편)와의 관계, 자녀와의 관계에서 충실해야 하고, 남을 대접하는 데 모범적이어야 한다. 한마디로 자기 집을 잘 다스리는(돌아보는) 자라야 한다(딤전 3:4, 5). 바울은 그 타당한 이유를 제시하고 있다. 교회는 하나님의 집인데 자기

집도 잘 다스리지(돌아보지) 못하는 사람이 어떻게 더 큰 집, 즉 하나님의 집인 교회를 다스릴 수 있겠느냐는 것이다.

그리스도인에게는 교회와 가정이 하나이다. 권사는 사랑과 진리와 훈계로 그들을 다스려야 할 것이다(살전 2:11).

오늘날 너무 자주, 너무 쉽게 신앙 안에서 자신의 가정을 세울 기회도 갖지 않은 사람을 권사로 선출한다. 이것은 그의 가정과 교회에 다 같이 위험천만한 일이다.

3. 권사가 되려는 사람은 성숙한 신앙인이어야 한다

권사는 반드시 영적으로 성숙한 그리스도인이어야 한다. 영적으로 어린 사람에게 권사직을 맡기는 것은 대단히 위험하다. 뿐만 아니라 권사는 하나님의 양무리를 잘 먹일 수 있을 만큼, 그리고 건전하지 못한 교훈을 가르치는 사람들의 잘못을 지적하고 논박할 수 있을 만큼 성경의 교훈들과 원리들을 잘 알고 있어야 하며 잘 가르칠 수 있어야 한다.

1. 가르치기를 잘해야 한다(딤전 3:2; 딛 1:9)

바울은 디모데에게 권사가 되려는 사람은 "가르치기를 잘해야" 한다고 했다(딤전 3:2). 그리고 디도에게 더 구체적으로 권사가 되려는 사람은 "미쁜 말씀의 가르침을 그대로 지켜야 하리니"(딛 1:9)라고 했다. 다시 말해서 말씀을 잘 가르치는 권사가 되려면 먼저 말씀을 배우고 그 말씀대로 사는 사람이어야 한다는 것이다. 왜냐하면 자기가 먼저 배우지 않고서는 다른 사람을 가르칠 수 없기 때문이다. 그리고 말씀의 가르침을 그대로 지키는 것이 바로 다른 사람들을 바른 교훈으로 가르칠 수 있는 권사의 능력이 되기 때문이다.

가르치는 일이 꼭 거스려 말하는 자를 책망하는 데만 필요한 것은 아니다. 오히려 가르친다는 것은 "거슬러 말하는 사람들에게까지" 권면하고 책망할 수 있는 것을 말한다. 권사는 대중 설교자나 많은 사람을 가르칠 수 있는 교사가 될 필요는 없는지 모른다. 그러나 최소한 사람들과 일대일의 관계 속에서는 그들의 필요나 신앙 문제에 대해 하나님의 말씀을 적용시킬 수 있어야 한다. 권사는 실제로 가르치는 것에 의해 잘 다스릴 수 있기 때문이다. 성경에 규정된 권사의 자격 중 이것만이 해야 하는 일의 성격을 보여 준다. 그 나머지 자격들은 이러한 기능을 수행해야 하는 그 사람의 인격에 관한 것이다. 그러므로 최소한 바른 교훈으로 가르칠 수 있는 능력조차 없는 사람은 권사가 되어서는 안 된다.

권사가 되려는 사람은 더욱더 하나님의 말씀을 배우고(딤후 2:15), 더욱더 하나님의 말씀을 믿고, 더욱더 하나님의 말씀을 따라 살아야 한다(23-26절). 이렇게 하나님의 말씀에 충성된 사람에게 그 직분을 맡겨야 한다. 그래야만 그가 또 다른 사람들을 가르칠 수 있을 것이다(2절).

2. 새로 입교한 자여서는 안 된다(딤전 3:6)

권사의 역할은 어느 정도 그리스도인으로서 성숙할 것을 요구하는데 그러한 성숙은 시간과 경험을 통해서 이루어질 수 있다. 그러므로 갓 그리스도인이 된 사람이 권사의 일을 해낼 수 없는 것은 당연하다. 물론 어떤 사람은 다른 사람보다 더 빨리 성숙한다. 영적인 성숙이 신앙

연도에만 관련 있는 것은 아니기에 오래 믿었지만 성숙하지 못한 신자도 있다. 그러나 아무리 열성적이라고 할지라도 새로 입교한 사람은 교회에서 권사로서의 일을 맡아 처리하기에는 충분한 경험을 가졌다고 할 수 없다. 바울은 교회에서 권사로 섬기기 전에 성숙해야 하는 이유를 분명히 제시한다.

실상 새로 입교한 사람이 권사가 될 때 그는 "교만하여져서 마귀를 정죄하는 그 정죄에 빠지기"가 아주 쉽다(딤전 3:6). 마귀를 정죄하는 그 정죄는 무엇인가? 그것은 교만이다(사 14:12-14). 즉 영적으로 성숙하지 못한 사람에게 권사직을 맡길 때, 오히려 그만 교만하여져서 자기 위치에서 떨어질 수 있다는 것이다. "교만해진다"는 말은 실제로 교만 때문에 어두워 식견을 상실하게 된다는 뜻이다.

권사는 새신자, 즉 신앙에 있어 아직 어린아이와 같은 사람이 되어서는 안 된다(고전 3:1-3, 6:5). 권사는 "사람의 속임수와 간사한 유혹에 빠져 온갖 교훈의 풍조에 밀려 요동"(엡 4:14)해서는 안 된다. 권사는 신앙이 성숙한 사람이어야 하고 그 신앙을 교회 앞에서 인정받아야 한다. 교회의 회중들이 권사가 되려는 사람에 대해 그가 얼마나 성숙한 신앙을 가지고 있는지 시험할 수 있는 방법이 있다. 그것은 그로 하여금 교회의 집사로서 봉사할 수 있는 기회를 주는 것이다.

4. 권사가 되려는 사람은 존경받는 사회인이어야 한다

권사가 되려는 사람은 외인에게도 선한 증거를 얻은 자라야 한다(딤전 3:7). 언뜻 보기에 이 말씀은 이상하게 들린다. 교회 밖에 있는 사람들이 그 사람의 신앙의 성숙과 영적인 은사에 대하여 도대체 무엇을 알 수 있단 말인가? 그러나 세상 사람들이 모두 어리석은 것은 아니다. 세상 사람들도 정직한 사람을 보는 눈이 있다. 그들은 그들의 일상생활 속에서 누가 믿을 만한 사람인가를 금방 알게 된다. 따라서 그들은 겉으로만 신앙을 가진 사람들을 경멸한다. 오히려 그들은 참된 신앙을 가진 사람을 더 신뢰하기 마련이다. 그래서 베드로는 "너희 속에 있는 소망에 관한 이유를 묻는 자에게는 대답할 것을 항상 준비하되 온유와 두려움으로 하고 선한 양심을 가지라 이는 그리스도 안에 있는 너희의 선행을 욕하는 자들로 그 비방하는 일에 부끄러움을 당하게 하려 함이라"(벧전 3:15, 16)고 했다. 또한 바울도 "숨은 부끄러움의 일을 버리고 속임으로 행하지 아니하며 하나님의 말씀을 혼잡하게 하지 아니하고 오직 진리를 나타냄으로 하나님 앞에서 각 사람의 양심에 대하여 스스로 추천하노라"(고후 4:2)고 했다.

현명하지 못한 권사의 선택은 그 교회에 커다란 상처를 가져올 수 있다. 권사의 직분에 합당하지 않은 사람, 특히 사회 전반에 걸쳐서 모두가 지켜야 할 윤리에 있어서 부적절한 사람을 교회가 권사로 선출하면 이 사회의 모든 불의가 교회 안으로 들어오게 된다. 경솔하게 권사를 선출하면 신자들은 "비방과 마귀의 올무"에 빠지게 된다. 물론 이 비방은 교회 밖의 세상으로부터 받는 비방이다. 권사가 되려는 사람은 그 신앙과 윤리 문제에 있어서 어느 누구의 비방도 받지 않아야 한다. 세상에서 비방받는 사람을 권사로 택한다면 그로 인하여 그리스도의 이름이 세상 가운데서 모독받게 될 것이며, 어느 누구도 하나님의 말씀을 듣기 위하여 교회 예배에 참석하지 않을 것이다.

한마디로 권사가 되려는 사람은 칭찬과 존경을 받는 사회인이어야 한다. 존경받는 사회인이 되려면 분 내지 아니하고 오직 관용하며 선을 좋아해야 한다(딤전 3:3, 7; 딛 1:8).

1. 술을 즐기지 아니해야 한다(딤전 3:3; 딛 1:7)

술을 즐기지 아니해야 한다는 것이 모든 종류의 알코올 음료에 대한 무조건적 금주를 명하는 것은 아니다. 여기서 말하려고 하는 것은 권사는 "술 좌석에 너무 오래 앉아 있는 사람, 술의 노예"가 되어서는 안 된다는 것이다.

술에 취하면 균형을 잃어버리기 때문에 술에 빠져서는 안 된다. 술 취하는 것은 모든 그리스도인들, 특히 교회 지도자인 권사가 살아야 하는 삶의 방식과 반대된다(잠 23:20, 21; 롬 13:13, 14; 엡 5:18, 19; 벧전 4:3). 술 취하는 것은 방탕한 것이며, 확실히 불신자들이 취하는 생활 양식의 일부이다. 술 취하는 것은 분명히 하나님의 뜻 가운데 행하는 생활이 아니다. 술에 취하게 되면 사실 맑은 정신으로 있을 때보다 더 싸우기 쉽고 폭력적이기 쉽다.

권사는 자신의 사업이나 다른 사람과의 교제를 위해서 술을 마시지 않으면 안 될 경우라도 자기 자신을 절제할 줄 알아야 한다. 적어도 권사라면 쾌락에 빠져 신자의 생활을 허술하게 하거나 그 행위를 더럽혀서는 안 된다.

여기에서 말하려는 것은 무조건 금주해야 한다는 원칙을 제시하려는 것이 아니라 적어도 권사라면 "보다 높은 원칙", 곧 다른 사람에 대해 덕을 세우는 생활을 해야 한다는 것이다. 술에 취하는 것은 믿음이 연약한 신자를 넘어지게 하고 하나님께 죄를 짓게 하는 행위가 될 수 있다(롬 14:21).

더 나아가서 술뿐만 아니라 무엇에든지 "탐닉"하는 것은 죄이다. 권사는 그것이 술, 음식, 담배, 나태, 무엇이든지 그것들이 자신을 지배하도록 내어 맡겨서는 안 된다(고전 6:19, 20, 10:31). 성령 외에 어느 것도 자신을 주장하도록 해서는 안 된다는 것이다.

2. 구타하지 않아야 한다(딤전 3:3; 딛 1:7)

"구타하지 아니한다"는 말은 원래 "다투기를 좋아하지 아니한다", "싸움을 하지 아니한다"는 뜻을 가지고 있다. 사실 권사는 남을 구타하는 사람, 곧 남을 때리는 사람이어서는 안 된다. 신체적인 폭력을 하나님께서 기뻐하시지 않는다는 것을 보여 주는 증거는 성경에 수없이 많다(마 5:38, 39).

그러나 남을 구타하는 또 다른 방법이 있다. 사실 우리 시대에 "욕설"은 다른 사람을 해치는 데 있어서 신체적 구타보다 더욱 효과적이다. 신체적 타박상이나 부러진 뼈가 회복되는 것은 명예 손상을 입고 상심한 데서 회복되는 것보다 훨씬 쉽다. 유감스럽게도 말로 상대방을 공격하는 기술이 뛰어난 사람들이 의외로 많다. "아무에게도 말하지 말아야 할 텐데, 기도해야 할 문제야!" 등 영적 관심으로 가장된 험담과 악의에 찬 중상은 가장 무서운 형태의 20세기 "구타"라고 할 수 있다.

권사는 말로나 신체적으로 구타해서는 안 된다. 예수께서는 욕을 당해도 그것을 되받아 욕하시지 않았으며, 맞아도 때리시지 않으셨다. 고난을 당하셨어도 사람들을 위협하신 일은 없으셨다(벧전 2:21-23). 권사는 남을 때린다든가, 고함을 지른다든가, 집적거린다든가, 화를 잘 낸다든가, 사납게 군다든가 하는 행동을 해서는 안 된다. 다른 사람을 위협하거나 말이나 행동에 있어서 폭력을 행사하는 사람은 권사가 될 수 없다.

3. 다투지 않아야 한다(딤전 3:3)

권사가 되려는 사람은 "다투기를 좋아해서는" 안 된다. 오히려 그는 "사람을 좋게 대하는" 사람, 곧 "평화로운" 사람이어야 한다. 다투기를 좋아하는 사람은 다른 사람과 싸우고 경쟁하며 논쟁하기가 일쑤다. 이런 사람은 언제나 자기 외의 모든 사람에 대해서 반대 입장에 서 있다. 자기 밖에 없는 사람이며, 유일무이한 권위자로서 다른 모든 사람이 그의 요구에 굽실거리기를 원하는 사람이고 언제나 군림하는 자세를 취한다. 이런 사람은 언제나 전투적이고, 비협조적인 마음을 가지고 문제를 만드는 사람이다. 그러나 권사는 문제를 일으키는 사람이 되어서는 안 된다. 권사는 평화를 만드는 사람이어야 한다(마 5:9).

그리스도의 몸된 교회에서 "하나 됨"만큼 중요한 개념은 없다(요 17:20, 21, 23; 롬 12:18, 14:19, 15:56; 고후 5:19; 엡 4:1-3). 그런데 교회에서 다툼이 일어나는 것은 무식한 변론 때문이다(딤후 2:23-25). 이와 같이, 교회에서 언제나 논쟁, 말다툼, 싸움을 일으키는 사람은 흔히 이기적이며 질투심 강한 사람이며, 이들의 중심 동기는 "세상적인 지혜"(약 3:14-16)인 것이다.

다투기를 좋아하는 사람은 언제나 다른 사람을 끄집어내리고 자신을 높이는 사람으로서 그는 항상 불안을 느낀다. 그리고 그 불안은 좀처럼 자기 입을 열지 않으며 경쟁으로부터 물러서는 것으로 나타나기도 하고, 다른 사람을 지배함으로 자기의 불안감을 숨겨 보려고 권력을 행사하는 오만하고, 독단적인 태도로 나타나기도 한다.

권사는 남에 대한 미움(잠 10:12), 교만(13:10), 미련(18:6) 때문에 다투기를 좋아해서는 안 된다. 더군다나 교회 일을 다툼으로 해서는 안 된다(빌 2:3).

4. 돈을 사랑해서는 안 된다(딤전 3:3; 딛 1:7; 벧전 5:2)

권사가 되려는 사람은 돈을 사랑하지 말며, 더러운 이를 탐하지 않아야 한다. 곧 권사는 물질 문제에 있어서 청렴결백한 사람이어야 한다. 이 자격은 권사는 가난하게 살아야 한다거나 큰 재산을 갖고 있지 말아야 한다는 뜻이 아님을 주목하기 바란다. 초점은 돈에 맞춰져 있는 것이 아니라 돈에 대한 사람의 태도에 맞춰져 있다. 돈은 악이 아니다. 성경이 말하는 것은 "돈이 없어야 한다"는 것이 아니라 "돈을 사랑하지 말라"는 것이다.

돈을 사랑하게 될 때 여러 가지 위험에 직면하게 된다.

"너희를 위하여 보물을 땅에 쌓아 두지 말라 거기는 좀과 동록이 해하며 도둑이 구멍을 뚫고 도둑질하느니라……네 보물 있는 그곳에는 네 마음도 있느니라……한 사람이 두 주인을 섬기지 못할 것이니 혹 이를 미워하고 저를 사랑하거나 혹 이를 중히 여기고 저를 경히 여김이라 너희가 하나님과 재물을 겸하여 섬기지 못하느니라"(마 6:19, 21, 24).

"부하려 하는 자들은 시험과 올무와 여러 가지 어리석고 해로운 욕심에 떨어지나니 곧 사람으로 파멸과 멸망에 빠지게 하는 것이라 돈을 사랑함이 일만 악의 뿌리가 되나니 이것을 탐내는 자들은 미혹을 받아 믿음에서 떠나 많은 근심으로써 자기를 찔렀도다"(딤전 6:9, 10).

돈을 사랑하는 사람은 위의 것을 생각하기보다 땅의 것을 더 생각한다. 이 세상 생활, 세상 소유물, 세상 행복, 거기서 얻는 유익을 추구하게 되는 것이다. 지상의 소유물이 증가할 때 "하나님을 잊어버리는"(신 6:10-12, 8:11, 17, 18) 것은 새삼스러운 일이 아니다. 돈을 사랑하게 되면 돈이 "경건한 목적의 수단"이 되기보다는 돈 그 자체가 목적이 될 수 있다.

권사는 돈에 대한 청지기로서 먼저 하나님의 나라와 그 의를 구하며(마 6:33) 자족하는 생활을 익혀야 한다(딤전 6:8; 히 13:5). 그리고 자기의 기업으로 주신 사업을 잘 운영하고, 하나님께서 맡기신 재산을 잘 관리해야 한다. 하나님께서 허락하신 재산이 자기 소유인 것처럼 하나님의 일에 인색하거나(고후 9:7), 하나님의 것을 도적질하거나(말 3:8), 이웃에 구제하지 않거나(눅 10:9), 함부로 낭비하거나(16:1), 불의한 방법으로 치부하거나, 덕이 되지 않는 사업으로 돈을 번다거나, 자기의 이익을 위해서는 수단과 방법을 가리지 않는 사람은 권사가 될 수 없다.

5. 자기 고집대로 하지 않아야 한다 (딛 1:7)

권사가 되려는 사람은 자기 고집대로 하는 사람이어서는 안 된다. 원래 "자기 고집대로 한다"는 말은 "자기 자신을 즐겁게 한다"는 뜻이다. 자기 고집대로 하는 사람은 자기 자신의 의견이나 권리를 완강하게 주장하며 남의 의견이나 권리나 관심을 무시한다. 이런 사람의 성격 안에는 자만과 교만과 남들을 멸시하는 것들이 혼합되어 있다. 그의 자만은 자기 스스로를 과대평가하는 것이며, 그의 멸시는 남들을 천하게 생각하는 것이며, 그의 교만은 자신과 남들의 비중을 재어 보고 행동하는 것이다. 그런 사람은 편협적이어서 자기가 이해할 수 없는 것은 모두 비난하고 자기가 택한 방법 외에는 아무런 다른 방법이 없다고 생각한다. 남들의 감정이나 의견은 개의치 아니하고 또한 그러한 것들을 멸시한다.

성경에서 이 말은 이기적이며 자기 고집대로 살았던 소돔과 고모라 사람들의 행동을 묘사하고 "불의의 삯을 사랑"(벧후 2:6, 15)한 발람의 완고한 행동을 묘사할 때 사용되었다. 이런 사람들은 "고집이 세고" 허탄한 자랑의 말을 한다(10, 14절).

어느 누구라도 자만하고 오만 불손하며, 교만하며, 편협적인 성격의 소유자는 교회의 권사가 될 수 없다. 권사는 자기중심적이며 자기가 좋아하는 대로 하고자 해서는 안 된다. 그러나 유감스럽게도 어떤 의견에 대해서도 유아독존격이며 반대만 하는 사람, 곧 다른 사람이 찬성하면 언제나 반대하고, 자기가 의견을 제안했을 때만 찬성하는 사람이 있다. 권사는 자기의 생각을 충분히 나타낼 줄 알아야 하지만, 반면에 자기가 동의하지 않는 다른 의견에 대해서도 귀를 기울일 줄 알아야 한다. 그래서 베드로는 "주장하는 자세"로 일하지 말 것을 부탁하고 있다(벧전 5:3).

6. 급히 분 내지 않아야 한다(딛 1:7)

　권사가 되려는 사람은 성급하게 화를 내지 않아야 한다. 이 말은 원래 "짧은 도화선을 갖지 않았다"는 뜻이다. 분을 내는 것이 다 죄는 아니다. 그러나 분이 너무 빨리 일어나게 될 때는 죄가 된다. 권사는 갑자기 기분 상해한다든가 신경질을 내서는 안 된다. 급히 분 내는 사람은 냉정을 잃기 마련이며 자기 자신의 감정을 다스릴 수 없게 된다. 분을 오래 가지고 있는 사람은 마음이 아파 쓰리고 못 견뎌 보복의 기회를 노리게 된다(롬 12:17, 19). 이 같은 분은 대개 "악의와 비방과 입의 부끄러운 말"이 뒤따르게 되어 있다(골 3:8; 고후 12:20; 갈 5:20). 그래서 사도 바울은 "분을 내어도 죄를 짓지 말며 해가 지도록 분을 품지 말고 마귀에게 틈을 주지 말라……너희는 모든 악독과 노함과 분냄과 떠드는 것과 비방하는 것을 모든 악의와 함께 버리고"(엡 4:26, 27, 31)라고 했다.

　그러므로 권사는 급히 분 내는 사람, 감정과 혈기의 사람이어서는 안 된다. 어떤 경우에도 자기의 감정을 억제할 수 있어야 한다. 모세가 이것 때문에 여러 번 실패했다. 그래서 야고보는 "사람의 성내는 것이 하나님의 의를 이루지 못함이라"(약 1:20)고 했고, 잠언 기자는 "노하기를 더디하는 자는 용사보다 낫고 자기의 마음을 다스리는 자는 성을 빼앗는 자보다 나으니라"(잠 16:32, 참조. 15:1, 19:1, 27:4)고 했다.

7. 관용해야 한다(딤전 3:3)

　권사가 되려는 사람은 넓은 마음을 가지고 다른 사람을 이해할 수 있어야 한다. 관용의 사람은 급히 성내지 아니하며 구타하지 아니하며 다투기를 좋아하지 않는다. 오히려 그는 온유, 관대, 친절을 특징으로 하는 부드러운 태도의 사람이다.

원래 "관용한다"는 말은 "친절하다", "참는다", "분별력 있다", "공정하다"라는 뜻을 가지고 있다. 곧 관용이란 단지 법의 자구뿐만 아니라 그 정신을, 어떤 행동뿐 아니라 그 행동의 의도를, 어떤 부분적 측면뿐 아니라 전체를, 현재의 순간뿐 아니라 긴 안목을 가지고 보는 것이다.

이와 같이 권사는 누구에게나 관용하며 범사에 온유해야 한다(딛 3:2). 권사는 믿지 않는 사람들에 대해 하나님께서 우리를 구원하실 때 보여 주신 것과 똑같은 관용과 자비를 보여 주어야 한다(3-5절). 주님께서 우리의 결점을 너그럽게 참아 주셨듯이 다른 사람의 단점에 대해서도 마찬가지로 참아 주어야 한다(딤후 2:24, 25).

또한 다른 그리스도인들에 대해서도 권사는 관용해야 한다. 사도 바울은 "형제들아 사람이 만일 무슨 범죄한 일이 드러나거든 신령한 너희는 온유한 심령으로 그러한 자를 바로잡고 너 자신을 살펴보아 너도 시험을 받을까 두려워하라"(갈 6:1)고 권면하고 있다. 바울은 자신이 "범죄한" 신자들을 다스릴 때 이와 같은 태도를 거듭해서 보여 주었다. 바울은 언제나 깊은 관심과 사랑에서 우러나오는 징계를 했다. 그는 고린도 교회에 편지하면서 "이제 그리스도의 온유와 관용으로 친히 너희를 권하고"(고후 10:1)라고 말하였다.

권사는 "모든 겸손과 온유로 하고 오래 참음으로 사랑 가운데서 서로 용납"(엡 4:2)함으로 다른 모든 신자들과 연결되어야 한다. 이렇게 하는 것이 "평안의 매는 줄로 성령이 하나 되게 하신 것을 힘써" 지키는 방법이다(3절). 권사는 "관용을 모든 사람에게 알게"(빌 4:5) 하고, "서로 용납하여 피차 용서하되"(골 3:13), 주님께서 하신 것처럼 해야 한다.

8. 선행을 좋아해야 한다(딛 1:8)

권사가 되려는 사람은 선행을 좋아해야 한다. "선행을 좋아하는 것"은 악이 아니라 선을 행하겠다고 하는 소욕을 뜻한다. "선행을 좋아하는 것"과 "선을 행하는 것"은 자동적으로 되는 일이 아니다. 이것은 점점 예수 그리스도를 닮아 가며 성숙해 가는 과정의 일부이다. 참으로 "우리는 그가 만드신 바라 그리스도 예수 안에서 선한 일을 위하여 지으심을 받은 자"(엡 2:10)이지만 "그 가운데 행하는 것"은 별개의 문제이다. 다만 우리가 행해야 할 일이란 기회 있는 대로 "모든 이에게 착한 일"을 하겠다는 결심을 가지고 하나님의 뜻을 수행할 수 있기 위해 그의 원천적인 힘을 의지할 수밖에 없는 것이다(롬 7:19).

악을 행하는 사람에게는 환난과 곤고가 있으나 선을 행하는 사람에게는 영광과 존귀와 평강이 있다(2:9-12). 그러므로 권사는 악으로 악을 갚지 말고 사람 앞에서 선한 일을 도모하며, 악에게 지지 말고 선으로 악을 이겨야 한다(12:17, 21). 마귀의 방법은 선을 악으로 갚는 것이다. 세상의 방법은 선을 선으로 갚는 것이다. 그러나 그리스도의 방법은 악을 선으로 갚는 것이다.

"우리가 선을 행하되 낙심하지 말지니 포기하지 아니하면 때가 이르매 거두리라 그러므로 우리는 기회 있는 대로 모든 이에게 착한 일을 하되 더욱 믿음의 가정들에게 할지니라"(갈 6:9, 10).

9. 외인에게서도 선한 증거를 얻은 자라야 한다(딤전 3:7)

권사가 되려는 사람은 외인, 곧 구원받지 못한 세상 사람들 앞에서 선한 증거를 갖는 것이 하나님의 뜻이라는 사실에는 의심할 바가 없다. 이 표준에 미치지 못하는 사람은 누구도 교회의 권사로 선정되어서는 안 된다. 만일 그렇게 하면 그리스도의 몸된 교회뿐만 아니라 그 사람 자신에게도 문제를 자초하는 셈이 된다.

교회를 박해하는 곳에서는 믿는 사람들이 가끔 경건한 생활 때문에 오히려 믿지 않는 사람들로부터 비난을 받는 일이 있다. 그러나 권사들이 경건하지 못한 행동의 결과로 비난을 받아서는 절대로 안 된다. 그래서 베드로는 "너희 중에 누구든지 살인이나 도둑질이나 악행이나 남의 일을 간섭하는 자로 고난을 받지 말려니와"(벧전 4:15)라고 경고했다. 이것은 그리스도인답지 못한 행동, 표리부동한 생활, 나쁜 평판에서 초래된 비난이다.

만일 외인에게 선한 증거를 얻지 못하는 사람을 권사로 세우면 그는 "비방과 마귀의 올무"에 빠지게 된다. 또 두려움을 가지게 되고 자신감을 상실하게 된다. 더 나아가 변명하며 보복하려는 마음(롬 12:17, 19, 21)이 일어나게 된다. 그러므로 뒤로 물러가 침륜에 빠지기가 아주 쉽다. 마귀는 함정을 파 놓거나 올가미를 설치해 놓고 덮치기 위해 기회만 엿보고 있다.

권사가 되려는 사람은 교회 밖에서도 훌륭한 신망과 좋은 평판을 얻는 사람이어야 한다. 디모데는 "루스드라와 이고니온에 있는 형제들에게 칭찬받는 자"(행 16:2), 다시 말해서 좋은 평판을 얻은 사람이었다. 그래서 바울은 디모데를 함께 데리고 가기를 원했던 것이다(3절). 여기에는 주목할 만한 세 가지 사실이 있다.

(1) 사람들이 디모데에 관해 이야기하고 있었다는 점이다. 계속 돌고 도는 대화의 내용은 디모데의 좋은 점에 관한 것이었다.

(2) 디모데에 관한 이야기를 하고 있었던 사람은 한 사람 이상이었다는 점이다. 좋은 평판은 얼마나 많은 사람이 그에 대해 말하고 있느냐에 의존한다. 우리 모두에게는 한두 사람의 편견에 치우친 친구들이 있기 마련이기 때문이다. 그런데 디모데에 관해서는 사람들이 일반적으로 좋게 말하고 있었다.

(3) 루스드라와 이고니온에서 모두 그를 칭찬했다는 점이다. 디모데는 한 지방 이상에서 칭찬을 받고 있었다. 어떤 사람이 한 곳에서 칭찬을 받기는 어렵지 않을지 모른다. 그러나 디모데의 평판은 자기 고장뿐 아니라 외지에서도 좋았다. 그리스도인들이 교회에서 교회의 일을 할 때에는 이렇게 행동하고, 이웃에게와 직장에서는 또 다르게 행동하는 것을 종종 보게 된다. 그러나 권사는 교회 안팎에서 같은 사람이어야 하며, 동시에 좋은 평판을 얻어야 한다.

지금까지 우리는 성경에 제시된 장로(감독)의 자격을 근거로 해서 권사의 자격을 살펴보았다. 그것은 교회의 안팎에서 책망할 것이 없는 사람, 영적으로 성숙한 그리스도인, 그의 인격과 삶이 아버지 하나님과 우리 주 예수 그리스도를 닮은 사람이어야 한다는 것이다. 권사가 어떤 사람이냐 하는 것은 그가 하는 모든 봉사에 직접적인 영향을 미친다. 오랫동안 인도에서 선교사로 사역한 에이미 카마이클은 "우리 사역은 우리의 삶 자체보다 결코 깊어질 수 없다."라는 말을 자주 했다고 한다. 옳은 말이다. 그러므로 권사가 되려는 사람은 "내가 어떤 사람이 되어야 마땅한가?"를 먼저 생각하고 "나의 인격을 어떻게 변화시킬까?"를 먼저 질문해야 한다.

이미 권사가 된 사람이라고 할지라도 이 높은 표준에 완전히 도달하였다고 말할 수 있는 사람은 없을 것이다. 이제부터라도 자신의 부족을 솔직하게 인정하고 이런 높은 표준에 이르도록 그리스도 안에서 인격을 다듬는 데 더욱 힘써야 할 것이다. 그리스도 안에서의 성숙한 인격과 생활은 성령의 열매(갈 5:16-26)임을 알고, 성령의 소욕과 능력으로 몸의 행실을 죽이고(롬 8:13), 땅에 있는 지체는 죽이며(골 3:5), 전심전력하여(딤전 4:15), 더욱 힘쓰고(벧후 1:5), 절제하며(고전 9:25), 화평함과 거룩함을 추구하며(히 12:14), 흠도 없고 점도 없는 그릇이 되어 주님께서 쓰시기에 합당하게 되어야 할 것이다. 오늘 한국교회의 모든 권사들이 "경건의 아름다움"을 소유할 수 있다면 한국교회는 세상의 소금과 빛이 되고 하나님께 영광을 돌리게 될 것이다.

아주 젊고 귀하게 보이는 한 할머니가 매력을 보존하기 위해 무엇을 했느냐는 질문을 받고 이렇게 대답했다. "나의 입술을 위하여는 진리를, 음성을 위하여는 기도를, 눈을 위하여는 긍휼을, 손을 위하여는 자선을, 용모와 태도를 위하여는 정직을, 마음을 위하여는 사랑을 사용했습니다."

한국교회의 권사들이 이런 경건의 아름다움을 지닌 매력 있는 권사들이 된다면, 그들이 교회에서 어떤 봉사를 하든 거기에 많은 사람들이 모이는 부흥이 있을 것이다. 무거운 짐을 서로 나누는 가벼워짐의 비밀이 있을 것이다. 거기에 함께 일하는 기쁨이 있고 그 위에 하나님의 흐뭇하신 미소가 있을 것이다. 그러므로 사도 베드로의 권면에 따라 우리의 인격을 다듬어 가야 한다. 그리하면 그것이 우리가 하나님께 드릴 최상의 선물이 될 것이다.

"그러므로 너희가 더욱 힘써 너희 믿음에 덕을, 덕에 지식을, 지식에 절제를, 절제에 인내를, 인내에 경건을, 경건에 형제 우애를, 형제 우애에 사랑을 더하라"(벧후 1:5-7).

2. 헌법에 규정된 자격

헌법에 규정된 권사의 자격은 교단에 따라 조금씩 다르다. 각 교단 헌법에 규정된 권사의 자격은 다음과 같다.

무흠 입교인으로 5년을 경과하고 45세 이상 된 여신도로서 행위가 복음에 적합하고 교인의 모범이 되는 자라야 한다.

(대한예수교장로회 〈통합 측〉 헌법)

① 입교인 된 지 5년 이상 연령 30세 이상 된 집사.
② 신앙이 돈독하고 기독교대한감리회 교리와 장점을 아는 이.
③ 기도회의 인도와 다른 사람을 권면하기에 은혜와 능력이 있는 이.
④ 당회에서 택함을 받고 구역회에서 증서를 받은 이.

⑤ 권사가 다른 구역으로 옮겨 갈 때에 담임자의 이명 증서가 없으면 권사로 인정할 수가 없다.

⑥ 신천 권사는 구역회에서 장정에 제정된 과정 고시를 받아 합격한 이.

(기독교대한감리회 교리와 장정)

① 권사는 본교회 집사로서 7년 이상 근속한 연령 45세 이상 된 자로 하며, 타지교회에서 전입한 권사는 해지교회에서 1년 이상 경과 후 당회 결의로 취임식을 거행한다. 단, 타지교회와 타교파에서 동등한 자격으로 전입한 자는 해지교회 집사 근속 시무 3년을 경과하여야 한다.

② 권사는 본교회의 교리와 정치에 순종하며, 십일조 헌금을 바치는 자로 한다.

③ 10년 이상 목회자를 내조한 사모로 연령 45세 이상 된 자를 당회의 결의로 권사에 취임케 할 수 있다.

(기독교대한성결교 헌법)

교단에 따라 규정하고 있는 권사의 자격이 약간씩 다르지만, 대체로 헌법(정치)은 다음과 같은 자격을 요구하고 있다.

1. 상당한 신앙 연조가 있어야 한다

권사의 자격 중 신앙 경력에 대해서 장로교(통합 측)에서는 "입교인으로 5년을 경과"한 자, 감리교에서는 "입교인 된 지 5년 이상", 성결교에서는 "본교회 집사로서 7년 이상" 된 자로 규정하고 있다. 이것은 교회에 등록해서 최소한 7년 이상 된 사람이라야 한다는 것이다. 이와 같이 상당한 기간의 신앙 연조가 요구되는 데에는 그럴 만한 이유가 있다.

첫째, 권사로서의 자격을 갖추는 데, 즉 영적으로 성숙한 사람이 되기까지는 상당한 시간이 필요하기 때문이다. 예수 그리스도를 믿음으로 구원받아 하나님의 자녀가 되는 것은 반드시 오랜 시간이 필요하지 않지만 영적으로 성숙한 하나님의 사람이 되는 것은 하루아침에 이루어지는 일이 아니다.

둘째, 권사의 직무, 특히 신자의 영적 상태를 돌아보며, 우환 질고와 낙심 중에 있는 자를 심방하고 권위하는 직무를 감당하기 위해서는 여러 가지 신앙 생활의 체험과 교회 생활의 많은 경험이 요구되기 때문이다. 여러 가지 체험들을 단시일 내에 많이 할 수는 없다.

사실 권사는 오랜 신앙 생활의 경륜을 통해서 많은 지혜가 축적된 사람이며, 듣고 배워서가 아니라 체험으로 아는 하나님의 이야기를 많이 간직하고 있는 사람이라고 할 수 있다. 그래서 정말 우환질고와 낙심 중에 있는 어린 신자들이 듣고 힘과 용기를 얻을 수 있는 풍부한 경험을 가지고 있는 사람이며, 영적으로 연약한 신자들이 도전을 받고 다시 시작할 수 있을 만한 다양한 체험을 가지고 있는 사람이라고 할 수 있다.

셋째, 권사로서의 자격이 있는가를 시험해 보기 위해서는 상당한 기간이 필요하기 때문이다. 한두 가지 일을 짧은 기간 동안은 충성스럽게 감당할 수 있을지 모른다. 그러나 여러 일을 처리하는 과정을 지켜보고, 시간의 경과에도 불구하고 변함 없이 일할 수 있는 사람인가를 확인해 보아야 한다.

이런 이유에서 권사가 되려는 사람에게는 상당한 신앙 연조가 있어야 한다.

2. 성숙한 연령이어야 한다

권사의 자격 중 연령에 대해서 장로교(통합 측)에서는 "45세 이상", 감리교에서는 "30세 이상", 성결교에서는 "45세 이상" 된 사람이어야 한다고 규정하고 있다.

권사로서 교회를 섬기려면 신앙뿐 아니라 사회적으로도 인생 경험을 통해서 쌓인 삶의 지혜가 있어야 하는데 그래도 인생을 알려면 적어도 30세 이상은 되어야 한다고 본다. 그래서 나누어 줄 수 있는 삶의 지혜가 있고, 산전수전 다 겪은 체험을 통해서 갖가지 인생의 어려움 가운데 있는 사람의 형편과 처지를 공감할 수 있어야 한다. 그렇지 않고서야 어떻게 영육 간에 연약한 사람을 위로하며 격려할 수 있겠는가!

3. 모든 면에 모범적인 사람이어야 한다

권사가 되려는 사람은 개인 생활, 가정 생활, 사회 생활, 교회 생활 등 생활의 모든 영역에서 모범이 되어야 한다. 뿐만 아니라 생각하는 것과 말하는 것과 행동하는 모든 것이 모범이 되어야 한다. 정말 권사는 "이분처럼 믿으면 됩니다.", "이분처럼 살면 됩니다.", "이분처럼 봉사하면 됩니다."라고 추천할 만한 사람이어야 한다. 모든 면에서 모범적인 사람이 아니면, 오히려 그 사람이 가지고 있는 직분 때문에, 그 사람이 하는 봉사 때문에 오히려 비난을 받게 되고 하나님께 영광은커녕 욕을 돌리게 된다.

그러므로 권사가 되려는 사람은 흠이 없으며 책망할 것이 없는 사람, 비난받을 것이 없는 사람, 그의 삶 속에는 반대자들이라도 비난하거나 공격하기 위해 붙잡을 것이 없는 사람, 칭찬 듣는 사람이어야 한다.

그래서 사도 바울은 교회에서 목회 사역을 하는 디모데에게 "오직 말과 행실과 사랑과 믿음과 정절에 있어서 믿는 자에게 본이" 되라고 권면했다(딤전 4:12).

이와 같이 헌법은 거의 공통적으로 권사의 자격을 연령으로나 신앙적으로 성숙한 사람, 모든 면에서 모범이 되는 사람이어야 한다고 규정하고 있다. 그리고 성별에 대해서는 남녀의 구별이 없는 교단(장로교 기장 측, 감리교, 성결교 등)과 여신도로만 제한하고 있는 교단(장로교 통합 측, 합동 측 등)이 있다.

3장.
권사의 직무와 자세

1. 권사의 직무

각 교단 헌법에서는 권사의 직무를 다음과 같이 규정하고 있다.

권사는 교회의 택함을 받고 제직회의 회원이 되며 교역자를 도와 궁핍한 자와 환난 당한 교우를 심방하고 위로하며 교회에 덕을 세우기 위해 힘쓴다.

(대한예수교장로회 〈통합〉 헌법)

① 담임자의 지도 아래에서 기도회를 인도한다.
② 신자를 방문하고 낙심된 이를 권면하며 불신자에게 전도한다.
③ 속회를 분담하여 지도 육성한다.

④ 자기의 직무상 행한 바를 당회와 구역회에 보고한다.

(기독교대한감리회 교리와 장정)

당회의 지도하에 교역자를 도와 신자의 영적 상태를 돌아보며 우환질고와 낙심 중에 있는 자를 권위하며 미신자에게 전도한다.

(기독교대한성결교 헌법)

1. 직무수행의 대전제

각 교단 헌법에서는 권사의 직무를 규정하면서 공통적으로 "교역자를 도와"(장로교, 성결교) 또는 "담임자의 지도 아래에서"(감리교)라는 단서를 붙이고 있다. 그것은 교회 봉사에서 권사의 역할과 위치를 말해 준다. 권사는 교역자를 돕는 역할, 조력자의 역할을 해야 한다. 권사는 어디까지나 교역자를 돕는 위치, 순종의 자리에서 봉사해야 한다. 그것은 역할의 차이다. 마치 성부 하나님과 성자 하나님이 본질에 있어서는 동등하지만, 기능상 성자 하나님이 성부 하나님의 뜻에 순종하신 것과 같다. 신분상으로는 교역자나 권사가 동등하게 하나님의 자녀이며, 하나님의 백성이다. 그러나 기능상 권사는 교역자에게 순종해야 한다. 교역자가 하나님의 뜻을 따르는 한 권사는 교역자의 뜻을 따라야 한다.

교단 헌법은 무슨 일이든지 교역자가 지도자의 역할을 하고, 권사는 돕는 역할을 하도록 규정함으로써 두 직분이 상호 보완하여 하나님의 뜻을 이루는 하나의 팀이 될 것을 기대하고 있다. 이것이 헌법의 질서이며 정신이다. 또한 이것은 성경 원리에 부합된다. 권사는 교회에서 아무리 많은 봉사를 하고 또 아무리 결정적으로 중요한 봉사를 한다 할지라도 이 돕는 역할, 순종의 자리를 떠나서는 안 된다.

사도 바울은 1세기 최대의 복음 전도자요, 목회자요, 성경 교사였다. 그러나 바울의 성공적인 사역은 결코 그 혼자만의 것이 아니었다. 그의 사역의 배후에는 이루 다 헤아릴 수 없이 많은 조력자들, 이름도 없이 빛도 없이 희생과 봉사로 그를 도와준 동역자들이 있었다는 사실을 결코 잊어서는 안 된다. 하나님의 일이란 아무도 혼자 할 수 없으며, 또 혼자 해서도 안 된다. 오늘날 권사가 어떻게 구체적으로 교역자를 도울 수 있을 것인지, 바울을 뒤에서 밀어 주고, 옆에서 받쳐 주었던 조력자 중 몇 사람을 소개해 봄으로 그 본보기를 삼고자 한다.

1. 브리스가(브리스길라)와 아굴라 부부 (롬 16:3, 4)

바울은 브리스길라와 아굴라 부부를 고린도에서 만났다. 주후 52년에 글라우디오 황제가 로마에서 유대인을 추방하라는 칙령을 내렸기 때문에, 본도에서 난 유대인 아굴라는 그의 아내 브리스길라와 함께 로마를 떠나 고린도에 오게 되었고, 바울은 그때 마침 아덴을 떠나 고린도에 도착하여 이들 부부를 만나게 된 것이다. 그들은 장막 만드는 같은 업을 가졌기 때문에 함께 거하며 일을 했다(행 18:1-3).

아굴라 부부는 사도 바울이 1년 6개월 동안 고린도에 있으면서 하나님의 말씀을 가르칠 때, 그 말씀을 듣고 주님과 주님의 복음을 위하여 주님의 교회와 그 사역자를 섬기기로 헌신한 것 같다(11절). 그것은 그 후에 그들 부부가 바울이 가는 곳이면 어디라도 함께 가서 그의 사역을 도왔고(18-28절) 주님을 위해서 자기들의 집을 교회로 내어놓을 만큼 헌신적이었음(고전 16:19)을 보면 충분히 짐작할 수 있다. 그러기에 바울은 아굴라 부부를 "그리스도 예수 안에서 나의 동역자들"(롬 16:3)이라고 부르고 있다.

그들 부부는 얼마나 바울을 도왔는가? "그들은 내 목숨을 위하여 자기들의 목까지도 내놓았나니 나뿐 아니라 이방인의 모든 교회도 그들에게 감사하느니라"(4절). 바울은 전도여행 중 여러 번 생명의 위험을 당했다(고후 11:23-27). 언제 어디에서인지는 모르지만 바울이 생명의 위기에 처했을 때 아굴라 부부가 목숨을 걸고 그를 구출하였다.

이처럼 아굴라 부부는 바울의 목숨을 위하여 자기의 목이라도 내어놓을 만큼 바울을 사랑하며 그의 사역을 전적으로 도왔다. 그들 부부는 생명까지 함께 나눌 수 있는 동역자, 목숨을 다하여 그의 사역을 지원한 동역자였다. 그러기에 바울은 마지막 순간까지도 그들 부부의 뜨거운 사랑과 관심과 도움을 잊지 않고 기억하며 감사하고 있다(딤후 4:19).

2. 오네시보로(딤후 1:16-18)

바울은 제3차 전도여행 중에 아시아의 수도인 에베소에서 거의 3년 동안 머물면서 복음을 전했다(행 19장, 20:31). 그 후에 바울은 로마의 감옥에 갇히게 되었고, 아시아에 있는 성도들은 그를 부끄러워했다. 그중에 부겔로와 허모게네가 있는데, 그들은 아마도 바울을 반대하고, 그를 변호하기 위해 로마에 오지 않았던 교회 지도자들인 것 같다(딤후 1:15). 데마도 바울을 버리고 떠났고(4:10) 다른 동역자들은 먼 사역지로 보내졌다. 확실히 바울에게는 암울한 시간이었다. 그러나 감히 에베소를 떠나 바울을 돕기 위해 로마에 왔던 사람이 있었는데, 그가 바로 오네시보로였다. 그의 이름은 "유익이 되는"이라는 뜻인데, 그는 확실히 바울에게 유익한 사람이었다.

바울이 에베소에서 사역하는 동안에 오네시보로는 그의 집안 식구들과 더불어 그를 충성스럽게 섬겼다(1:18). 그리고 바울이 옥에 갇히게 되었을 때, 로마에까지 그를 찾아와서 그의 필요를 채워 주며 적극적으로 그를 도와주었다. 바울은 "그가 나를 자주 격려해 주고 내가 사슬에 매인 것을 부끄러워하지 아니하고 로마에 있을 때에 나를 부지런히 찾아와 만났음이라"(16, 17절) 하며 고마워하고 있다.

그가 바울을 찾아 만나는 데는 어려움이 있었을 것이다. 로마의 관리들은 비협조적이었을 것이고, 그들의 죄수가 도움받는 것을 원하지 않았을 것이다. 바울은 지금 삼엄한 감시 아래 감옥에 있는 것이다. 그러나 오네시보로는 굽히지 않았다. 그는 바울을 목숨 걸고 찾아내 옹호하고 도왔다. 그는 에베소에 머물러 있을 많은 핑계거리를 생각해 낼 수 있었을 텐데도 불구하고 로마에 가는 위험한 여행을 감행하고 바울을 섬겼다. 이 섬김에 대해 바울은 "그가 나를 자주 격려해" 주었다고 말했다. 이 말은 "다시 시원하게 하다", "신선한 공기처럼 나의 힘을 솟게 하다"라는 뜻이다.

오네시보로는 바울이 가장 어려울 때, 그의 마음을 시원하게 해주고, 용기를 북돋아 준 조력자였다. 바울은 그의 도움을 잊지 못하고 오네시보로와 그의 집을 위해 기도함으로써 그 사랑에 보답하였다(1:16, 18).

3. 에바브로디도(빌 2:25-30)

바울은 에바브로디도를 "나의 형제요 함께 수고하고 함께 군사 된 자요 너희 사자로 나의 쓸 것을 돕는 자"라고 했다. 그는 바울이 로마 감옥에 갇혔을 때, 빌립보 교회의 성도들이 정성껏 모은 헌금을 가지고 로마에 있는 바울에게로 갔다. 에바브로디도는 로마에서 병들어 거의 죽게 되었다. 이 병은 빌립보 교회가 바울을 충분히 도울 수 없었기에, 자신이 이 부족함을 채우느라 너무 바빠서 생긴 것이다. 그는 바울의 필요를 충족시키는 데 열중하느라 자신의 목숨을 돌보지 못했다. 자신의 생명에 연연하지 않았고 그리스도를 위해 헌신했으며, 바울을 섬기는 데 몰두했다. 자기가 심한 병에 걸렸는데도 하나님께서 자기 생명을 주장하고 계시며, 하나님께서 허락하시는 시간 전에는 죽지 아니할 것을 믿고 계속해서 주님과 주의 종 바울을 섬겼던 것이다.

이런 에바브로디도를 하나님께서 긍휼히 여기셨고, 그의 생명을 보존해 주심으로 바울의 근심을 덜어 주셨다. 그러기에 바울은 빌립보 교회에 이런 충성스러운 형제요 돕는 자인 에바브로디도를 모든 기쁨으로 영접하고 존귀히 여기라고 권면하고 있다.

4. 마가(행 12:25, 13:5; 골 4:10; 딤후 4:11)

마가는 마리아의 아들이며, 바나바의 생질이었다. 마가의 집은 예루살렘에 있었고, 그의 다락방에서 주로 기도회가 열렸다(행 1:13, 2:1, 12:12). 그런 분위기 속에서 신앙적으로 성장한 마가는 복음의 일꾼이 되었다. 바나바와 사울은 부조의 일을 수행할 때에도 마가를 동반했고(12:25), 전도여행을 떠날 때에도 마가를 수종자로 대동했다(13:5). 그런데 무슨 이유인지는 모르지만 전도여행 중간에 마가는 무단이탈을 하고 말았다(13절). 이 문제로 두 번째 전도여행을 떠날 때에 바나바는 실수가 있었음에도 불구하고 마가를 데리고 가려 했고 바울은 이같이 불성실한 마가를 데리고 갈 수 없다고 주장했기 때문에 바나바와 바울이 갈라설 수밖에 없었다(15:37-40).

그런데 놀랍게도 바울이 빌레몬에게 편지하면서 마가를 "나의 동역자"(몬 24절)라고 불렀고, 마지막으로 디모데에게 편지하면서는 "네가 올 때에 마가를 데리고 오라 그가 나의 일에 유익하니라"(딤후 4:11) 하고 부탁하고 있다.

우리는 여기에서 마가가 그동안 변했다는 사실을 알 수 있다. 마가는 이제 바울에게 유익한 존재가 되었다. 그래서 드디어 로마 감옥에 있는 바울 곁으로 오게 되었고, 바울의 마지막 생애를 열심히 시중 들었던 동역자로 남게 되었다. 바울의 마음을 아프게 했던 마가는 회개하고 변하여 그의 마음을 기쁘게 하는 사람으로 곁에 있게 된 것이다.

우리도 교역자를 돕는 일에 실패할 수 있다. 때로 맡은 바 직분을 내던짐으로 교역자의 마음을 아프게 할 수 있다. 그러나 그렇다 할지라도 마가처럼 돌이켜서 교역자에게 유익한 사람이 되어야 한다.

이와는 반대로 데마는 처음에는 동역자였다가(몬 24절) 이름뿐인 사람이 되었다(골 4:14). 이름만 쓰여 있고 아무런 언급이 없다. 마지막에 데마는 이 세상을 사랑하여 바울을 버리고 떠나갔다. 데마는 영적인 타락의 과정을 잘 보여 주고 있다. 동역자가 점점 유명무실한 사람으로, 나중에는 도망자로 변했으며 명예의 이름은 치욕의 이름으로 변했다.

오늘날도 많은 직원들이 바로 데마의 길, 실패의 길을 걷고 있다. 그는 내세의 능력은 맛보았지만(히 6:5), 이 악한 세대를 더 사랑했다. 아마도 데마를 세상으로 돌아가게 한 것은 돈에 대한 애착이었을 것이다. 우리는 어떤 일이 있어도 데마의 길을 걷지 말고, 마가의 길을 걷도록 힘써야 할 것이다.

5. 아리스다고(행 19:29, 20:3, 4, 27:2)

우리는 성경에서 아리스다고에 대한 자세한 기록을 발견하기 어렵다. 그가 언제 어떻게 그리스도를 믿게 되었고, 바울을 만나서 그와 동행하게 되었는지는 잘 모른다. 다만 아리스다고는 늘 바울 곁에, 바울과 함께 있었다는 사실을 알 수 있을 뿐이다.

바울이 에베소에서 복음을 전하면서 우상 숭배를 공격한 일이 있었다. 이 일로 에베소 시민이 격분하여 "바울과 같이 다니는 마게도냐 사람……아리스다고를 붙들어 일제히 연극장으로 달려 들어"(행 19:29) 갔다. 아리스다고는 바울과 같이 다니다 잡혀 많은 고생을 했다. 그럼에도 불구하고 또 바울이 "마게도냐를 거쳐 돌아가기로 작정하니 아시아까지 함께 가는 자는……데살로니가 사람 아리스다고"(20:3, 4)였다. 바울이 예루살렘에서 체포되어 로마로 이송될 때에도 "마게도냐의 데살로니가 사람 아리스다고도 함께"(27:2)했다. 로마로 가는 도중 그레데 해변에서 유라굴로라는 광풍을 만나 죽음의 위기에 있을 때에도 그는 바울과 함께 거기 있었다. 그렇게 해서 아리스다고는 그리스도 예수를 위해 로마 감옥에 갇혀 있는 바울 곁에 있게 되었다.

아리스다고가 무엇을 했는지, 또 어떤 면에서 도움을 주었는지는 알 수 없다. 한 가지 알 수 있는 것은 아리스다고는 언제라도 바울과 같이 다니는 사람, 어디까지라도 바울과 함께 가는 사람이었다는 사실이다. 아리스다고는 바울이 매맞을 때, 죽음의 위기에 처했을 때, 위험을 만났을 때, 수고하며 애쓸 때, 자지 못하고 주리며 목마를 때, 춥고 헐벗을 때, 교회를 위한 염려로 마음이 짓눌릴 때, 병들어 약했을 때, 오해를 받을 때, 외로울 때, 갇혔을 때 등 언제 어디서나, 말없이, 변함없이 항상 바로 그 옆에 있어 준 사람이었다. 아마도 바울은 아리스다고 때문에 그 모든 어려운 환경 가운데서 위로와 격려를 받고, 용기와 힘을 얻어 다시 일어나 끝까지 주님께 받은 사명을 완수했던 것 같다. 아리스다고가 없었다면 좌절하고 낙망하여 도중에 쓰러져 다시 일어나지 못했을지 모른다.

오늘날도 교역자들에게는 말없이 늘 곁에 있어 줄 사람이 절실히 필요하다. 어려움을 당할 때에는 누군가가 함께 있어 주기만 해도 얼마나 큰 위로와 격려가 되는지 알 수 없다.

6. 누가(골 4:14; 딤후 4:11; 몬 24절)

누가는 "사랑을 받는 의사"로서 바울의 동역자였다(골 4:14; 몬 24절). 바울은 전 생애를 통하여 그의 육체에 괴로움을 주는 가시를 가지고 있었으며(고후 12:7), 누가는 바울의 주치의로서 그의 전도여행에 동행하면서 그를 돌보고 시중도 들며 그의 고통을 덜어 줌으로써 계속해서 일할 수 있도록 도와주었다. 병을 앓고 있던 바울 곁에 누가가 동행하고 있다는 것은 그에게 얼마나 커다란 도움이었는지 모른다. 모든 사람이 외로운 사도를 버리고 뿔뿔이 도망갈 때에도 누가는 끝까지 바울의 병상을 지켰다. 바울은 디모데에게 보내는 편지에서 "누가만 나와 함께 있느니라"(딤후 4:11)고 기록하고 있다.

어떻게 누가가 로마로, 더욱이 감옥까지 바울의 최후 여행에 동반할 수 있었을까? 이렇게 생각해 볼 수 있다. 체포된 죄수가 재판을 위해 로마로 보내질 때 두 사람의 노예를 동행시키는 것이 허용되어 있었다. 그래서 누가는 로마의 감옥까지 바울과 동행하기 위해서 자신을 바울의 노예로 등록했을 가능성이 매우 크다. 누가는 바울과 떨어져 있는 것보다는 차라리 바울의 노예가 되어서라도 죽음에 이르기까지 그 곁에 있으면서 그를 돕고 싶었던 것이다. 우리는 그 증거를 누가가 기록한 사도행전 27장에서 찾을 수 있다. 누가는 바울이 로마로 이송되는 장면을 기록하면서 "우리"라는 말을 사용하여 자신이 그 당시 그 현장에 있었다는 사실을 입증하고 있다.

초대교회 시대부터 "모든 교회에서 칭찬을 받는 자"(고후 8:18)는 누가라고 알려지고 있다. 누가는 모든 사람들이 좋게 말하고 있는 사람이었다. 그는 본질적으로 친절한 사람이었고, 사명을 위해서 자기 자신을 헌신하는 사람이었다. 능력이 있으면서도 겸손한 누가는 죽음에 이르기까지 충실한 바울의 동역자였다.

그 외에도 바울을 도와 일한 사람들은 얼마든지 많이 있다. 겐그레아 교회의 일꾼으로서 바울의 보호자였던 뵈뵈(롬 16:1, 2), 바울이 가장 필요할 때 그에게 도움과 위로와 가족적인 사랑을 주었던 어머니와 같은 존재인 루포의 어머니(13절), 바울과 함께 주의 일에 힘썼던 사람 디모데(고전 16:10), 바울과 함께 주님을 위해 전력을 다해 수고하며 바울의 마음을 시원하게 해주었던 사람 스데바나(15-18절), 바울과 함께 종으로서 신실하게 일함으로써 그의 사랑을 받았던 사람 에바브라(골 1:7, 4:12; 몬 23절), 온 가족이 함께 주님께 헌신하고 바울의 복음 전도 사업을 도움으로써 바울의 사랑을 받았던 동역자 빌레몬과 그의 가족(몬 1, 2절), 이름만 기록되어 있기 때문에 어떤 면에서 바울을 도왔는지 알 수는 없지만 (그러나 주님께서는 분명히 그들의 봉사를 알고 계실 것이다.) 바울이 잊지 않고 감사하고 있는 사람들, 이들의 도움의 손길이 있었기에 바울은 주님께로부터 받은 사명을 끝까지 완수할 수 있었다.

그들은 마음으로 어려움을 나누었으며, 모든 좋은 것을 함께 나누었고, 어려운 때에 기도로 지탱해 주었으며, 보이지 않게 바울을 섬겼다. 주님께서는 "그날에"(딤후 1:18) 공개적으로 그 모든 조력자와 동역자들에게 상을 베푸실 것이다.

초대교회의 이런 모습은 오늘날 교역자와 평신도 직원과의 관계와 얼마나 대조적인가! 과연 이런 조력자들을 목회자들은 얼마나 가지고 있는가? 과연 평신도 직원들은 교역자를 얼마나 돕고 있는가? 교회 안에서 교역자와 그를 도와야 할 직원들 사이에 갈등과 견제와 싸움이 웬 말인가? 평신도 직원들이 순종의 자리에서 교역자를 도와 협력함으로써 교회를 성장하게 하고, 세계를 복음화하는 것이 하나님의 계획이요,

하나님의 방법이다. 다시 한번 명심하자. 권사는 그 직무를 감당할 때, 결코 교역자를 돕는 역할, 순종의 자리를 떠나서는 안 된다.

2. 직무의 내용

각 교단 헌법에 의하면 권사의 직무를 대체로 신자들의 영적 상태를 돌아보며, 우환질고와 낙심 중에 있는 자를 권위하며 심방하는 일과 불신자에게 전도하는 일로 규정하고 있다. 그러나 전도에 대해서는 이 책 제1부 "3장. 교회의 사명"(86-107쪽)에서 다루었기 때문에 여기에서는 심방에 대해서만 다루도록 하겠다.

1. 심방의 성경적 배경

(1) 구약에서의 심방

우리가 믿는 하나님은 자기 백성을 심방하시며 돌보아 주시는 하나님이시다. 아담과 하와가 범죄한 후 두려움에 떨고 있을 때 "여호와 하나님이 아담을 부르시며 그에게 이르시되 네가 어디 있느냐"(창 3:9) 하시며 그들을 찾아오셨고, "아담과 그의 아내를 위하여 가죽옷을 지어"(21절) 입히심으로 그들을 돌보아 주셨다. 우리는 여기서 심방의 기원을 발견할 수 있다.

그 후에도 계속 하나님께서는 그의 백성을 돌보도록 목자를 보내셨다. 우리는 예레미야 선지자를 통하여 하나님은 그의 양무리를 목자를 통해 돌보시며, 그러기에 그 목자의 사명이 얼마나 막중한가를 알 수 있다.

"여호와의 말씀이니라 내 목장의 양떼를 멸하며 흩어지게 하는 목자에게 화 있으리라 그러므로 이스라엘의 하나님 여호와께서 내 백성을 기르는 목자에게 이와 같이 말씀하시니라 너희가 내 양떼를 흩으며 그것을 몰아내고 돌보지 아니하였도다 보라 내가 너희의 악행 때문에 너희에게 보응하리라 여호와의 말씀이니라 내가 내 양떼의 남은 것을 그 몰려갔던 모든 지방에서 모아 다시 그 우리로 돌아오게 하리니 그들의 생육이 번성할 것이며 내가 그들을 기르는 목자들을 그들 위에 세우리니 그들이 다시는 두려워하거나 놀라거나 잃어버리지 아니하리라 여호와의 말씀이니라"(렘 23:1-4).

여호와 하나님께서는 하나님의 양무리를 흩으며 그것을 몰아내고 돌아보지 아니한 목자들은 그 악행으로 인하여 보응을 받게 되리라고 엄히 선언하셨다. 목자는 하나님의 백성을 기르는 책임, 그의 백성을 돌아보아야 할 사명을 가지고 있다. 하나님께서는 이제 양무리의 남은 자를 모아서 다시 그 우리로 돌아오게 하고 그들의 생육이 번성하여, 다시는 두려워하거나 놀라거나 축이 나지 아니하도록 그들을 기르는(돌보아 주는) 목자들을 그들 위에 세우리라고 말씀하셨다.

우리는 여기에서 하나님은 언제나 그의 백성, 그의 양무리에 관심을 가지시며, 그들을 돌보도록 목자를 세우시고, 그 목자의 책임을 엄히 묻고 계심을 알 수 있다.

또 우리는 에스겔 선지자를 통하여 목자들이 특별히 돌보아야 할 양과 그 돌봄의 목표를 확인할 수 있다.

"너희가 그 연약한 자를 강하게 아니하며 병든 자를 고치지 아니하며 상한 자를 싸매 주지 아니하며 쫓기는 자를 돌아오게 하지 아니하며 잃어버린 자를 찾지 아니하고 다만 포악으로 그것들을 다스렸도다 목자가 없으므로 그것들이 흩어지고 흩어져서 모든 들짐승의 밥이 되었도다 내 양떼가 모든 산과 높은 멧부리에마다 유리되었고 내 양떼가 온 지면에 흩어졌으되 찾고 찾는 자가 없었도다"(겔 34:4-6).

목자는 연약한 양을 강하게 하고, 병든 양을 고치며, 상한 양을 싸매어 주고, 쫓긴 양을 돌아오게 하며, 잃어버린 양을 찾아야 할 사명을 가지고 있다. 목자의 이런 세심한 돌봄이 없을 때 양들은 흩어져서 들짐승의 밥이 되고 산에 흩어져서 방황하게 된다.

그럼에도 불구하고 이스라엘 목자들은 자기만 먹이고 양들을 돌보지 않았다. 이런 목자들은 화가 있으리라고 에스겔은 예언하고 있다. 오늘날 심방은 바로 구약에서의 이런 목자적 돌봄이라고 할 수 있다.

(2) 신약에서의 심방

예수께서는 죄인들, 세리들, 창기들, 병든 자들, 귀신 들린 자들, 굶주린 자들, 외로운 자들을 찾아가셔서 그들의 영혼을 구원해 주시고, 그들의 육체를 돌보아 주셨다. 예수님은 모든 성과 촌에 두루 다니사 회당에서 가르치시며 천국 복음을 전파하시며 모든 병과 모든 악한 것을 고쳐 주셨다. 예수님은 목자 없는 양과 같이 고생하며 기진하는 무리를 보시고 불쌍히 여기셔서(마 9:35, 36). 그런 사람들을 돌보아 주도록 사명을 주어 제자들을 보내셨다(마 10장; 요 21:15-18).

예수님은 그런 사람을 돌보는 것은 예수님 자신을 돌보는 것이고, 그런 사람들을 돌보지 않는 것은 예수님 자신을 돌보지 않는 것이라고 말씀하시면서 그것이 심판의 기준이 된다고 강조하셨다(마 25:31-46). 우리는 사람들이 주릴 때 먹을 것을 주고, 목마를 때 마시게 하며, 나그네 되었을 때 영접하고, 옥에 갇혔을 때 찾아가 보아야 할 사명이 있다.

"여기 내 형제 중에 지극히 작은 자 하나에게 한 것이 곧 내게 한 것이니라"(40절).

교회 안에 지극히 미미한 신자 하나를 돌보는 것이 예수님을 돌보는 것이다. 우리는 주님을 돌보듯 주님의 형제 중 어려움에 처한 사람을 심방하며 위로하며 돌보는 일을 결코 등한히 해서는 안 된다.

이런 예수님의 교훈을 따라 초대교회 사도들은 주님의 양들의 영적 상태를 돌아보며, 그들을 양육하기 위해 얼마나 힘썼는지 모른다. 사도 바울은 복음을 전하는 것으로 그치지 않고, 그들을 다시 심방하여 그들의 영적 상태가 어떠한가 살폈다. "며칠 후에 바울이 바나바더러 말하되 우리가 주의 말씀을 전한 각 성으로 다시 가서 형제들이 어떠한가 방문하자"(행 15:36). 직접 심방하지 못할 때에는 대신 다른 사람을 보내거나 편지를 써 보냄으로써 그들의 영혼을 돌보았다.

바울은 모든 방법을 다 동원하여 믿음이 어린 신자들을 돌보는 데 온 힘을 기울였고, 그의 마음이 짓눌릴 만큼 그들을 염려했으며, 이 모든 일과 함께 그들을 위한 기도를 쉬지 않았다.

"우리가 그를 전파하여 각 사람을 권하고 모든 지혜로 각 사람을 가르침은 각 사람을 그리스도 안에서 완전한 자로 세우려 함이니 이를 위하여 나도 내 속에서 능력으로 역사하시는 이의 역사를 따라 힘을 다하여 수고하노라"(골 1:28, 29).

그리고 바울은 데살로니가 교회에 보내는 편지에서 그들의 영혼을 돌볼 때, 유순한 자 되어 유모가 자기 자녀를 기름과 같이 하였고, 각 사람에게 아버지가 자기 자녀에게 하듯 권면하고 위로하고 경계함으로 했다고 증언하고 있다. 그는 그들의 영혼을 양육할 때, 오직 하나님의 복음으로만 했고, 목숨까지 주기를 즐겨 할 만큼 사랑으로 했으며, 수고와 애씀으로 했고, 어떻게 거룩하고 옳고 흠 없이 행해야 할 것인가 모범을 보임으로써 했다(살전 2:7-12).

우리는 이와 같은 바울의 모습을 통해 신자들을 심방하고 돌보는 일의 본보기를 배울 수 있다. 야고보는 "하나님 아버지 앞에서 정결하고 더러움이 없는 경건은 곧 고아와 과부를 그 환난 중에 돌보고"(약 1:27)에서 볼 수 있듯이 심방의 가치를 높이 평가하고 있다. 사도 베드로는 양 무리를 잘 친 목자는 "목자장이 나타나실 때에 시들지 아니하는 영광의 관을 얻으리라"(벧전 5:4)고 확신했다.

우리는 지금까지 신구약성경에 나타난 심방이 무엇인가를 살펴보았다. 하나님은 언제나 그의 백성, 그의 양무리를 돌보신다. 그중에서도 특별히 연약한 양들에게 관심이 있으시다. 그리고 그 책임을 하나님은 목자들에게 위임하셨다. 우리는 여기에서 심방의 원리를 발견할 수 있다. 심방이란 영육 간 빈약한 신자를 돌보아 주는 것이다. 성경에서 "돌아본다"는 말은 "선한 사마리아인의 비유"(눅 10:25-37)에 그 개념이 가장 잘 나타나 있다. 돌보아 주는 것은 바로 사마리아 사람처럼 하는 것이다. 오늘날 권사는 교역자를 도와 하나님의 백성을 돌아보는 직분이다. 그러므로 권사의 심방이야말로 목회적 사명이라고 할 수 있다.

2. 심방의 실제

그러면 권사는 누구를 어떻게 심방해야 하는가? 교회 안에는 권사의 심방을 필요로 하는 사람들이 언제나 있기 마련이다. 영육 간 빈약한 신자들은 얼마든지 있다. 권사는 장기 결석자, 연약한 자, 병든 자, 상한 자, 쫓긴 자, 잃어버린 자, 주린 자, 목마른 자, 나그네, 헐벗은 자, 옥에 갇힌 자, 고아와 과부, 외로운 자 등등 우환질고와 낙심 중에 있는 자들을 심방하여 위로하고 권면하며 그들의 영혼과 육체를 돌보아야 한다. 물론 경우마다 접근 방법이 다르겠지만 여기에서는 교회에서 권사가 자주 심방하게 되는 경우 그 대상과 방법을 구체적으로 제시하려고 한다.

(1) 장기 결석자

권사는 우선 교회 안에서 영적으로 연약한 사람이 누구인가 관심을 갖고 그들을 심방해야 한다. 어떤 이유에서건 공예배에 장기적으로 결석하거나, 또 정규적으로 출석하지 않는 사람은 연약한 영혼과 믿음을 가지고 있는 사람임에 틀림이 없다. 아직 구원의 도리를 깨닫지 못했거나, 상당 기간 신앙 생활을 했지만 아직 삶의 우선순위가 정립되지 못했거나 어떤 불편한 인간 관계가 그 원인일 수 있다.

　권사는 바로 이런 사람을 찾아내어 심방하며 그들의 영혼과 믿음을 돌보아야 한다. 히브리서 기자는 "모이기를 폐하는 어떤 사람들의 습관과 같이 하지 말고 오직 권하여 그날이 가까움을 볼수록 더욱 그리하자"(히 10:25)라고 권면하고 있다. 여기 "권하다"라는 말은 "격려하다"라는 뜻이다.

　그러므로 권사는 집회에 잘 모이지 못하는 사람들을 격려하여 주님의 재림의 날이 가까움을 보면서 모이기를 힘쓰도록 해야 한다. 내가 나 자신의 신앙을 돌아보지 않을 때, 다른 사람이 나의 신앙 생활에 관심을 가져 주고, 격려해 주는 것은 큰 위로와 도전이 될 수 있다.

　"교회가 어디에 있는지 모르는 것도 아닌데 뭐, 스스로 알아서 올 때까지 내버려두지.", "자신에 대해 걱정하지도 않는데 내가 왜 그를 염려해야 되지? 자기를 위해서 믿지 뭐, 나를 위해서 믿나.", "내가 심방하는 것을 귀찮아하는 눈치던데 그래도 계속해야 하나." 등등 여러 가지 핑계거리가 있을 수 있다. 그러나 권사는 그들에게 가야 하며, 그들을 계속 심방해야 한다. 예수님도 가시는 곳마다 환영을 받으신 것은 아니다. 가는 곳마다 우리를 환영하고, 고마워하며, 감격하리라고 기대하지 말라. 때로는 퉁명스러운 대답도, 때로는 문전박대를 당할는지도 모른다. 그럼에도 불구하고 심방을 포기해서는 안 된다. 그리스도의 따뜻한 관심과 사랑을 가지고 찾아가는 권사의 심방은 결국은 그 심령을 뜨겁게 하고, 새롭고 활기 있게 변화시켜 줄 것이다.

　어떤 교회의 교육 목사가 교회학교 교사들에게 "우리가 갔을 때 그들은 옵니다. 맞습니까, 틀립니까?"라고 물었을 때, 그들은 "맞습니다. 우리가 가면 그들은 옵니다."라고 대답했다. 그리고 또 물었다. "틀림없습니까? 우리가 갔을 때 그들이 오지 않을 때는 없습니까?" 두 번째 질문이 제시되자 교사 중 한 사람이 "우리가 갔을 때 그들이 반드시 온다는 말은 맞지 않습니다. 그렇지만 우리가 가고, 가고, 또 가면 그들이 온다는 말은 맞습니다."라고 대답했다.

이것이 바로 심방의 비결이다. 권사는 믿음이 연약하여 장기적으로 집회에 참석하지 않는 신자들에게 가야 하며, 계속 가야만 한다. 뿐만 아니라 규모 없는 사람들, 곧 제멋대로 신앙 생활을 하거나 마땅히 해야 할 일도 하지 않는 게으른 사람들을 심방하여 권계하며, 마음이 약한 사람들 곧 작은 영혼을 가진 사람들을 심방하여 안위해 주고, 힘이 없는 사람들, 곧 영적으로 무력한 사람들을 심방하여 붙들어 주어야 할 사명이 있다(살전 5:14).

이와 같이 믿음이 연약한 신자들을 심방해야 하는 권사는 심방이 도리어 역효과를 가져오지 않도록, 또 교회에 덕을 세우기를 힘써야 한다. 그러기 위해서 특별히 다음과 같은 사항을 유념해야 한다.

① 물질적인 가해자가 되지 않도록 조심해야 한다. 심방을 통해서 알게 된 신자들과 금전 거래를 하지 않아야 한다. 금전 거래 때문에 돈 잃고 사람 잃는 경우가 교회 내에 종종 있다. 또 물질적인 해를 주지 않는다고 할지라도 보험이나 상품을 사고파는 일도 심방 중에는 금지해야 한다.

② 인격적인 가해자가 되지 않도록 조심해야 한다. 이 집 저 집 다니며

말을 옮겨 신자들 사이를 이간질하거나, 이 말 저 말 퍼뜨려 명예를 손상시키는 일이 없도록 해야 한다.

③ 신앙적인 가해자가 되지 않도록 조심해야 한다. 말씀을 중심으로 권면하고, 잘 모르는 부분에 대해 질문을 받으면 교역자에게 물어보아서 다음 심방시에 알려 주면 된다. 자신의 신비적 체험이나 잘못된 신앙 사상을 퍼뜨려 혼란을 일으키지 말라. 언제나 신앙 생활은 말씀 중심, 교회 중심이어야 한다.

(2) 병든 자

임금 되신 예수께서는 오른편에 있는 자들에게 "내가……병들었을 때에 (너희가 나를) 돌보았고……"(마 25:35, 36)라고 말씀하셨다. 이에 의인들이 "주여 우리가 어느 때에……병드신 것……보고 가서 뵈었나이까"(37-39절) 대답하니, 임금은 "너희가 여기 내 형제 중에 지극히 작은 자 하나에게 한 것이 곧 내게 한 것이니라"(40절)고 말씀하셨다. 야고보는 "너희 중에 병든 자가 있느냐 그는 교회의 장로들을 청할 것이요 그들은 주의 이름으로 기름을 바르며 그를 위하여 기도할지니라"(약 5:14)고 했다.

어느 누구나 다 병에 걸릴 수 있다. 하나님께서는 왜 그 사람에게 병을 주셨는지 설명하지 않으신다. 사람이 하나님의 뜻을 완전하게 이해할 수는 없지만 병에 걸렸다고 해서 하나님의 저버리심을 받은 것은 아니다. 그보다는 오히려 병은 하나님이 그의 자녀들을 다루시는 또 하나의 은혜로운 손길이 될 수 있다. 성경은 병에 의한 징계, 하나님의 사랑의 증거로서의 징계에 대하여 언급하고 있다. "볼지어다 하나님께 징계

받는 자에게는 복이 있나니 그런즉 너는 전능자의 징계를 업신여기지 말지니라 하나님은 아프게 하시다가 싸매시며 상하게 하시다가 그의 손으로 고치시나니"(욥 5:17, 18).

- 심방 목적 -

① 주님은 환자들 안에서 자신이 발견되기를 원하시기 때문이다(마 25:35, 36). 환자를 돌보는 것은 바로 주님을 돌보는 것이다. 주님께서는 병상에서 우리를 기다리신다.
② 주님의 몸된 교회가 질병 때문에 교회에 출석할 수 없는 사람들에게 사랑 어린 관심을 나타낼 수 있기 때문이다.
③ 환자로 하여금 시험을 이해할 수 있도록 해주고, 믿음으로 승리할 수 있도록 도와주기 때문이다.
④ 환자로 하여금 하나님을 경외하며 회개하고, 오히려 하나님의 사랑을 깨닫도록 도와주기 때문이다.
⑤ 환자와 함께 말씀을 읽고 기도함으로써 그를 격려할 수 있기 때문이다.

- 심방 전 -

① 조심스럽게 계획을 세운다. 환자에 대하여 알아보라. 아마추어 의사 노릇을 하려고 하지는 말고 그의 상태가 어떠한가를 알아보라. 집에 있든지 병원에 있든지 언제 심방하는 것이 좋은지를 확인하라.
② 먼저 적절한 성경 구절을 선택하라. 전문 상담자처럼 하지 말고 말씀

과 기도를 통해서 위로가 되게 하라.

③ 기도 중에 간구할 내용을 생각하라. 환자에게 훈계조로 설교하려고 하지 말고, 성령께서 깨우쳐 주시고 역사하실 줄 믿고 간구하라.

- 심방 중 -

① 일단 심방할 필요가 생기면 뒤로 미루지 말고 빠른 시일 내에 심방하라.
② 병원에 있다면 그 병원의 준수 사항을 잘 지키며 한정된 시간을 엄수하고 환자가 피곤하지 않도록 하라.
③ 침대에 걸터앉지 말라.
④ 말씀을 중심으로 영적인 대화를 하라. 논쟁이나 말다툼을 일으킬 만한 문제는 피하라.
⑤ 환자가 대화하기 어려울 때에는 말없이 손을 잡아 주거나 관심과 사랑을 보여 주기만 해도 위로가 됨을 기억하라.
⑥ 대화나 기도 중에 그 병실의 다른 사람들을 포함시켜도 좋다.

- 심방 후 -

① 그 심방에 하나님의 능력과 축복이 임하기를 기도하라.
② 또 심방하는 것이 바람직하다고 생각하면 다음에는 언제, 누구와 같이 갈 것인가를 계획하라.
③ 그 심방시 도움을 줄 필요가 있음을 발견했다면 돕도록 최선을 다하라.
④ 환자를 돌봄으로써 주님을 섬겼다는 사실을 잊지 말라.

(3) 가족을 여읜 사람

"이르되 내가 모태에서 알몸으로 나왔사온즉 또한 알몸이 그리로 돌아 가올지라 주신 이도 여호와시요 거두신 이도 여호와시오니 여호와의 이름이 찬송을 받으실지니이다"(욥 1:21).

성경에는 인간의 삶과 미래를 절대적으로 주관하시는 하나님에 대한 가르침으로 가득 차 있다. 슬픔, 두려움, 근심, 걱정, 심지어 죽음까지를 포함하여 우리가 어떤 삶의 자세를 취해야 할지에 대해 성경은 잘 가르쳐 주고 있다. 이러한 가르침을 통해서 우리들은 욥과 같은 마음가짐으로 우리 삶에 대한 하나님의 뜻을 받아들일 준비를 하고 있어야 한다.

특히 사랑하는 가족이 죽게 되면 격렬한 슬픔에 잠기게 된다. 이러한 슬픈 상황에서 가족을 잃은 성도에게 어떤 도움을 주고자 한다면 권사는 말씀에 기록된 풍성한 약속들을 붙잡아야 한다. 이런 슬픔은 죽은 이에게 사랑을 주지 못했다는 생각, 효도를 다하지 못했다는 생각, 너무 무심했다는 생각으로 어느 정도 죄의식을 수반하게 된다. 이 모든 어려움과 슬픔을 극복하게 해주는 것은 하나님의 말씀이다. 하나님만이 참으로 그들의 마음을 위로할 수 있으시다.

실제적으로 이런 가정을 심방하려면 다음을 참조하라.

① 아직 의식이 있을 때 심방을 갔다면 말씀을 통해 다가오는 죽음에 대비할 수 있도록 해주라. 구원의 확신이 없는 경우에는 간략히 복음을

전하고, 예수님을 구주로 영접하도록 하라.

② 심방 중에 운명했거나 막 운명한 후에 도착했다면 가족들에게 연민의 마음을 보이고 빨리 하나님의 말씀으로 나아가라.

③ 슬퍼하고 있는 사람의 마음과 함께하도록 하라. 그러기에 바울은 "우는 자들과 함께 울라"(롬 12:15)고 했다. 말을 너무 많이 한다거나 피상적인 제안을 하지 않도록 하라. 하나님의 말씀을 제외한 모든 말은 거의 의미를 부여할 수 없다는 사실을 기억하라.

④ 장례식을 치르고 나면 슬픔 대신 외로움이 몰려온다는 것을 기억하라. 할 수 있으면 자주 말씀으로 위로해 주고, 교회의 사랑을 보여 주며, 가까이 있어 줌으로써 힘이 되게 하라. 적대나 분노의 감정에도 대처할 준비를 하라. 그들은 "왜 하필 나의 남편(아들이나 딸)이……."라고 원망할지 모른다. 이런 경우에도 인내로써 기도와 사랑을 보여 주는 것이 가장 필요함을 기억하라.

⑤ 실제적인 필요에 대해 관심을 갖고, 가족을 여읜 사람이 재산 처분을 한다거나 어떤 투자를 한다거나 이사를 간다는 등의 일에 있어서 성급한 결정을 하지 않도록 하라. 그러나 사적인 문제에 끼어들지 말고, 할 수 있는 범위 내에서 도움을 주라.

⑥ 가족을 여읜 사람에게 이전에는 참여하지 않았던 교회 봉사나 사회 봉사에 참여할 수 있도록 격려하라.

⑦ 외로움 때문에 야기되는 문제, 예를 들면 술을 마신다거나 나쁜 친구를 사귄다거나 너무 자유분방하게 시간을 보낸다거나, 하나님 없이 슬픔을 달래려고 하는 잘못된 노력을 하지 않도록 주의를 기울이라.

⑧ 심방 때마다 기도하고 항상 기도의 자세로 돌보라. 슬픔의 깊이는 하

나님만이 아신다. 성령께서는 분명히 위로하시고 치유하신다. 심방하는 사람은 단지 하나님의 도구일 뿐이다. 그렇지만 가장 중요한 도구이다.

이 사실을 기억하고 슬픔 당한 가정들을 더욱 열심히 심방하여 보살피라.

이 외에도 권사가 심방하며, 위로하고 격려해 주어야 할 사람을 찾아보면(잘 찾을 수 없으면 교역자에게 물어 보라) 낙심한 사람, 궁핍한 사람, 환난 당한 사람 등 참으로 너무나 많다.

우리는 독일의 유명한 신학자 본회퍼(Dietrich Bonhoeffer)의 말에 동의하지 않을 수 없다. 그는 "우리는 정말 이 세상에 격려와 훈계를 필요로 하지 않는 사람이 단 한 사람이라도 있다고 생각하는가? 그렇다면 왜 하나님은 그리스도인의 형제애라는 것을 우리에게 주셨는가?"라고 했다.

사도행전을 읽다 보면 오늘날 권사가 정말 본받아야 할 인물인 요셉을 만나게 된다. 사도들은 그에게 "바나바"라는 별명을 붙여 주었는데, 그것은 그가 어떠한 사람이었는가를 잘 보여 준다(행 4:36, 37). "바나바"라는 이름은 "권위자", 즉 "위로의 아들", "격려의 아들"이라는 뜻이다. 별명 그대로 그의 삶은 다른 사람을 물질뿐만 아니라 마음으로 위로해 주고 격려해 주는 삶으로 일관되었다. 그는 어떻게 그런 삶을 살 수 있었을까? 성령으로 충만하여 늘 성령의 지배를 받았기 때문에 가능할 수 있었다(11:24). 사도 요한은 성령을 보혜사라고 부르는데(요 14:26, 15:26)

"보혜사"라는 말은 "위로자"라는 뜻이다. 보혜사 성령은 믿는 자 바로 곁에 오셔서 위로해 주시고 힘주시는 영이라는 말이다. 이 보혜사 성령으로부터 위로를 받고, 그 영으로 충만한 사람은 바나바처럼 남을 위로하고 격려하며 용기를 불러일으킬 수 있는 것이다. 바로 이 성령께서 주시는 은사 가운데 하나가 "위로하는 자", "위로하는 일"이다(롬 12:8).

그러므로 오늘날 권사는 보혜사 성령을 통하여 먼저 수직적으로 위로를 체험하고, 위로하는 은사를 받아, 이제 수평적으로 영육 간 연약한 사람을 위로하고 격려해야 할 사명이 있는 직분임을 잊지 말라. 사도 바울이 말한 대로 우리가 믿는 하나님은 "모든 위로의 하나님이시며 우리의 모든 환난 중에서 우리를 위로하사 우리로 하여금 하나님께 받는 위로로써 모든 환난 중에 있는 자들을 능히 위로하게 하시는"(고후 1:3, 4) 하나님이시다.

우리 권사들이 격려하는 수고를 하지 않는다면, 믿음이 연약한 사람들은 쉽게 죄의 유혹에 넘어가 버릴 수 있다. 히브리서 기자의 경고에 귀를 기울이라. "오직 오늘이라 일컫는 동안에 매일 피차 권면하여(격려하여) 너희 중에 누구든지 죄의 유혹으로 완고하게 되지 않도록 하라"(3:13). 여기에 권사의 사명이 있다. 내일로 미루지 말라. 오늘이 아니면 기회를 잃을는지 모른다. 아직 건강이 있는 오늘, 아직 생명이 있는 오늘, 아직 기회가 있는 오늘, 아직 격려를 필요로 하는 사람이 있는 오늘, 오늘 가서 그들을 격려하고 하나님의 백성을 위로하라(사 40:1).

2. 권사의 직무 자세

오늘날 교회에는 해야 할 일은 많은데 일꾼은 적다. 예수께서는 제자들에게 "추수할 것은 많되 일꾼이 적으니 그러므로 추수하는 주인에게 청하여 추수할 일꾼들을 보내 주소서"(마 9:37, 38)라고 기도하도록 부탁하셨다. 권사는 이 많은 교회의 일을 하도록 부르심을 받은 일꾼이다. 그러나 해야 할 일이 많다고 해서 아무렇게나 되는 대로 성급하게 일을 하기만 하면 되겠는가? 그렇지 않다. 봉사에 대한 가치관을 확립하고, 올바른 자세를 가지고 봉사해야 한다. 이것은 권사만이 아니라 교회에서 어떤 직분을 맡았든지 똑같이 요구된다.

1. 봉사에 대한 가치관

권사가 보다 목표 지향적이고 균형 잡힌 봉사를 하려면 우선 봉사에 대한 가치관을 확립할 필요가 있다.

1. 봉사 자체보다는 봉사하는 사람이 더 중요하다

하나님은 봉사하는 사람을 그가 하는 봉사보다 훨씬 더 귀중히 여기신다. 일보다 일꾼이 소중하다는 것은 하나의 봉사 원리이다.

에베소 교회의 성도들은 열심히 일했지만 주님을 사랑하는 마음을 잃어버렸기 때문에 책망을 받았다(계 2:3, 4). 서기관과 바리새인들도 박하와 회향과 근채의 십일조를 철저하게, 그리고 열심히 드렸지만 더 중요한 의와 인과 신을 버렸기 때문에 주님께 책망을 받은 것이다(마 23:23).

사무엘은 "순종"(하나님과의 관계)이 "제사"(일)보다 낫다고 충고했다(삼상 15:22). 그러므로 우리가 마르다처럼 일하기에만 분주해서 주님과의 교제를 게을리하면(눅 10:39, 40) 그 일 때문에 원망하고 불평하게 되고 결국 하나님께 영광 돌리는 봉사를 하지 못하게 된다.

2. 우리의 방법보다는 하나님의 방법이 더 중요하다

하나님의 일이라고 할지라도 우리의 생각과 계산대로 한다면 그것은 사람의 일에 불과하다. 하나님의 일은 반드시 하나님의 뜻과 인도하심 안에서 이루어져야 한다. 그러므로 우리는 봉사하는 데 있어서 시종일관 하나님의 뜻과 인도하심을 기도하면서 하나님의 방법으로 해야 한다. 아무리 급하다 해도 하나님의 일을 인간적인 수단과 방법으로 해서는 안 된다. 하나님의 일은 목적도 선해야 하지만, 그 일을 이루는 수단과 방법도 선해야 하기 때문이다.

3. 결과보다는 과정이 더 중요하다

성공은 현대인의 우상이다. 그리고 그 성공의 표준은 수치와 외형에 있다. 그러나 하나님의 표준은 결과보다는 그 결과를 이루어 가는 과정에 있다. 우리가 하나님께서 주신 사명을 이루는 것은 물론 중요한 일이지만, 그 결과를 하나님께 맡겨야 한다. 우리가 몇 명을 전도했느냐 하는 수치와 통계보다는 주님의 명령에 순종하는 과정이 더 중요하다는 말이다. 씨를 뿌리고 물을 주는 것은 우리의 일이지만 자라게 하고 열매를 맺게 하는 것은 하나님의 일이기 때문이다. 우리가 교회를 섬기며 봉사하는 데 있어서 결과에 너무 연연하다 보면 인간의 방법이 동원

되기 쉽고 봉사하는 과정에 마귀가 틈타게 된다.

우리의 성공은 하나님의 뜻과 성령의 인도하심에 순종하는 과정에 있다. 그러므로 모든 일에 있어서 선택과 결정과 그 결과를 모두 하나님께 맡겨야 한다.

4. 양보다는 질이 더 중요하다

농부는 곡식을 원하지 가라지를 원하지는 않는다. 가라지는 아무리 풍성해도 쓸모가 없다. 하나님을 섬기는 데 있어서는 어느 경우든지 양보다는 질이 더 중요하다. 단지, 양의 증가로 질이 높여질 수 있다면 그 양도 하나님 앞에 쓸모가 있다.

5. 사람의 칭찬보다는 하나님의 칭찬이 더 중요하다

사람의 칭찬을 구하는 것은 인지상정이다. 사람들은 항상 칭찬받고, 인정받기를 원한다. 그러나 우리의 봉사가 하나님의 칭찬보다 사람의 칭찬을 먼저 구함으로 교만과 외식에 빠져서는 안 된다.

바리새인과 서기관들이 예수께 계속 지적받은 문제가 바로 이 외식의 문제였다. 우리의 봉사가 사람들에게 보이거나 사람들을 기쁘게 하려는 것이 되어서는 안 된다는 말이다. 우리가 의식하든 의식하지 못하든 교회 안에 이런 일이 있는 것이 사실이다. 목회자가 칭찬해 주지 않는다는 이유로나 교인들이 인정해 주지 않는다는 이유로 봉사를 포기하는 사람들이 바로 그런 사람들이다. 그러므로 사도 바울은 "이제 내가 사람들에게 좋게 하랴 하나님께 좋게 하랴 사람들에게 기쁨을 구하랴 내가 지금까지 사람들의 기쁨을 구하였다면 그리스도의 종이 아니니라"(갈 1:10)고 단호하게 말했다. 헌신적인 사람들조차도 사람의 칭찬을 위해서 일을 하거나 아니면 일 자체를 위해서 하나님의 일을 하게 되는 때가 있는 것을 볼 수 있다. 그러기에 예수께서도 "사람에게 보이려고 그들 앞에서 너희 의를 행하지 않도록 주의하라 그리하지 아니하면 하늘에 계신 너희 아버지께 상을 받지 못하느니라"(마 6:1)는 말씀으로 외식적인 모든 행위를 금지하셨다.

6. 실적보다는 자세가 더 중요하다

봉사하는 데 있어서 언제나 중요한 것은 어떤 마음으로 봉사하느냐, 어떤 자세로 봉사하느냐이다. 우리는 항상 얼마나 많이 봉사하는지, 봉사의 양이나 실적에 더 관심을 갖지만, 하나님은 그 봉사를 어떻게 했는지, 봉사를 하는 사람의 마음가짐과 태도에 더 관심을 가지신다. 권사를 포함해서 교회의 일꾼으로 부름받아 봉사하는 사람은 이런 봉사에 대한 가치관을 먼저 확립하고, 다음으로 봉사하는 자세를 바로 갖춰야만 효과적인 봉사를 할 수 있을 뿐 아니라 하나님의 뜻을 성취할 수 있게 된다.

2. 봉사의 자세

권사가 교회에서 봉사하려고 할 때, 먼저 자신에게 맡겨진 직무의 내용, 즉 무슨 일을 언제, 어떻게, 어디까지 해야 하는가를 분명하게 인식하고 있어야 한다. 그래야만 책임을 전가하거나 남의 일에 간섭하여 월권하지 않게 된다. 그리고 자신에게 맡겨진 직무를 실제 감당함에 있어서는 어떤 마음가짐과 자세로 그 일을 수행할 것인가를 점검하고, 일하는 과정 속에서도 계속 그 자세를 유지해야 한다. 그래야만 결국 그 일을 통해서 하나님께 영광 돌리고, 교회에 유익을 가져 오며, 자신은 기쁨과 보람을 얻을 수 있다.

그러므로 사도 바울은 몸된 교회에서 많은 지체가 서로 다른 기능을 가지고 있다고 말하면서 동시에 각각의 지체들이 자기들에게 맡겨진 직분을 감당할 때 지녀야 할 자세를 구체적으로 제시하고 있다.

"우리가 한 몸에 많은 지체를 가졌으나 모든 지체가 같은 기능을 가진 것이 아니니 이와 같이 우리 많은 사람이 그리스도 안에서 한 몸이 되어 서로 지체가 되었느니라 우리에게 주신 은혜대로 받은 은사가 각각 다르니 혹 예언이면 믿음의 분수대로, 혹 섬기는 일이면 섬기는 일로, 혹 가르치는 자면 가르치는 일로, 혹 위로하는 자면 위로하는 일로, 구제하는 자는 성실함으로, 다스리는 자는 부지런함으로, 긍휼을 베푸는 자는 즐거움으로 할 것이니라"(롬 12:4-8).

1. 헌신으로 봉사하라

주님을 섬기고, 교회를 위해 봉사할 때 손가락 하나 움직이지 않고 입으로, 말로만 할 수 있는 봉사는 없다. 헌신은 교회에서 행해지는 모든 봉사의 기초가 된다. 헌신 없이는 어떤 봉사도 할 수 없다. 사도 바울은 로마서 12장에서 그리스도인의 봉사 생활을 마치 한 폭의 그림처럼 그려 내고 있다. 특히 바울은 12장을 시작하면서 먼저 "너희 몸을 하나님이 기뻐하시는 거룩한 산 제물로 드리라"(1절)고 권고하고 있다.

봉사에 있어서 이것은 필연적인 순서이다. 헌신이 선행되지 않는 봉사는 한낱 허영적이요, 일시적이요, 무사안일적이요, 경쟁적이요, 자기 중심적인 봉사에 불과하다. 이러한 봉사는 어려움과 시련을 만나면 곧 사라지고 만다.

바울은 마게도냐 성도들에 대해 "극심한 가난이 그들의 풍성한 연보를 넘치도록 하게 하였느니라"(고후 8:2)고 기록하면서 그들이 그렇게 할 수 있었던 이유는 "먼저 자신을 주께 드렸기" 때문이라고 지적하였다(5절). 먼저 자신을 주님께 드리지 않고는 물질이나 시간이나 재능 그 어떤 것도 기쁨으로 드리며 봉사할 수 없는 것이다.

그러면 헌신이란 무엇인가? 헌신이란 우리에게 있는 모든 것, 즉 몸, 시간, 재물, 재능, 은사, 지식, 기술 등을 하나님께 "드린다", "제공한다", "마음대로 쓰실 수 있도록 내어 맡긴다"는 뜻이다. 이것이 바로 사도 바울이 "또한 너희 지체를 불의의 무기로 죄에게 내주지 말고 오직 너희 자신을 죽은 자 가운데서 다시 살아난 자같이 하나님께 드리며 너희 지체를 의의 무기로 하나님께 드리라"(롬 6:13)고 말한 것이다. 여기 "무기"는 "사역"을 암시해 준다. 헌신한 사람은 반드시 하나님을 위해 행동하고 사역하게 되어 있다. 헌신은 어떠한 감정에 그치지 않고 실제적인 사역이 뒤따르게 된다.

이와 같이 헌신적인 사람은 자신을 하나님의 손안에 드려서 하나님이 쓰시는 무기가 되어 하나님의 뜻과 계획을 이루어 드린다. 또한 헌신적인 사람은 이미 그 삶의 목표가 바뀐 사람이다. 전에는 자기를 위해 살았지만 이제는 주님을 위해서 사는 사람이 헌신적인 사람이다.

"그리스도의 사랑이 우리를 강권하시는도다 우리가 생각하건대 한 사람이 모든 사람을 대신하여 죽었은즉 모든 사람이 죽은 것이라 그가 모든 사람을 대신하여 죽으심은 살아 있는 자들로 하여금 다시는 그들 자신을 위하여 살지 않고 오직 그들을 대신하여 죽었다가 다시 살아나신 이를 위하여 살게 하려 함이라"(고후 5:14, 15).

이런 헌신은 구원의 은혜에 대한 응답으로 시작하여 점점 성장한다. 구원의 은혜를 체험한 사람은 그 은혜에 감사, 감격하여 주님을 사랑하고 주님께 무엇이라도 드리고 싶어한다. 이러한 변화는 먼저 우리를 사랑하신 주님의 사랑에서 비롯된 것이다. 그 사랑이 우리를 강권하여 가만히 있지 못하도록 우리를 봉사로 몰아낸다. 이것이 헌신의 동기이며 출발점이다. 헌신은 여기에 머물지 않는다. 헌신이란 일시적인 충동이나 순간적인 결단이 아니라 전생애에 걸쳐 지속되는 하나의 삶의 방향과 형태가 된다. 어느 위대한 선교사는 그의 일생의 마지막 생일에 "……예수 그리스도는 나의 주시요 왕이십니다. 오늘 나는 다시 한번 그분께 내 생명을 바치렵니다."라고 일기에 적었다. 더 나아가서 헌신은 우리의 삶 전체에 미쳐야 한다. 우리의 삶의 모든 영역에서 헌신적인 자세로 살아야 한다.

이런 헌신의 자세가 되어 있는 사람은 기쁨으로 주님이 가신 길을 따라가며, 주님께 최상의 것을 드려 주님을 섬길 수 있다(창 22:9, 10; 삼상 1:22). 그리고 언제나 최상의 헌신에는 하나님의 더욱 넘치는 은혜와 영원한 상급이 있었다. 우리가 헌신하는 시간은 곧 하나님께 은총을 입는 시간이다. 우리도 우리를 사랑하여 선대하는 사람을 박대하지 않는데,

하물며 하늘에 계신 우리 아버지는 어떠하시겠는가? 그분은 자기를 사랑하며 섬기는 모든 사람에게 은혜를 베푸신다.

예루살렘에 가면 겟세마네 동산 근처에 "막달라 마리아"라는 이름의 교회가 있다. 막달라 마리아는 본래 타락한 여인이었다. 그러나 하나님의 사랑으로 말미암아 이 여인은 회개하여 깨끗함을 얻고 구원을 받게 되었으며, 최상의 것으로 주님께 헌신했다(막 14:3, 8). 전해지는 말에 의하면, 그녀는 후에 교회의 집사가 되어 열심히 주님을 섬기며 봉사하여 모든 사람의 본이 되었다고 한다. 그래서 사람들이 이를 기념하여 널리 전하기 위해 그녀의 이름을 그곳의 교회 이름으로 새겼다고 한다. 그녀의 아름다운 봉사의 발자취는 그녀가 부은 향유와 같아서 오늘날도 교회 안에서 그윽히 향내를 풍기고 있는 것이다. 그러므로 권사는 "주님께서 맡겨 주신 모든 것을 아낌없이" 드리겠다는 자세로 봉사해야 한다.

2. 사랑으로 봉사하라

우리가 어떤 직분을 가지고 봉사하든 봉사의 대상은 하나님과 사람이다. 결국 우리는 하나님을 섬기고 사람을 섬기는 것이다. 섬기는 것은 주는 것이고, 희생하는 것이며, 수고하는 것이므로 사랑하지 않고는 섬길 수 없다. 사랑이 없는 봉사는 노예의 봉사가 되고 만다. 거기에는 기쁨도, 즐거움도 없다. 하지만 사랑의 봉사에는 기쁨이 있고 즐거움이 있다. 누가 시켜서 억지로 하지 않는다. 사랑하게 되면 마음에서 우러나와 자발적으로 봉사하며, 봉사할수록 더 큰 행복을 체험하게 된다.

주님을 섬기려면 그분을 향한 최우선적이고 절대적인 사랑이 필요하다. 동시에 두 주인을 사랑할 수 없으며, 나누어진 마음으로 주님을 섬길 수 없기 때문이다. 주님을 섬기려면 세상의 그 누구보다도, 세상의 그 무엇보다도 주님을 더 사랑할 수 있어야 한다(마 10:37; 눅 14:27, 33). 주님을 사랑으로 섬기는 사람은 또한 주님께 속한 사람들을 뜨거운 사랑으로 섬겨야 한다(요 13:34, 35).

그런데 사랑은 주는 것으로 나타난다. 사랑 없이도 줄 수는 있다. 그러나 주는 것 없이 사랑할 수는 없다. 그러므로 사랑은 반드시 치러야 할 희생이 요구된다. 사랑은 값을 지불해야 하지만 그것을 헤아리지는 않는다.

우리는 하나님께로부터 이 사랑을 배워야 한다(살전 4:9). 성부 하나님은 그 아들을 우리에게 보내 주심으로써 우리에게 사랑을 가르쳐 주셨다(요 3:16; 요일 4:19). 성자 하나님은 우리를 위해 목숨을 바치심으로 사랑을 실천하시고 사랑할 것을 명령하셨다(요 13:34, 35). 그리고 성령 하나님은 우리의 마음속에 하나님의 사랑을 부어 주심으로써 사랑할 수 있는 능력을 주셨다(롬 5:5). 신앙의 학교에서 가장 중요한 교훈은 바로 사랑하라는 것이며(마 22:37-40), 봉사의 학교에서 가장 중요한 자세는 사랑이다.

문제는 사랑이다. 사랑하는 마음만 있으면 모든 것을 드려 섬기고 봉사할 수 있기 때문이다. 교회에서 행해지는 봉사, 그것이 어떤 봉사든 덕을 세우려면 우리가 자신만을 생각하는 것이 아니라 남을 생각해야 하는데, 그 일에는 사랑이 필요하다. 고린도 교회는 일할 수 있는 갖가지 은사를 하나님께로부터 선물로 받았다. 그럼에도 불구하고 왜 혼란과 분열이 있었는가? 사랑함으로 일하지 않았기 때문이다.

고린도 교회 성도들은 인내심이 부족했다(고전 13:5-7). 그러나 사랑은 오래 참는다. 그들은 다른 사람의 은사를 시기했다. 그러나 사랑은 그러한 시기심을 없애 준다. 그들은 자기를 자랑하며 교만했다(고전 4:6, 18, 19, 5:2). 그러나 사랑은 자랑과 교만을 없애 주고 대신 다른 사람의 유익을 구한다. 그들은 예의를 지키지 않고 남의 잘못을 기록해 두고 있었다. 그러나 사랑은 무례히 행하지 아니하며 악한 것을 생각지 않는다. 사랑은 다른 사람의 잘못을 적어 둔 모든 기록을 깨끗이 지워 버리고 다시는 그것에 대해 거론하지 않는다(엡 4:26, 32). 사랑은 노아의 두 아들 셈과 야벳처럼(창 9:20-23) 허다한 죄를 덮는다(벧전 4:8).

이와 같이 교회에서 덕을 세우는 봉사를 하려면 사랑으로 해야 한다. 그러기에 바울은 "오직 사랑으로 서로 종노릇하라"(갈 5:13)고 권면했고, 베드로는 "무엇보다도 뜨겁게 서로 사랑할지니 사랑은 허다한 죄를 덮느니라"(벧전 4:8)고 강조했다.

사랑으로 봉사했던 인물로는 마리아(마 26:6-13; 막 14:3-9; 요 12:1-8)와 고넬료(행 10:1-8)를 들 수 있다.

마리아는 주님을 얼마나 사랑했던지 가장 귀한 것을 드려 주님을 섬겼다. 이 사건을 기록하고 있는 마태는 그것을 "매우 귀한 향유 한 옥합"(마 26:7), 마가는 "매우 값진 향유 곧 순전한 나드 한 옥합"(막 14:3), 요한은 "지극히 비싼 향유 곧 순전한 나드 한 근"(요 12:3)이라고 그 값을 강조하며, 가룟 유다는 그 값을 "삼백 데나리온"(막 14:5; 요 12:5)이라고 계산하고 있지만, 마리아는 그 엄청난 값을 지불하면서도 계산하지 않고, 따지지 않고 최상의 것을 드려 주님께 봉사했다. 가룟 유다는 마리아의 봉사를 낭비라고 비난했지만, 예수님은 마리아의 봉사를 열납하시고 복음이 전파되는 곳에는 이 봉사에 관해서도 말하여 마리아를 기념하라고 하셨다. 정말 아름다운 봉사가 아닐 수 없다.

고넬료 역시 사랑으로 봉사했던 아름다운 본보기이다. 고넬료는 위로 하나님을 사랑하며 섬겼다. 그는 기도를 통해서 사랑하는 하나님과 함께 시간을 보내며 하나님을 기쁘시게 했다. 또 고넬료는 옆으로 이웃을 사랑하며 섬겼다. 그는 구제를 통하여 이웃을 위해 물질을 베풀며 그들을 섬겼다. 고넬료는 이런 봉사를 한두 번 행하고서 그친 것이 아니라 일상적으로, 계속해서 수행했다. 이런 균형 잡힌 봉사가 곧 그의 삶이 되어 버렸고, 이런 봉사는 하나님께 상달되었다.

3. 순종으로 봉사하라

교회에서 봉사할 때, 권사는 자신이 몸된 교회의 머리가 아니라 지체이며, 주인이 아니라 종이라는 사실을 기억해야 한다. 권사는 믿음 안에서 자신의 신분과 위치를 알고, 교회에서 어떤 일을 맡았든지 주님이신 예수님, 머리이신 예수님의 뜻과 명령에 순종함으로 봉사해야 한다. 권사는 언제나 교회에서 순종의 자리를 이탈해서는 안 된다.

권사가 왜 순종으로 봉사하지 못하는가? 그 이유는 두 가지다.

하나는 자신의 위치에 대한 몰이해 때문이다. 권사라는 직분을 직능이 아니라 직급으로 이해하면 직분이 없는 평신도나 집사보다 위에 있는 줄 알고 아래 직급의 사람들을 지배하려고 하고 명령하려고 하며 주장하는 자세를 가지게 된다. 이것은 교만이다. 이 교만 때문에 서로 순종하지 못하게 되고(엡 5:21) 더 나아가서는 주님께도 순종하지 못하게 된다.

그러나 권사직은 직급이 아니라 직능이기 때문에 권사는 종의 위치에서 교회의 주인이신 예수님의 명령을 기다리는 사람이고, 지체의 위치에서 교회의 머리이신 예수님의 지시를 받아 움직이는 사람이어야 한다. 예수께서는 "너희는 나를 불러 주여 주여 하면서도 어찌하여 내가 말하는 것을 행하지 아니하느냐"(눅 6:46)라고 말씀하셨다. 다시 말하면 예수님은 나에게 순종하지 않으려거든 나를 주라고도 부르지 말라고 말씀하시는 것이다.

순종으로 봉사하지 못하는 또 다른 이유는 맡겨진 일에 대한 두려움 때문이다. 나 같은 사람이 어떻게 그런 일을 할 수 있느냐고 겸손하게 두려워하며 머뭇거리고, 사양하고 걱정하면서 순종하지 못하는 경우가 많다. 그러나 이것은 겸손이 아니라 불신이다. 주님께서 일을 맡겨 주실 때에는 언제나 능력도 함께 공급하신다. 사도 바울은 "나를 능하게 하신 그리스도 예수 우리 주께 내가 감사함은 나를 충성되이 여겨 내게 직분을 맡기심이니"(딤전 1:12)라고 고백하고 있다. 주님께서는 먼저 바울을 능하게 하신 다음 직분을 맡기셨다는 것이다.

문제는 하나님의 뜻에 순종하려고 하느냐, 주님의 명령에 순종하려고 하느냐는 것이다. 봉사할 때, 문제는 능력이 아니라 순종이다. 마태복음 10장에 보면 예수님이 제자들을 파송하시는 장면이 나오는데, 여기서도 예수님은 먼저 제자들에게 병 고치는 능력, 귀신을 쫓아내는 능력, 말하는 능력을 주시고 그다음에 파송하셨다. 그 명령에 순종하면 능력은 따라서 나타나게 되어 있다. 그러므로 일을 감당할 능력 때문에 주저하고 염려할 필요는 없다. 저 유명한 네덜란드의 코리텐 붐 여사는

"명령을 수행할 수 있는 능력은 순종을 통해서만 가능하다."라고 간증했다.

순종은 우리 주님께서 친히 보여 주신 봉사의 자세였다. 예수님은 종의 형체를 가지고 이 땅에 오셨다. 예수님은 순종함으로 이 땅에 자신을 보내신 아버지의 뜻을 행하며 아버지의 일을 온전히 이루는 것을 자신의 양식으로 삼으셨다(요 4:34). 십자가를 앞에 두고 예수님은 겟세마네 동산에서 힘쓰고 애써 기도하시며, "내 아버지여 만일 할 만하시거든 이 잔을 내게서 지나가게 하옵소서 그러나 나의 원대로 마시옵고 아버지의 원대로 하옵소서"(마 26:39) 하며 결국 아버지의 뜻에 순종하기로 결단하셨다. 그리고 마침내 온 인류의 죄를 담당하시고 십자가에서 죽으셨다. 사도 바울은 이 사실을 "죽기까지 복종하셨으니 곧 십자가에 죽으심이라"(빌 2:8)고 아주 간략하게 표현하고 있지만, 온 인류를 죄에서 구원하는 속죄 사업은 예수님이 죽음으로 순종했기에 가능할 수 있었던 것이다.

순종은 속죄의 비결이었다. 예수님의 순종함이 없었다면 온 인류가 죄로부터 구원받는 길은 열려지지 않았다는 말이다. 바울 역시 그의 생애와 사역에서 가장 결정적인 때에 "주의 뜻대로 이루어지이다"(행 21:14)라고 고백함으로 주님의 뜻에 순종하는 것을 우선적인 원리로 삼았다. 그러기에 사도직을 잘 감당할 수 있었던 것이다.

우리 혼자 힘으로 권사직을 감당한다는 것은 어렵고 힘든 일이다. 그러나 내가 하나님의 명령에 순종할 때, 하나님께서는 성령을 통해서 이 명령을 수행할 수 있는 능력을 주신다(행 5:32). 성령은 순종하는 사람들이 그 직분을 감당하며, 하나님의 일을 할 수 있도록 그를 붙드시고 사용하신다. 그러므로 권사는 주님의 뜻이라면 그것이 무엇이든지, 주님의 명령이라면 그것이 무엇이든지 순종하겠다는 자세로 봉사해야 한다.

4. 겸손으로 봉사하라

권사로서 교회를 섬길 때 요구되는 또 다른 자세는 겸손이다. 어떤 사람이 아무리 효율적으로 봉사한다고 해도 만약 그에게 겸손이 없다면 사람들이 그의 봉사를 받아들이려 하지 않을 것이다. 우리의 봉사가 정말 열매를 거두려면 이 겸손의 덕이 얼마나 필요한지 모른다. 겸손은 효과적으로 주님을 섬기며 교회를 섬기는 데 있어 기본 자세이다. 우리가 종이 되지 않고는 겸손하게 섬길 수 없다. 원래 "섬긴다"(serve)는 말과 "종"(servant)이라는 말은 그 뿌리가 같다. 종이 되지 않고는 섬길 수 없고, 이 종의 자리야말로 겸손의 자리이다. 그러므로 권사는 주인이 아니라 종이라는 사실, 예수 그리스도의 주님 되심과 우리의 종 됨을 철저하게 자각하면 자각할수록 종의 자리에서 겸손하게 주님을 섬길 수 있다.

종으로 겸손하게 섬기는 면에서도 예수님은 우리의 모범이셨다. 예수님은 본질로는 하나님 아버지와 동등하셨지만, 그 기능으로는 언제나 자신을 아버지 아래 두시고 겸손하게 아버지께 순종하셨다. 예수님의 생활에 있어서는 아버지만이 전부였고, 자신은 아무것도 아니었다. 그 정신은 전적인 자기 부인과 겸손으로 나타났다. 이 사실을 바울은 "그는 근본 하나님의 본체시나 하나님과 동등됨을 취할 것으로 여기지 아니하시고 오히려 자기를 비워 종의 형체를 가지사 사람들과 같이 되셨고 사람의 모양으로 나타나사 자기를 낮추시고 죽기까지 복종하셨으니 곧 십자가에 죽으심이라"(빌 2:6-8)고 기록하고 있다.

사도 바울 역시 겸손히 섬기는 예수님을 본받아 그의 사역을 감당했다. 그가 끝까지 종의 자리에서 섬길 수 있었던 것은 예수 그리스도가 주님이라는 사실을 발견했고, 곧 주 예수를 섬기는 것이 자기가 있어야 할 자리인 것을 깨달았으며, 그 자리에 합당한 미덕은 겸손이라는 것을 확신했기 때문이다. 그는 "모든 겸손과 눈물이며 유대인의 간계로 말미암아 당한 시험을 참고 주를" 섬겼다(행 20:19). 여기 "모든" 겸손이란 온전한 겸손을 의미하며, 어떤 한 순간에만 겸손하려고 했던 것이 아니라 사역의 모든 영역에서 겸손을 추구했다는 의미이다. 바울은 이처럼 지속적이고 일관성 있게 겸손의 자세로 주님을 섬겼다.

예수님처럼, 바울처럼 겸손한 사람은 밖으로는 순종함으로 봉사하고, 안으로는 온유함과 오래 참음으로 봉사한다. 겸손한 사람은 헌신적으로 복종하며 즐거움으로 순종하면서 봉사하고, 여러 가지 어려움에도 불구하고 온유함과 오래 참음 가운데서 봉사할 수 있다(딤후 2:24, 25; 딛 2:9). 그러기에 사도 바울은 교회에 편지할 때마다 겸손할 것을 권면하고 있다.

"서로 마음을 같이하며 높은 데 마음을 두지 말고 도리어 낮은 데 처하며 스스로 지혜 있는 체하지 말라"(롬 12:16).

"모든 겸손과 온유로 하고 오래 참음으로 사랑 가운데서 서로 용납하고" (엡 4:2).

"아무 일에든지 다툼이나 허영으로 하지 말고 오직 겸손한 마음으로 각각 자기보다 남을 낫게 여기고"(빌 2:3).

만일 교회에서 봉사하는 우리 마음속에 아직도 비교하는 마음, 주장하려는 마음, 드러내려는 마음, 칭찬받으려는 마음이 남아 있다면 회개하고 종의 마음, 겸손한 마음, 남이 인정하고 칭찬해 주지 않아도 섭섭하지 않은 마음을 가지고 봉사해야 한다. 권사가 참으로 덕을 세우며 봉사하려면 겉옷을 벗어 던지고 수건을 두르고 종이 되어 섬기셨던 예수님처럼 교만의 옷을 벗어 던지고 겸손으로 허리를 동이지 않으면 안 된다(벧전 5:5, 6). 앤드류 머리는 "너무 낮아 우리가 처하지 못할 자리는 없으며, 또 아무리 머리를 숙이고 허리를 굽혀도 지나칠 일은 없다. 내려가자! 더욱 낮은 곳으로 내려가자! 이 길이야말로 예수께서 보여 주신 길이다."라고 겸손한 자세로 봉사해야 할 것을 잘 지적하고 있다.

5. 연합함으로 봉사하라

봉사하는 데 있어 팀의 개념은 성경적이다. 사도 바울은 교회를 몸으로 비유함으로써 많은 지체들이 각자의 기능을 발휘하되 연합해야만 그 기능을 다할 수 있음을 강조하고 있다(고전 12:12-31). 몸은 하나지만 많은 지체가 있고, 지체가 많지만 몸은 하나이다. 지체들은 서로 쓸데없다고 말할 수 없다. 몸 가운데 분쟁이 있어서도 안 된다. 오직 여러 지체가 서로 같이하여 돌아보아야 한다. 머리이신 그리스도에게서 온몸이 각 마디를 통하여 도움을 입음으로 연결되고 결합되어 각 지체의 분량대로 역사해야만 그 몸을 자라게 하며 그 몸을 세울 수 있다(엡 4:15, 16).

이와 마찬가지로 은사는 여러 가지나 그 은사를 주시는 성령은 같고, 직분은 여러 가지나 그 직분을 맡기시는 주님은 같기 때문에, 교회에서 권사가 봉사할 때에는 언제나 주님과 연합하고, 목회자와 연합하며, 다른 권사와 연합하고, 다른 직원들과 연합함으로 봉사해야 한다. 우리가 교회에서 봉사하는 분야와 방법은 서로 다를지 모르지만 무엇을 해야 하며 왜 해야 하느냐 하는 의견은 일치될 수밖에 없다. 그러므로 권사는 교회에서 함께 일할 줄 알아야 한다. 축구 시합을 보라. 축구 팀은 여러 선수들로 구성되어 있다. 각 선수는 지켜야 할 위치가 있으며, 특별한 능력과 임무를 가지고 있다. 그러나 공을 잡을 때는 11명의 선수 모두가 한 사람처럼 연합하여 움직인다. 각 사람이 각자 그 임무와 역할을 잘해 나갈 때 전체 팀은 골을 향해 질주할 수 있다.

사도행전을 읽어 보라. 어떻게 이렇게 짧은 시간 동안에 교회가 그토록 크게 성장할 수 있었으며, 그 당시 땅끝이라고 할 수 있는 로마에까지 그렇게 급속도로 복음이 전파될 수 있었는가? 그 비결은 초대교회가 연합함으로 교회를 섬기며, 복음에 충성했기 때문이다. 그들은 "더불어 마음을 같이하여" 전혀 기도에 힘썼고(행 1:14), "다 같이 한곳에" 모였으며(2:1), "날마다 마음을 같이하여" 성전에 모이기를 힘썼고(46절), "믿는 무리가 한마음과 한뜻이 되어" 모였다(4:32). 베드로가 복음을 전하다가 옥에 갇혔을 때, 그들은 여러 사람이 모여 기도했고, "만장일치로" 바나바와 바울을 예루살렘으로 보냈다(15:25).

빌립보 교회 역시 연합함으로 봉사하는 교회의 좋은 본보기였다. 바울은 빌립보 교회가 "한마음으로 서서 한뜻으로 복음의 신앙을 위하여 협력하는 것"(빌 1:27)을 알고 있었다. 여기에서 한마음이라는 것은 감정의 통일을, 한뜻이라는 것은 사상의 통일을, 협력했다는 것은 행동의 통일을 의미한다. 그들은 다양성 가운데서 일치단결하여 봉사했다.

봉사의 영역은 다양하지만, 봉사의 목적은 단일하다. 한 권사가 땅을 갈면 다른 권사는 씨를 뿌리고, 또 다른 권사는 물을 준다. 시간이 지나면 식물은 자라고 열매가 맺는다. 그러면 또 다른 권사가 열매를 거둔다. 땅을 가는 일, 씨를 뿌리는 일, 물을 주는 일, 추수하는 일은 각각 다르지만 이 모든 일이 연합하여 결국 농부이신 하나님, 추수의 주인이신 아버지께 기쁨과 영광을 돌리는 목적은 같다. 동일한 목적을 위해서 일하는 사람들이 서로 경쟁해서도 안 되고 서로 나누어져서도 안 된다. 바울과 아볼로와 베드로는 다 같이 하나님의 밭에서 일하는 일꾼이었기 때문에 서로 경쟁하지도 않았고 서로 나누어지지도 않았다. 그들은 각각 자기의 일하는 대로 자기의 상을 받을 것이다. 그러나 그들은 같은 하나님의 집에서 일하는 동역자였다(고전 3:1–9).

하나님은 교회 내에서 다툼이나 분열이 없길 원하신다. 지체들끼리 서로 다투면 교회 내의 다양성은 분열의 원인이 되어 버린다. 그러나 지체들이 서로를 돌보면 다양성은 통일성으로 이어진다. 이것은 각각 하나님의 뜻에 따라 자신에게 맡겨진 일을 돌아볼 뿐만 아니라 다른 사람의 일을 돌아봄으로써 가능하다. 시기와 다툼은 세상적이요 정욕적이요 마귀적이며, 그런 것들이 있는 곳에는 요란과 모든 악한 일이 발생한다는 사실을 명심하고(약 3:14–16) 성령의 하나 되게 하신 것을 힘써 지켜야 한다(엡 4:3).

그리스도 안에서 권면하는 일, 사랑으로 위로하는 일, 성령으로 교제하며 긍휼과 자비를 베푸는 일 모두가 권사가 해야 할 일이며, 그 어떤 일도 다툼이나 허영으로 해서는 안 된다. 그 모든 일을 할 때 반드시 마음을 같이하여 같은 사랑을 가지고 뜻을 합하여 한마음을 품어 연합함으로 해야 한다(빌 2:1–3). 권사는 삼위일체 하나님께서 하나가 되어 일하셨던 것처럼 연합함으로 교회를 섬겨야 한다.

세계적인 복음 전도자 빌리 그레이엄 목사와 함께 연합하여 일하는 동역자들을 보라. 빌리 그레이엄이 막 신학교를 졸업하고 전도 사역을 시작할 무렵에 "주 예수보다 더 귀한 것은 없네"(새찬송가 94장)라는 찬송을 작곡한 조지 베버리 쉬를 비롯해서 대부분의 동역자를 만났다. 그들은 지금까지 40, 50년 동안 강력한 하나의 팀이 되어 전 세계를 향하여 복음을 전하고 있다. 그들도 약점도 있고, 문제도 있고, 때로는 서로 싫어질 때도 있었을 것이다. 그럼에도 불구하고 서로 용납하고 용서하면서 연합하여 봉사하는 모습이야말로 얼마나 아름다운가!(시 133:1)

6. 자원함으로 봉사하라

권사는 억지로 끌려와서 마지못해 봉사하는 종이 아니다. 권사는 기쁨에 못 이겨 감사한 마음을 가지고 자원함으로 종이 되어 주님을 섬기는 사람이다. 권사로서 교회에서 봉사할 때, 우리가 어쩔 수 없이 해야 하는 것이기 때문에 한다는 의무감에서만 직분을 수행한다면 그것은 오래 지속될 수 없을 뿐더러 비록 그 일을 마친다 할지라도 우리 마음속에는 참평안과 기쁨이 없을 것이다. 억지로 봉사하게 되면, 더 빨리 피곤하게 되고 싫증이 나며 일을 그르치기가 쉽다.

그러므로 왜 봉사해야 하는가를 계속 점검해야 한다. 우리는 죄로 말미암아 영원한 죽음과 형벌을 당할 수밖에 없었는데, 바로 그 죽음과 형벌의 자리에서 우리를 구원해 주신 주님의 그 은혜, 그 사랑에 감사하여 그 크신 은혜와 사랑의 만 분의 일이라도 갚으려는 마음에서 주님을 섬기고, 교회에서 봉사하는 것이다. 자원하여 봉사하면 할수록 우리 마음속에는 기쁨과 감사가 더 커진다. 구원받고 직분까지 받은 우리는 누가 요구해서 봉사하는 것도 아니고 누가 시켜서 봉사하는 것도 아니다. 강요된 헌신, 봉사, 헌금은 그 양에 상관없이 하나님 앞에 열납되지 않는다. 하나님은 그 어떤 것도 우리에게 구걸하는 분이 아니시다.

다윗은 그 아들 솔로몬에게 모든 마음을 감찰하사 모든 의도를 아시는 하나님을 기쁜 뜻으로 섬기라고 부탁하였다(대상 28:9). 다윗은 솔로몬이 하나님의 성전을 건축할 수 있도록 힘을 다하여 모든 것을 준비하였다. 다윗과 온 백성들은 성전 건축에 필요한 것들을 준비할 때 모두가 다 자원하여 즐거운 마음으로 드렸으며, 드리면서 얼마나 기쁨이 충만했는지 모른다. 역대상 29장을 읽어 보면 이 사실을 자주 반복하여 강조하고 있다.

"이에 모든 가문의 지도자들과 이스라엘 모든 지파의 지도자들과 천부장과 백부장과 왕의 사무관이 다 '즐거이' 드리되……백성들은 '자원하여' 드렸으므로 '기뻐하였으니' 곧 그들이 성심으로 여호와께 '자원하여' 드렸으므로 다윗 왕도 심히 '기뻐하니라'"(6, 9절).

"나와 내 백성이 무엇이기에 이처럼 '즐거운' 마음으로 드릴 힘이 있었나이까 모든 것이 주께로 말미암았사오니 우리가 주의 손에서 받은 것으로 주께 드렸을 뿐이니이다"(14절).

"나의 하나님이여 주께서 마음을 감찰하시고 정직을 '기뻐하시는' 줄을 내가 아나이다 내가 정직한 마음으로 이 모든 것을 '즐거이' 드렸사오며 이제 내가 또 여기 있는 주의 백성이 주께 '자원하여' 드리는 것을 보오니 심히 '기쁘도소이다'"(17절).

이렇게 자원하여 하나님을 섬길 때, 자신도 심히 기쁠 뿐 아니라 남에게도 기쁨을 주게 된다. 시몬의 장모 역시 열병을 고침받고 자원함으로 주님과 제자들에게 시중을 들었다(막 1:29-31). 그러기에 바울은 연보로 하나님을 섬길 때 "각각 그 마음에 정한 대로 할 것이요 인색함으로나 억지로 하지 말지니 하나님은 즐겨 내는 자를 사랑하시느니라"(고후 9:7)고 권면하고 있다. 베드로도 장로들에게 "너희 중에 있는 하나님의 양 무리를 치되 억지로 하지 말고……기꺼이 하며"(벧전 5:2)라고 권면하였다.

권사는 자원하는 종으로서 주님을 섬겨야 한다. 율법에는 종에 대한 율례가 있다. 그 율례에 의하면 종은 6년 동안 주인을 섬기다가 제 7년에는 값없이 나가 자유할 수 있게 되어 있다. 그러나 만일 그 종이 원한다면 주인을 영원히 계속해서 섬길 수 있었다. 그렇게 하려면 먼저 종이 분명히 "내가 상전과 내 처자를 사랑하니 나가서 자유인이 되지 않겠노라"고 말해야 한다. 그러면 주인이 종을 데리고 재판관에게로 가서 문이나 문설주 앞에서 송곳으로 그 귀를 뚫고 그 종으로 영영히 상전을 섬기게 하였다(출 21:1-6).

이 귀 뚫은 종과 같이 권사는 진정으로 주님을 사랑하여 영원히 주님을 섬기기로 자원하여야 한다. 사랑은 기쁨으로 섬기는 것이며 영원히 감사함으로 헌신하는 것이다.

7. 부지런함으로 봉사하라

부지런하지 않고는 그 어떤 직분도 잘 감당할 수 없다. 권사는 언제나 섬기기에 바쁜 사람이며(눅 17:7-10), 주님이 무엇을 필요로 하는지와 해야 할 일이 무엇인지에 대하여 늘 기다리며 깨어 있는 사람이어야 한다(12:35-40). 하나님의 집인 교회에서 게으른 종이나 낮잠 자고 있는 종은 상상할 수도 없다. 하나님의 집에는 언제나 할 일이 많이 있고, 그 어떤 일도 열심히 하지 않고는 성취될 수 없다.

열정이 있어야 부지런히 봉사할 수 있다. 영혼에 불이 붙는 것보다 더 큰 힘은 없다. 그러면 어디에서 열정이 오는가? 그것은 두 가지 근원이 있다.

하나는 우리 안에 있는 하나님의 영으로부터 온다. 실제 열심이라는 말은 글자 그대로 "우리 안에 있는 하나님"을 의미한다. 열심은 이미 우리 안에 있다. 우리는 단지 그 열심을 일으키면 된다. 만약 살아 계신 하나님이 우리 안에 계시다면 우리는 열성적이어야 하고, 영혼에 불이 붙어야 한다.

다른 하나는 우리들의 비전, 목표에서부터 온다. 어떤 목표 없이는 열심을 낼 수 없다. 하나님을 위해 위대한 꿈을 가진 사람들은 성자와 같이 순결하게 살고 사탄과 같이 부지런히 일했다. 실제로 사도 바울은 다른 사람들보다 더 열성적으로 일을 했기 때문에 그의 사역이 성공적이었다(고전 15:10). 열심히 일하는 것과 바꿀 수 있는 것은 없다. 만약 우리가 다른 사람들보다 더 열심을 낸다면 아마도 우리는 하나님을 위해 더 많은 일을 성취할 수 있을 것이다.

하나님을 위해서 위대한 업적을 남긴 사람들 중에 게으른 사람은 없었다. 엘리야는 하나님의 일에 열심인 것이 특징이었다(왕상 19:10). 사도 바울은 "부지런하여 게으르지 말고 열심을 품고 주를 섬기라"(롬 12:11) 하고, 또 "그러므로 내 사랑하는 형제들아 견실하며 흔들리지 말고 항상 주의 일에 더욱 힘쓰는 자들이 되라 이는 너희 수고가 주 안에서 헛되지 않은 줄 앎이라"(고전 15:58)고 권면했다.

권사는 일, 일을 해야 한다. 게으름은 우리를 죽일 것이다. 할 일은 많고 남은 시간은 적다. 우리가 마땅히 해야 할 일보다 더 많이 일해야 한다. 어떤 고대 그리스도인은 "위대한 업적으로 들어가는 문들은 항상 땀으로 바다를 이루고야 들어갈 수 있다."라고 말했다. 우리는 소매를 걷어올리고 일을 해야 한다. 어떤 일을 맡았든지 주 예수 그리스도의 이름으로 섬기며 봉사해야 한다.

그러나 주의할 것이 있다. 아무리 열심히 많은 일을 한다고 할지라도 그 일에서 헛된 영광과 이기심이 사라지지 않는다면 주님께는 그 봉사가 아무것도 아니라는 사실이다. 적어도 하나님의 일에 있어서는 열심의 요소만이 고려의 대상이 아니다. 일의 동기가 고려의 대상이 된다.

이 세상에서는 종종 동기에는 관심이 없고 단순히 열심히 많은 일을 한다는 이유로 칭찬을 받는 경우가 있다. 그러나 하나님의 일은 하나님을 사랑하여 열심히 봉사하는 것이라야 한다. 또 한 가지 주의할 것은 아무리 열심히 일한다 할지라도 남의 일을 빼앗거나 간섭하거나 월권해서는 안 된다는 사실이다. 열심히 일하는 것은 좋은 일이지만 언제나 자기에게 주어진 일의 범위 내에서 열심을 다하면 된다. 흔히 교회 내에서 열심히 일한다고 하는 사람들 중에는 남의 일에 간섭하거나 다른 사람의 일하는 모습을 불평하여 덕을 세우지 못하는 이가 종종 있다.

어쨌든 열매 맺기 위해서는 부지런해야 하며, 열심히 일해야 한다. 사탄은 불화와 거짓말과 죄악의 씨를 뿌리기에 분주한데, 어찌 권사가 땅을 갈고 하나님의 말씀의 씨를 뿌리지 않고 좀더 자자, 좀더 졸자, 손을 모으고 좀더 누워 있자 하고 있을 수 있겠는가!

8. 신실함으로 봉사하라

권사는 사람 앞에서 일하는 사람이 아니라 하나님 앞에서 일하는 사람이다. 그러므로 권사는 눈가림만 하여 사람을 기쁘게 하는 자처럼 봉사해서는 안 된다. 오히려 그리스도의 종들처럼 마음으로 하나님의 뜻을 행하고 기쁜 마음으로 하나님을 섬기고 하나님의 일에 봉사해야 한다(엡 6:6, 7). 권사는 끝까지 변함없이 한결같은 마음과 무슨 일이든지 성실하고 충실한 자세로 책임을 다하는 사람이어야 한다는 말이다.

사도 바울은 아주 신실하게 봉사한 사람이었다. 그렇게 할 수 있었던 이유가 어디에 있었는가?(고전 4:1-6)

그는 먼저 자신이 누구인가에 대해 분명히 인식하고 있었다. 바울은 자신을 그리스도의 일꾼이요 하나님의 비밀을 맡은 자로 자각하고 있었다. 그러기에 그리스도가 없으면 자신이 하는 일의 내용도, 그 일의 목표도 잊어버리고 만다는 것을 늘 잊지 않았다. 그리고 바로 하나님께서 그 일을 하도록 불러 주셨고, 직분을 맡겨 주셨다는 것도 늘 기억하고 있었기 때문에 언제나 신실하게 봉사할 수 있었다.

또한 바울은 자신의 일에 대한 하나님의 판단이 있다는 것을 늘 기억하고 있었다. 물론 바울이 하는 일에 대해서 사람들의 판단이 있었다. 칭찬하는 사람도 있었을 것이고 비난하는 사람도 있었을 것이다. 그러나 바울은 사람들의 판단을 아주 작은 일로 받아넘겼다. 사람들의 칭찬 때문에 교만하지도 않았고, 사람들의 비난 때문에 낙망하지도 않았다. 사람들이 자신을 어떻게 판단하든 절대 요동하지 않았다. 주인 되신 하나님의 판단이 사람들의 판단보다 훨씬 더 중요하다는 사실을 알았기 때문이다. 바울은 또 자신을 스스로 판단하여 자고하거나 좌절하지도 않았다.

가장 중요하고 정확한 판단은 하나님의 판단이다. 때가 되어 주님께서 재림하시면 우리는 모두 심판대 앞에 각각 행한 대로 판단을 받게 될 것이고 그때에 하나님께로부터 칭찬을 받는 것만이 바울의 관심사였다. 그리스도의 심판대 앞에서 받게 될 심판(판단)을 늘 기억하면서 봉사했던 바울이 어찌 눈가림을 할 수 있었겠는가!

이와 같이 사도 바울은 뚜렷한 사명감과 종말관을 가지고 있었기 때문에 신실하게 봉사할 수 있었다. 바울은 자신의 일이 하나님께로부터 시작되었고, 하나님 앞에서 수행되며, 하나님에 의해 결산된다는 사실을 인식했기 때문에 신실하게 봉사할 수 있었다는 말이다. 그러기에 그누구도 그 무엇도, 심지어 죽음까지도 그의 사명의 길을 막을 수 없었다. "내가 달려갈 길과 주 예수께 받은 사명 곧 하나님의 은혜의 복음을 증언하는 일을 마치려 함에는 나의 생명조차 조금도 귀한 것으로 여기지 아니하노라"(행 20:24). 그는 죽음에 이르기까지 신실함으로 주님을 섬기며 직무를 다했다(참조. 딤후 4:5-8).

9. 믿음으로 봉사하라

권사는 앞에 어떤 고난과 난관이 있을지라도 돌아서지 않고, 패배하지 않는 하나님에 대한 지속적이고 살아 있는 믿음을 가지고 봉사해야 한다. 하나님을 기쁘시게 하기 위한 욕구만으로 불타는 믿음을 가지고 그 어떤 거절과 조롱과 경멸을 당할지라도 하나님을 섬겨야 한다. 하나님을 위해 위대한 일을 계획할 뿐 아니라 그것을 시도해 보려는 믿음을 가져야만 한다.

믿음은 불가능한 것을 시도하기 위하여 하나님 앞에서 우리를 자유롭게 하는 자신감이다. 예수께서는 "할 수 있거든이 무슨 말이냐 믿는 자에게는 능히 하지 못할 일이 없느니라"(막 9:23)고 말씀하셨다. 믿음은 우리를 굳어 버리게 하는 두려움, 의심, 비관주의 등의 사슬로부터 자유를 준다. 성경은 믿음을 "바라는 것들의 실상이요 보이지 않는 것들의 증거"(히 11:1)라고 정의하고 있다. 믿음이 바라는 것들과 관계되어 있고, 보이지 않는 일과 관계되어 있기 때문에 항상 위험한 요소를 포함하고 있는 것이 사실이다. 바라는 것은 아직 실현되지 않은 것이다. 그래서 거기에는 항상 믿음에 대한 기회의 요소가 있는 것이다.

믿음의 가장 좋은 예를 우리는 사도 바울의 삶에서 찾을 수 있다(행 27장). 그는 로마로 가는 도중 폭풍우를 만난 배 안에 있었다. 여러 날 동안 그 작은 배는 바람과 파도에 흔들려 곧 가라앉을 것이라고 생각되었다. 그 배가 부숴질 것 같은 공포에 휩싸였을 때 바울은 그들에게 주의 천사가 나타나 배에 있는 누구도 생명을 잃지 않을 것이라고 말했다고 전하면서 "그러므로 여러분이여 안심하라 나는 내게 말씀하신 그대로 되리라고 하나님을 믿노라"(행 27:25)고 확신했다.

이것이 바로 믿음이다. 믿음이란 환경이 어떠하든지 하나님을 신뢰하는 것이다. 믿음이란 폭풍우 속에서도 하나님을 바라보는 것이다. 믿음이란 우리의 연약함 때문에 전능하신 하나님을 신뢰하는 것이다.

긍정적 사고와 믿음을 혼동해서는 안 된다. 이 둘은 같지 않다. 긍정적으로 생각하는 것은 좋다. 그것은 사람들에게 용기를 준다. 삶에 있어서 대부분의 장벽은 정서적이고 심리적인 것이기 때문에 긍정적 사고는 그것들의 대부분을 극복할 수 있다. 그러나 믿음은 다르다. 긍정적 사고가 인간 중심인 반면 믿음은 하나님 중심이다. 긍정적 사고는 내가 할 수 있다고 믿는 것이고, 믿음은 하나님께서 하실 수 있다고 믿는 것이다.

만약 교회가 성장하려면 우리의 능력 이상의 것들을 시도해야 한다. 우리는 결과를 보기 전에 믿음의 단계를 밟아야 한다. 믿음 없이 하나님을 기쁘시게 한다는 것은 불가능한 일이다. 또한 믿음은 비난과 비관주의, 무관심을 견뎌 낼 수 있는 용기를 준다. 교회의 일이라고 모든 것이 잘될 것만 기대하지 말라. 반대는 어떠한 일에도, 심지어 가장 가까운 사람들로부터도 있을 수 있다. 느헤미야가 예루살렘 성벽을 재건할 때 모든 사람들이 그의 주위에 모여들어 그를 도와주었으리라고 생각하기 쉽지만 그렇지 못했다(느 6:3). 모든 일에 그는 반대와 실망을 겪지 않으면 안 되었다. 느헤미야는 계속 비난을 퍼붓는 사람들에 둘러싸여 있었다. 그러나 그는 시종일관 믿음으로 밀고 나갔으며 포기하고 그만두는 것을 거부했다.

믿음으로 봉사한다는 것은 반대의 와중에서까지도 기회를 살피는 것이다. 비관주의자는 오직 문제만을 보고, 낙관주의자는 가능성만을 보지만 믿음의 사람은 문제점 속에서 가능성을 본다. 바울은 고린도에서 부딪힌 많은 위험과 난관을 회피하지 않고, 하나님의 관점에서 그것을 바라보았다(행 18:6-8). 믿음은 감정이나 상황, 결과 등에 개의치 않고 단순히 하나님의 뜻에 복종하는 것이다. 하나님을 섬기기에 쉬운 곳은 결코 없다. "번영은 구약의 축복이요, 역경은 신약의 축복이다."라고 한 베이컨의 말은 옳다. 바울은 역경 때문에 하나님을 섬기는 일에서 물러선 적은 없었다.

믿음으로 봉사한다는 것은 하나님을 우리의 사역에 모시는 것이다. 하나님 안에 실패란 절대로 영원히 있을 수 없다. 믿음은 패배라고는 조금도 모른다. 믿음으로 봉사하는 사람은 결국 성취하고야 만다. 이런 시가 있다.

믿음, 강한 믿음은 약속을 보고
하나님만 바라본다.
불가능에 대해 웃고 소리친다.
"그 일은 이루어질 거야."
의심은 장애물을 보고

믿음은 길을 본다.

의심은 깊은 밤을 보고

믿음은 낮을 본다.

의심은 전진을 두려워하지만

믿음은 높이 솟아오른다.

의심은 "누가 믿어!"라고 반문하지만

믿음은 "내가 믿지!"라고 대답한다.

10. 소망 가운데서 봉사하라

권사는 저 세상을 위해 살고, 그것을 위해 일하며, 그것을 바라보는 소망 가운데 오늘도 봉사해야 한다. 농부는 소망 가운데 일하는 사람이다. 봄에 씨를 뿌리면서 싹이 나지 아니하면 어떻게 하나 걱정하지 않는다. 씨를 뿌리면 반드시 싹이 나기 때문이다. 싹이 난다는 소망을 가지고 씨를 뿌리는 것이다. 그리고 봄에 씨를 뿌리면서 가을에 열매가 없으면 어떻게 하나 불안해하지도 않는다. 봄에 씨를 뿌리면 반드시 가을에 기쁨으로 단을 거두기 때문이다. 소망 중에 열매를 보며 땀흘려 씨를 뿌리며 수고를 아끼지 아니한다.

권사는 가을의 열매를 기대하고 봄부터 여름 내내 땀흘려 수고하는 농부와 같이, 우리가 일한 대로 갚아 주시는 하나님의 상급이 있다는 소망 가운데 봉사해야 한다.

새벽부터 우리 사랑함으로써

저녁까지 씨를 뿌려 봅시다

열매 차차 익어 곡식 거둘 때에
기쁨으로 단을 거두리로다

비가 오는 것과 바람 부는 것을
겁을 내지 말고 뿌려 봅시다
일을 마쳐 놓고 곡식 거둘 때에
기쁨으로 단을 거두리로다

씨를 뿌릴 때에 나지 아니할까
염려하며 심히 애탈지라도
나중 예수께서 칭찬하시리니
기쁨으로 단을 거두리로다

(후렴)
거두리로다 거두리로다
기쁨으로 단을 거두리로다
거두리로다 거두리로다
기쁨으로 단을 거두리로다 아멘.

_"새벽부터 우리"(새찬송가 496장)

소망 가운데 봉사할 때, 우리는 모든 것을 인내할 수 있다. 데살로니가 교회는 우리 주 예수 그리스도에 대한 소망이 있었기 때문에 인내하는 교회였음을 볼 수 있다(살전 1:3). 그들은 다시 오실 주님을 소망 중에 기다리고 있었다. 그러나 그들은 "먼 훗날 주님은 다시 오실 것이다."라는 막연한 소망에 머물러 있지 않았고 그 소망 때문에 온갖 환난을 참고 견딜 수 있었다. 다시 오실 주님, 공의로 심판하실 주님, 행한 대로 갚아 주실 주님을 소망하고 기다리는 것 때문에 일체의 것을 참을 수 있었다. 주님을 섬기는 그들에게 참지 못할 상황이나 참지 못할 인간관계는 없었다. 그들은 이 소망 때문에 모든 것을 인내하면서 봉사할 수 있었다.

또한 소망 가운데 봉사할 때 우리는 세상일에 지나치게 사로잡히지 않게 된다. 예수께서는 "너희를 위하여 보물을 땅에 쌓아 두지 말라 거기는 좀과 동록이 해하며 도둑이 구멍을 뚫고 도둑질하느니라 오직 너희를 위하여 보물을 하늘에 쌓아 두라 거기는 좀이나 동록이 해하지 못하며 도둑이 구멍을 뚫지도 못하고 도둑질도 못하느니라 네 보물 있는 그곳에는 네 마음도 있느니라"(마 6:19-21)고 말씀하셨다. 만일 우리 마음이 영원에 대한 소망에 집중되어 있다면 우리의 보물 역시 일시적인 곳보다는 영원한 곳에 쌓아 두기 위해 더 애쓰고 순간적인 것이 아닌 영원한 것을 위해 살 것이다.

우리는 모두 칭찬과 인정과 갈채를 받고 싶어 한다. 우리는 또한 하나님의 복과 상급도 받고 싶어 한다. 그러나 비록 이 땅에서는 그 어떤 것도 받지 못한다고 할지라도 우리가 하늘 나라에 가면 "착하고 충성된 종아!" 하는 주님의 칭찬이 있을 것이다. 그리고 주님으로부터 면류관을 받게 될 것이다. 그러므로 우리는 사도 바울과 같이 소망 가운데 봉사의 길을 묵묵히 끝까지 달려가야 할 것이다.

"형제들아 나는 아직 내가 잡은 줄로 여기지 아니하고 오직 한 일 즉 뒤에 있는 것은 잊어버리고 앞에 있는 것을 잡으려고 푯대를 향하여 그리스도 예수 안에서 하나님이 위에서 부르신 부름의 상을 위하여 달려가노라"(빌 3:13, 14).

지금까지 권사가 그 직무를 행할 때 반드시 지녀야 할 자세를 말했는데, 이런 마음가짐으로 하는 봉사라야 하나님께서 받으시는 봉사가 된다는 사실을 명심하라.

예수께서는 제자들에게 포도원 품꾼의 비유(마 19:27-20:16)를 통해서 그릇된 봉사의 자세에 관해서 경고하셨다.

베드로는 예수님께 "보소서 우리가 모든 것을 버리고 주를 따랐사온대 그런즉 우리가 무엇을 얻으리이까"(27절)라고 질문했다. 예수님은 하나님께서 그들의 봉사에 대하여 백 배나 갚으실 것이며 세상이 새롭게 되어 인자가 영광의 보좌에 앉을 때에 그들도 열두 보좌에 앉으리라고 대답하셨다.

예수님은 베드로의 마음에 대단히 위험한 태도가 있음을 발견하셨다. 베드로는 예수님을 섬김으로 받을 수 있는 보상을 바라고 있었던 것이다. 제자들이 예수님을 따르는 것도 예수께서 그들에게 상급을 약속하셨기 때문이었다.

바로 이러한 그들의 태도를 고치기 위해서 예수님은 그 비유를 들려주신 것이다. 이 비유에서 예수님은 그리스도인의 봉사에서 배격해야 할 세 가지 그릇된 자세를 경고해 주셨다.

첫째, 하나님과 장사하는 것을 경계하라. 우리가 봉사할 때, 하나님과 장사를 해서는 안 된다. 내가 이만큼 일했으니 하나님께서 이만큼 복을 주시리라고 계산해서는 안 된다. 우리는 하나님의 말씀과 인격을 믿어야 한다. 하나님께서는 우리에게 항상 더욱 많은 것을 주시기를 원하신다. 그러니 하나님께서 알아서 임금을 지불하시도록 맡겨야 한다. 하나님은 의롭고 관대한 분이시다. 그러므로 우리가 충성을 다할 때 친히 상급을 베풀어 주신다. 하나님은 일보다 우리 마음의 자세에 더 관심이 있으시다.

마음이 올바를 때 우리의 일도 올바르게 될 것이고, 마음이 이기주의적이거나 탐욕으로 가득 찰 때 우리의 일도 그르치게 된다. 주인 되신 하나님에 대한 우리의 관계가 가장 중요하다.

우리는 과연 그분을 신뢰하고 있는가? 그분의 말씀을 있는 그대로 믿고 있는가? 조건 없이도 일할 마음의 준비가 되어 있는가?

둘째, 다른 품꾼들과 비교하는 것을 경계하라. 우리가 봉사할 때, 다른 사람과 비교해서는 안 된다. 다른 사람이 봉사하는 양이나 다른 사람이 받는 축복의 양을 나의 것과 비교해서는 안 된다. 만일 우리가 눈을 주님에게서 돌려 다른 사람을 바라보게 되면 불만을 토하는 죄를 짓게 된다. 다른 사람과 비교하는 사람은 결코 만족할 수 없고 결국은 하나님에 대한 불만을 갖게 된다. 탕자의 비유에 나오는 형처럼 "내가 여러 해 아버지를 섬겨 명을 어김이 없거늘……"(눅 15:29) 하며 불평하게 된다. 우리가 하나님을 향해 불평을 할 때 우리는 하나님께서 주시는 복을 받지 못하고 또한 하나님께서 이미 주신 복마저 잃어버리게 될 위힘이 있다. 우리는 하나님을 위한 동역자이지 경쟁자가 아니다. 우리가 서로 협력하여 봉사할 때 하나님과 우리에게 기쁨이 된다.

셋째, 지나친 자신감을 경계하라. "먼저 온 자들이 와서 더 받을 줄 알았더니"(마 20:10). 이 품꾼들은 자신만만했으나 실망으로 끝났다. 우리가 아무리 많이 봉사했다고 할지라도, 하나님께서 봉사할 건강과, 능력과, 재물과, 시간을 주셨기 때문에 봉사한 것이지 우리 힘으로 한 것이 아니다.

밖에서 일하고, 안에서도 일했어도 "나는 무익한 종입니다. 단지 해야 할 일을 했을 뿐입니다."라는 자세를 잃지 말아야 한다.

하나님은 우리가 마땅히 받아야 할 것 이상으로 주신다. 그러나 상급을 위해서 하나님을 섬겨서는 안 된다. 이 비유의 핵심 교훈은 봉사자들은 봉사의 동기를 잘 살펴야 한다는 것이다. 하나님을 섬기는 것은 하나님을 사랑하기 때문에 섬기는 것이지 약속된 상급 때문에 섬기는 것이 아니다. 하나님께서는 봉사의 양이 아닌 질에 의해서 우리를 판단하신다는 사실을 명심하라.

4장.
권사의 취임과 사임

하나님은 모든 그리스도인을 봉사하라고 부르신다. 우리는 위대하게 되도록 부르심을 받는 것이 아니라 섬기도록 부르심을 받는다(마 20:25-28). 세상에서는 많은 사람을 지배하며 권세를 부리는 사람이 위대하다. 그러나 하나님 나라에서는 종이 되어 섬기는 사람이 위대하다. 세상은 권력으로 위대함을 측정하지만, 예수께서는 봉사로 위대함을 측정하신다.

또한 하나님은 모든 그리스도인을 예외 없이 봉사(사역)하라고 부르시되, 여러 다른 사람들을 여러 가지 다른 사역으로 부르신다. 문제는 "하나님은 내가 무엇을 하도록 부르시며 또 내가 어떻게 그분을 섬기기를 의도하시는가?" 하는 것이다. 그러므로 권사로 취임하는 사람은 하나님께서 권사인 나를 통하여 무엇을 하기를 원하시며, 권사인 내가 어떻게 하나님을 섬기기를 의도하시는가를 깨달아 알고 그 직분을 귀중히 여기며 충성할 것을 다짐해야 한다.

1. 권사의 취임

1. 권사의 선택

권사의 선택 절차는 교단마다 조금씩 다르다. 장로교(통합 측) 헌법에 의하면 "권사의 선택은 당회의 결의로 공동의회에서 투표 수의 3분의 2 이상의 득표로 선출한다"라고 규정하고 있다. 감리교 교리와 장정에 의하면 "권사의 정원 수는 입교인 15명에 대하여 1명씩으로 한다. 단, 권사가 한 사람도 없을 때에는 입교인 수가 정수가 미달되어도 1명은 택할 수 있다"라고 되어 있다. 그리고 성결교 헌법에 의하면 "권사는 당회가 선택하며, 차기 사무총회 시까지 취임식을 거행하여야 한다. 단, 당회의 결의에 따라 정기 사무총회에서 재적 회원 과반수의 득표자로 선택할 수 있다"라고 규정되어 있다.

이와 같이 장로교에서는 당회의 결의로 공동의회에서 선출하고, 성결교에서는 당회가 선택하도록 되어 있는데, 독특하게 감리교에서는 입교인 15명에 1명씩 선택하도록 그 수를 제한하고 있다.

문제는 권사를 어디에서 선택하느냐, 또 그 수를 얼마로 제한하느냐가 아니라 어떻게 권사의 직무를 감당할 자격을 갖춘 사람을 선택하느냐 하는 것이다. 에이레스(L. R. Eyres)는 그의 장로 직분론이라는 책에서 바울이 디모데와 디도에게 제시한 장로의 자격들을 중심으로 장로 선택을 위한 점검 사항 목록을 제시하고 있다. 그 점검 사항들은 장로만이 아니라 권사를 선택하는 데도 유용한 질문들이라고 생각된다.

1. 가정 생활

① 그는 그의 자녀들을 엄격하면서도 사랑스럽게 다스리며, 또 그의 자녀들은 거칠거나 막돼먹지 않았는가?

② 그는 부부 사이가 원만하며, 에베소서 5장 25-28절에 있는 말씀에 따라 그의 아내를 다스리고 소중히 여기는가? 그의 결혼 생활은 교회 안에서 젊은 신도들의 모범이 될 만한가?

③ 그들의 가정은 손님 접대를 잘하고 성도들과의 교제와 인간 관계 유지를 위해서 항상 열려 있는가? 그의 가정은 항상 나그네를 따뜻하게 맞이하는가?

2. 교회 생활

① 그와 그의 가족은 교회의 모든 정규 예배에 빠짐 없이 참석하는가? 혹시 불규칙적으로 참석하는 사람들은 아닌가?

② 그는 교회의 신도들과 방문자들에게 항상 친절하고, 진심으로 대하는가? 그는 병든 사람, 고통받는 사람, 어린이들과 노인들을 잘 보살피는가?

③ 그는 교회 안에서 주님의 일을 위하여 돈과 시간과 재능으로 자신을 바치는가? 그는 교회의 일들을 보상을 바라지 않고 기꺼이 맡아서 하는가?

④ 그는 신앙의 본질적인 문제에 대하여 확고하고 결단력 있는 태도를 취하며, 사소한 일로 자기 고집을 세우거나 다투지 않고 살아가는가? 그는 자신이 잘못했을 때는 정중하게 시정할 수 있는가? 그는 불쾌하지 않게 반대 의사를 표시할 수 있으며, 다른 사람의 견해도

기꺼이 받아들일 수 있는가?

⑤ 무엇보다도 하나님의 말씀을 상고하고 항상 기도하는가? 그는 배우려는 열의가 있으며, 영적인 일들을 깨달을 수 있고, 또한 항상 하나님께 나아가려고 애쓰는가? 그는 고통받는 사람들을 도울 수 있으며, 항상 그들의 소리를 들으며, 그들이 슬퍼할 때 위로하고, 그들이 필요로 할 때는 그들과 함께 그들을 위하여 기도하는가? 그는 항상 신용을 지키는가? 그는 다른 사람들에게 진리를 전할 수 있으며, 그 진리에 대한 공격을 막아낼 수 있는가? 그는 남을 비판하는 데 더디고, 남을 칭찬하는 데는 빠르며, 모든 탁상공론을 단호히 거부하는가?

3. 사회 생활

① 그는 모든 자신의 금전 거래에 빈틈없이 정직하여, 값어치만 한 것을 지불하며, 빚은 즉시 갚는가?

② 그는 직장에서 그와 가장 가깝게 교제하는 사람들로부터 존경을 받는가?

③ 그는 세상의 부를 사용하는 데 있어서 거만하지 않고, 인색하거나 허세를 부리지 않으며, 땅의 소유를 위하여 부당한 행위를 하지 않는가?

④ 그는 그리스도인으로서 절망과 사회적인 패배에 대하여 응전할 수 있는가?(고전 7:29-31; 욥 1:21, 2:10)

이와 같이 교회는 권사를 선택하는 데 신중해야 하며, 만약 그 자격을 갖춘 사람이 없다면 권사를 선택하지 않는 것이 더 좋다. 성급하게 준비되어 있지도 않은 사람을 권사로 선택하는 것은 위험한 일이다. 지역교회 사역은 그 교회가 가지고 있는 지도력과 함께 부흥되고 신뢰를 받는다는 사실을 명심해야 한다.

2. 권사의 교양

장로교(통합 측) 헌법은 "권사는 선거 후 3개월 이상 당회 아래서 교양을 받고 시취 임직한다"라고 규정하고 있고, 감리교 교리와 장정은 구역회에서 제정한 과정 고시를 보고 합격되어야 한다고 명시하고 있다. 그러나 성결교 헌법에는 권사를 당회가 선택한다고 규정할 뿐 취임 전에 받아야 할 교양에 대해서는 규정이 없다.

교단에 따라 취임 전에 권사의 교양 기간이나 내용은 다르겠지만 대부분의 교회는 권사를 선택하여 취임시키기 전에 소정의 교육을 하고 있다. 교회는 반드시 취임 전에 권사직을 감당하기 위한 훈련을 해야 하며, 권사로 피택된 사람도 교육 과정에 성실히 참석하여 배우는 것부터가 충성이라는 사실을 기억해야 한다.

3. 권사의 취임

장로교(통합 측) 헌법에 의하면 권사는 선거 후 당회 아래서 교양을 받고 시취 임직하되 안수는 않는다. 성결교 헌법에는 당회가 권사를 선택하고 차기 사무총회시까지 취임식을 거행해야 한다고 나와 있다. 권사

취임식에서는 서약을 하게 되는데, 이때 서약은 헌신의 약속이며, 서약하는 내용은 다음과 같다.

① 신구약 66권이 하나님께서 계시하신 순전한 말씀인 줄 믿으십니까?
② 중생하고 성결한 은혜의 체험을 하였습니까?
③ 본교회의 헌법은 성경적이며, 신앙 양심에 부합된 법인 줄 믿고 이 법에 순종하며, 당회의 지도에 따르겠습니까?
④ 기도 생활의 모범자가 되며, 교역자를 도와 신자들을 심방하며, 우환 질고와 낙심 중에 있는 자를 찾아가 위로해 주고 권면하며 또한 전도에 힘쓰겠습니까?

이렇게 해서 취임하고 나면, 권사는 항존직이기 때문에 취임하는 순간의 감격과 서약한 결심을 길이길이 간직하며, 괴로우나 즐거우나 맡겨진 직분에 충성해야 한다.

2. 권사의 사임과 사직

성결교 헌법에는 정년은 70세로 하고 그 후에는 명예 권사로 호칭한다고만 되어 있다. 그러나 장로교(통합 측) 헌법에는 권사의 시무 사임과 사직을 다음과 같이 규정하고 있다.

1. 자의 사임과 권고 사임

권사가 특별한 사정이 있을 때 시무를 사임할 수 있고, 교인의 과반수가 시무를 원하지 않으면 당회의 결의로 권고 사임하게 한다.

2. 자의 사직과 권고사직

권사가 범법을 하지 아니하였으나 노혼(老昏)하거나 교회에 덕이 되지 못할 줄 알면 자의 사직할 수 있고 또 당회의 결의로 권고사직하게 한다. 또 권사의 휴무 및 복직을 다음과 같이 규정하고 있다.

(1) 권사가 휴무하고자 하면 당회의 허락을 받아야 한다.
(2) 사직된 권사의 복직은 다음과 같이 한다.
① 사직된 권사가 복직하려면 소속 당회원 2인의 추천서를 첨부하여 당회에 청원한다.
② 자의 사직자의 경우는 소속 당회원 3분의 2 이상의 결의로 허락할 수 있다.
③ 권고사직자의 경우는 그 권고사직 이유가 해소되어야 하며 당회원 3분의 2 이상의 찬성이 있은 후 1년이 지나도록 별 이의 없음이 확인되면 당회가 복직을 허락할 수 있다.
④ 사직 권사 복직 허락에는 임직 때와 같은 서약을 한다.

그러므로 권사는 시무 기간 중 권고 사임이나 사직을 당하는 불미스러운 일이 없도록 경성하는 자세로 덕을 세우며 그 직분을 감당해야 한다. 그리고 시무 중이라도 질병이나 기타 사정으로 장기간 권사직을 수

행할 수 없을 때에는 휴무를 신청하고, 교회에 부덕이나 범법 행위가 있으면 자의로 사임하거나 사직할 줄 아는 지혜와 용기가 있어야 한다. 가장 좋은 일은 시무 중 큰 잘못 없이 끝까지 맡은 직분을 충성스럽게 잘 수행하고 정년이 되어 명예롭게 은퇴하는 것이다. 권사는 그 직분에 취임할 때뿐 아니라 퇴임할 때에도 명예로워야 한다.

5장.

권사의 상급

권사의 직분은 오늘날 한국교회에서 고귀하고 막중한 책임이다. 교회에서는 어떤 직분이든 일하도록 세워진 것이다. 그리고 하나님은 그의 종들의 섬김에 대한 상급을 약속하셨다. 물론 권사의 상급이 집사(딤전 3:13)나 장로의 상급(벧전 5:4)처럼 성경에 그 직분에 대한 상급으로 명시되어 있지는 않다. 권사직이 성경에 나타난 직분이 아니라 한국교회의 생활과 필요에 의해서 세워진 직분이기 때문이다.

그러나 일반적으로 직분에 상관없이 하나님의 일에 충성된 사람들에게 약속된 상급이 있다. 그러므로 권사도 그 직분 때문이 아니라 하나님 앞에서 헌신하고 충성한 것 때문에 상급을 받을 것이다. 이런 면에서 권사는 성경에 어떤 일을 어떻게 한 사람에게 상급이 약속되어 있는가를 기억하고 상 얻도록 충성하라는 뜻에서 "권사의 상급"을 말하는 것이다. 성경은 상급에 대해서 세 가지를 말씀하고 있다.

1. 하나님의 기억 장치

오늘날 우리는 정보 산업 시대에 살고 있다. 앞으로는 컴퓨터를 모르면 문맹이 되어 답답한 일이 한두 가지가 아니고 남보다 뒤떨어지게 될 것이다. 컴퓨터는 아주 작은 기억 장치를 가지고 엄청난 양의 정보를 저장했다가 필요할 때 제공한다. 하지만 아무리 컴퓨터가 놀랄 만한 기억 장치를 가지고 있다 할지라도 일단 바이러스에 걸리면 기억 장치가 깨지면서 그 방대한 양의 정보가 다 날아가 버리고 한 가지 정보도 기억해 내지 못한다.

그러나 하나님의 기억 장치는 우리로서는 이해할 수 없을 만큼 엄청나다. 하나님은 전지전능하시다. 하나님은 한 가지, 즉 회개한 사람의 죄를 제외하고는 어느 것도 결코 잊지 않고 기억하신다. 하나님은 우리가 행한 행위의 정확하고도 신뢰할 수 있는 기록을 가지고 계시며, 하나하나의 행위 배후에 있는 동기까지도 헤아리고 계신다.

뿐만 아니라 하나님의 기억 장치는 결코 고장나는 법도 없다. 하나님은 우리의 모든 선행, 봉사, 헌신, 충성─그것이 아무리 작은 것이라 할지라도─을 다 기억하셨다가 상을 주시겠다고 약속하셨다.

"선지자의 이름으로 선지자를 영접하는 자는 선지자의 상을 받을 것이요 의인의 이름으로 의인을 영접하는 자는 의인의 상을 받을 것이요 또 누구든지 제자의 이름으로 이 작은 자 중 하나에게 냉수 한 그릇이라도 주는 자는 내가 진실로 너희에게 이르노니 그 사람이 결단코 상을 잃지 아니하리라"(마 10:41, 42).

"하나님은 불의하지 아니하사 너희 행위와 그의 이름을 위하여 나타낸 사랑으로 이미 성도를 섬긴 것과 이제도 섬기고 있는 것을 잊어버리지 아니하시느니라"(히 6:10).

하나님은 의로우신 분이기 때문에 우리가 심은 대로 거두게 해주실 것이다. 많이 심는 자는 많이 거둘 것이고, 적게 심는 자는 적게 거둘 것이며 심지 않은 사람은 아무것도 거두지 못할 것이다. 우리가 섬기고, 충성하며, 헌신하는 모든 행위는 하나님의 기억 장치에 다 입력되었다가 정확하게 행한 대로 상급 받는다는 사실을 우리도 기억하면서 살아야 한다.

2. 세상에서 받는 상급

우리가 주님과 주님의 몸된 교회와 주님의 일을 위하여 몸과 시간과 물질과 재능을 드려 충성할 때, 우리는 이 세상에서도 하나님으로부터 상급과 복을 받는다. 이 모든 것—몸, 시간, 물질, 재능, 심지어 생명까지도—이 내 것이 아니라 하나님의 것이기 때문에 이 모든 것을 하나님께 드려 봉사하는 것이 마땅함에도 불구하고 하나님은 이렇게 헌신하며 봉사하는 사람에게 복 주실 것을 약속하셨다. 이 얼마나 은혜로운 분이신가!

우리가 안식일을 거룩한 날로, 즐거운 날로 지킬 때 하나님은 우리에게 즐거움을 주시고, 땅의 높은 곳에 올리시며, 조상 야곱의 기업으로 길러 주시겠다고 약속하셨다(사 58:13, 14). 우리가 재물과 처음 익은 열매로 여호와 하나님을 공경하면, 하나님은 우리의 창고가 가득히 차고 포도즙 틀에서 새 포도즙이 넘치게 해주시겠다고 말씀하셨다(잠 3:9, 10). 말라기 선지자는 우리가 온전한 십일조를 드릴 때 여호와께서 하늘 문을 열고 복을 쌓을 곳이 없도록 붓지 아니하나 시험해 보라고 하면서 "만군의 여호와가 이르노라 내가 너희를 위하여 메뚜기를 금하여 너희 토지 소산을 먹어 없애지 못하게 하며 너희 밭의 포도나무 열매가 기한 전에 떨어지지 않게 하리 너희 땅이 아름다워지므로 모든 이방인들이 너희를 복되다 하리라 만군의 여호와의 말이니라"(말 3:11, 12)고 권고했다.

우리가 하나님 앞에서 봉사하고는 즉시, 빠른 시일 내에 축복이 없다고 원망하고 불평하며 낙심해서는 안 된다. 우리는 즉각적으로 상급을 원하는 함정에 빠져서는 안 된다. 바울은 "우리가 선을 행하되 낙심하지 말지니 포기하지 아니하면 때가 이르매 거두리라"(갈 6:9)고 지혜롭게 충고했다. 심었으면 반드시 거둔다. 거두는 시기는 다르지만 때가 되면 반드시 거둔다. 만일 당대에 거두지 못하면, 자녀 때에 가서라도 꼭 거두게 되어 있다. 그러기에 잠언 기자는 의인의 자식은 걸식하는 법이 없다고 하지 않았는가! 당장 충성스럽게 교회를 섬기는 사람들을 보라. 그들은 이 땅에서도 복을 받고, 자손들도 잘되는 것을 확인할 수 있을 것이다.

그러나 봉사에 대한 상급을 이 땅에서 반드시 받는 것은 아니다. 대부분의 상급은 저 영원한 하늘 나라에서 받게 된다. 오히려 어떤 사람들은 이 세상에서 조롱과 채찍질을 당할 뿐만 아니라 결박되고 옥에 갇히기도 하며 돌로 치는 것과 톱으로 켜는 일을 당하며 죽게 되기도 하고, 어떤 사람들은 칼에 죽음을 당하고 고향을 떠나 유리하며 궁핍과 환난과 학대를 받기도 했다. 이러한 모든 일이 그들이 믿음을 지키며 하나님을 섬긴 대가였다(히 11:36, 37).

참다운 믿음이란 현세의 축복과 아무런 관계 없이 하나님을 섬기는 것이다. 믿음으로 하나님을 섬긴 상급은 미래에 하늘 나라에서 받을 것이고 그 상급은 우리가 하나님을 섬기는 동안에 겪은 모든 위험과 고난을 무색하게 할 것이다.

우리는 이 세상에 사는 동안 하나님께서 무엇을 해주시느냐에 초점을 맞추어서는 안 되며 반드시 하나님께서 무엇을 원하시느냐에 초점을 맞추어야 한다. 현재에 아무런 조건 없이 하나님을 섬길 수 있는 사람, 미래의 소망과 상급만을 바라보면서 하나님을 사랑으로 섬길 수 있는 사람이 되어야 한다(히 10:38, 39).

3. 영원한 상급

우리가 하늘 나라에서 받는 상급은 영원한 것이다. 사도 바울은 "이는 우리가 다 반드시 그리스도의 심판대 앞에 나타나게 되어 각각 선악간에 그 몸으로 행한 것을 따라 받으려 함이라"(고후 5:10)고 했다.

그리스도께서 공중에 재림하시고 성도들이 휴거되어 공중에서 주님을 만나게 될 때 이 심판이 시행된다. 이 심판은 성도들에게 상급을 주기 위한 것이며, 이 심판은 성도들에게 있어서 보편적(한 사람도 예외 없이 모든 성도들이 "다" 받아야 한다.)이고, 필연적(성도라면 "반드시" 받아야 한다.)이며, 개인적("각각" 받아야 한다.)이다. 이 심판에서 재판관은 공의로우신 주 예수 그리스도가 되신다. 그분은 성도들의 행위뿐만 아니라 그들의 마음의 동기까지도 감찰하신다. 그리스도는 불의하지 아니하시고 전지하시기 때문에 그분의 심판은 완전하고 오류가 없으시다.

이런 그리스도 앞에서 우리 모든 성도들은 자신들이 지은 집에 대해서 심판을 받는다(고전 3:10-15). 집을 짓는 재료에는 두 종류가 있다. 우리는 나무나 풀이나 짚같이 불에 타 없어질 것으로 집을 지을 수 있고, 금이나 은이나 보석같이 불에 견디는 것으로 집을 지을 수도 있다. 지금은 누가 어떤 재료로 집을 짓고 있는지 잘 모르지만, 그날에는 주님께서 불로 우리 각 사람의 공력을 시험하실 것이다. 이 불의 시험 앞에 우리의 공력이 그대로 있으면 상급을 받는다. 주님께서는 양에 기초하여 상급을 주시는 것이 아니라 질에 기초하여 상급을 주신다.

아무리 많은 양의 봉사를 했다고 할지라도 그 재료가 나무나 풀이라면 불의 시험에 견디지 못할 것이다. 반대로 아무리 적은 양의 봉사를 했다 할지라도 그 재료가 금이나 보석이라면 공력이 그대로 남아 있어 상급을 얻을 것이다. 주님의 심판 기준은 "얼마나" 많이 봉사했느냐가 아니라 "어떻게" 봉사했느냐, 최선을 다했느냐, 사랑으로 했느냐 하는 것이다. 봉사의 자세가 봉사의 행위 못지 않게 중요하게 여겨진다는 사실을 기억하라.

성경에는 적어도 다섯 가지의 면류관이 상급으로 약속되어 있다.

(1) 썩지 않는 면류관

"이기기를 다투는 자마다 모든 일에 절제하나니 그들은 썩을 승리자의 관을 얻고자 하되 우리는 썩지 아니할 것(면류관)을 얻고자 하노라"(고전 9:25).

이 면류관은 죄에게 종노릇하지 않고, 성령의 감동을 받아 일한 사람에게 주어진다(참조. 롬 6:6-14).

(2) 기쁨의 면류관

"우리의 소망이나 기쁨이나 자랑의 면류관이 무엇이냐 그가 강림하실 때 우리 주 예수 앞에 너희가 아니냐"(살전 2:19).

이 면류관은 영적 전투에서 승리한 자의 면류관이라고도 부를 수 있는데, 복음 선포에 충성된 자와 사람들을 그리스도에게 인도한 자, 그리고 그들을 주 안에서 양육한 자들에게 수여될 것이다.

(3) 의의 면류관

"이제 후로는 나를 위하여 의의 면류관이 예비되었으므로 주 곧 의로우신 재판장이 그날에 내게 주실 것이며 내게만 아니라 주의 나타나심을 사모하는 모든 자에게도니라"(딤후 4:8).

이 면류관은 주님의 재림을 매일 사모하는 자들과 천국 시민이라는 생각으로 의롭게 사는 자들에게 주어질 것이다.

(4) 생명의 면류관

"너는 장차 받을 고난을 두려워하지 말라 볼지어다 마귀가 장차 너희 가운데에서 몇 사람을 옥에 던져 시험을 받게 하리니 너희가 십 일 동안 환난을 받으리라 네가 죽도록 충성하라 그리하면 내가 생명의 관을 네게 주리라"(계 2:10).

이 면류관은 사는 날 동안 어려운 시험과 환난을 참으며 주님께 충성한 자들에게 주어질 것이다(참조. 마 5:10-12; 약 1:12).

(5) 영광의 면류관

"맡은 자들에게 주장하는 자세를 하지 말고 양무리의 본이 되라 그리하면 목자장이 나타나실 때에 시들지 아니하는 영광의 관을 얻으리라"(벧전 5:3, 4).

이 면류관은 많은 박해와 육체의 고난이 있었을지라도 사랑하는 마음을 가지고 양무리를 친 충성스러운 목자와 양무리의 본이 되는 자에게 주어질 것이다.

이와 같이 공력이 불타지 않으면 면류관을 얻겠지만, 만일에 "누구든지 그 공적이 불타면 해를 받으리니 그러나 자신은 구원을 받되 불 가운데서 받은 것"(고전 3:15) 같을 것이다. 이 땅에 있는 동안 쌓은 행위와 봉사가 불타면 해를 받는다. 곧 상급을 얻지 못한다. 불가운데서 얻는 것같이 겨우 부끄러운 구원을 얻을 뿐이다.

그러므로 우리 권사들은 부끄러운 구원을 얻는 것으로 만족하지 말고 공력이 불타지 않은 금이나 은이나 보석을 재료로 삼아 집을 지어야 하겠다.

장인에 의해 건축가로 발탁된 한 청년이 있었다. 장인은 그에게 알고 있는 모든 지식을 가르쳐 주었다. 어느 날 장인이 "난 자네가 한 특별한 고객을 위해 집 한 채를 지었으면 좋겠네. 모든 자재는 최상품을 사용하게. 조금이라도 소홀히 하면 안 되네."라고 부탁하고는 사업차 먼 곳으로 여행을 떠났다.

집 짓는 모든 권한을 부여받은 이 청년은 자신이 얻은 새 지위를 축하하기 위해 어느 날 밤 파티를 열었다. 많은 하청인들이 그의 손님으로 초대되었다. 그들은 그 청년에게 사업 수완이 있는 것을 알고는 그와 가까이하기를 원해 그 청년을 식사에 초대했다. 그는 또한 고객을 확보하기 위해 보다 성대한 파티를 구상하고 있었다. 그러나 그가 짓고 있는 집은 그가 구상하고 있는 파티에 비교해 볼 때 형편없었다.

그는 계획대로 건축을 계속해 나갔다. 그러나 마음이 다른 곳에 가 있었기 때문에 건축 공사는 부실하게 되어갔다. 사람들이 볼 수 없는 벽 내부는 질 나쁜 자재들을 사용하였다. "고객 접대"를 위해 돈을 남겨 두어야 했기 때문이었다. 그는 단지 집의 외관만을 중시했고, 입주하여 생활할 때 점차 나타날 결함 같은 것은 염두에 두지를 않았다.

마침내 집이 완공되었을 때 장인이 돌아왔다. "그 집을 새 주인에게 이양하기 전에 한번 구경시켜 주게." 장인이 말했다. 그래서 두 사람이 함께 집 안을 살펴보았다. 아주 잘 지어진 집처럼 보였다. 그 집을 떠나려고 현관에 섰을 때 장인은 주머니에서 봉투를 하나 꺼내어 그 청년에게 주었다. "축하하네, 여기 이 집의 집문서가 있네. 내가 잘 지어진 집에서 살기를 원했던 특별 고객은 바로 자네였네. 이 집에서 영원토록 행복하게 살게나."

"잘 지을 걸. 좋은 재료를 사용할 걸." 하고 후회했지만 건축 공사는 이미 끝난 뒤였다. 다시 짓기는 너무 늦었다.

이와 마찬가지로 하나님은 우리에게 집을 짓도록 기회를 주셨다. 그리스도의 심판대 앞에서 우리가 영원히 살 집이 전시될 것이다. 우리는 권사로서 무엇을 가지고 어떻게 집을 지어야 할 것인가!

사명선언문

너희가 흠이 없고 순전하여……세상에서 그들 가운데 빛들로
나타내며 생명의 말씀을 밝혀 _ 빌 2:15-16

1. 생명을 담겠습니다
만드는 책에 주님 주신 생명을 담겠습니다.
그 책으로 복음을 선포하겠습니다.

2. 말씀을 밝히겠습니다
생명의 근본은 말씀입니다.
말씀을 밝혀 성도와 교회의 성장을 돕겠습니다.

3. 빛이 되겠습니다
시대와 영혼의 어두움을 밝혀 주님 앞으로 이끄는
빛이 되는 책을 만들겠습니다.

4. 순전히 행하겠습니다
책을 만들고 전하는 일과 경영하는 일에 부끄러움이 없는
정직함으로 행하겠습니다.

5. 끝까지 전파하겠습니다
모든 사람에게, 땅 끝까지, 주님 오시는 그날까지
복음을 전하는 사명을 다하겠습니다.

서점 안내

광화문점	서울시 종로구 새문안로 69 구세군회관 1층 02)737-2288 / 02)737-4623(F)
강남점	서울시 서초구 신반포로 177 반포쇼핑타운 3동 2층 02)595-1211 / 02)595-3549(F)
구로점	서울시 동작구 시흥대로 602, 3층 302호 02)858-8744 / 02)838-0653(F)
노원점	서울시 노원구 동일로 1366 삼봉빌딩 지하 1층 02)938-7979 / 02)3391-6169(F)
일산점	경기도 고양시 일산서구 중앙로 1391 레이크타운 지하 1층 031)916-8787 / 031)916-8788(F)
의정부점	경기도 의정부시 청사로47번길 12 성산타워 3층 031)845-0600 / 031)852-6930(F)
인터넷서점	www.lifebook.co.kr